한국사를 읽는
12가지 코드

한국사를 읽는 12가지 코드

통찰력 있는 역사 읽기를 위한 새로운 한국사

신명호 지음

머리말

현재가 묻고 과거가 답하다

전통시대 우리나라와 중국에서는 한 왕조가 끝나면 다음 왕조에서 직전 왕조의 역사를 정리하여 단대사斷代史로 편찬했다. 새로운 왕조는 직전 왕조의 흥망성쇠를 반추함으로써 건국의 정당성을 천명함과 동시에 직전 왕조의 실패를 반복하지 않고자 했다. 이런 역사관을 감계鑑戒 사관이라고 했다.

감계 사관에는 현실세계의 흥망성쇠를 좌우하는 것은 바로 인간이라는 강렬한 믿음과 함께 인간의 역사가 시공을 초월하여 반복된다는 믿음이 깔려 있다. 비록 시대와 사람들은 바뀌고 달라진다고 해도 그 시대와 사람들을 흥망성쇠로 이끄는 핵심은 바뀌지 않는다는 믿음 그리고 역사 속에서 그 핵심을 찾아낼 수 있다는 믿음이 감계 사관에 함축되어 있는 것이다.

『시경』 대아大雅의 '탕湯' 중에 '은감불원 재하후지세殷鑑不遠 在夏后

之世'라는 구절이 있다. '은나라의 감계는 멀리 있는 것이 아니라 직전 왕조인 하나라의 치세에 있다.'는 뜻이다. 은나라의 건국시조 탕은 하나라의 걸桀 임금을 몰아내고 천하를 제패했다. 이후에 탕은 하나라의 걸 임금이 어쩌다가 나라를 잃었는지를 거울삼아 걸 임금처럼 되지 않으려 노력했다.

이런 태도가 바로 역사를 거울로 삼는 감계 사관에서 나온다. 그런데 새로운 왕조에서 직전 왕조의 흥망성쇠만 정리하여 편찬하면 단대사가 되지만 직전 왕조를 포함하여 그 이전 왕조들의 흥망성쇠까지 모두 정리하여 편찬하면 통사通史가 된다. 전통시대 우리나라와 중국에서는 통사를 흔히 통감通鑑이라고 불렀다. 우리나라의『동국통감東國通鑑』과 중국의『자치통감資治通鑑』이 대표적인 예이다. 우리 조상들이 통사를 통감이라 부른 이유는 하나의 왕조만이 아니라 수많은 왕조의 흥망성쇠를 반추함으로 더 많은 감계를 얻을 수 있다고 생각했기 때문이다.

돌이켜보면 모든 시대의 사람들은 예외 없이 그 시대의 문제와 마주했다. 어떤 시대의 사람들은 그 시대의 문제를 성공적으로 해결하고 흥성했다. 반면 어떤 시대의 사람들은 그 시대의 문제를 성공적으로 해결하지 못해 쇠망했다.

2차 세계대전 이후 남북으로 분단된 한반도는 냉전시대에 이념적인 측면에서 뿐만 아니라 군사적인 측면에서도 양 진영의 최전선이었다. 한국전쟁 때 양 진영을 대표한 미국과 중국은 한반도에서 무력충돌을 벌이기까지 했다. 현재 통일을 이루지도 못한 상태에서 탈냉전시대에 접어든 한반도는 냉전시대의 이념적, 군사적 충돌 위험에 더하여 탈냉전시대의 문명적, 문화적 충돌 위험에도 처하게 되었다. 한반도를 둘러싼 이 시대의 문제가 그 어느 때보다도 긴박하기에 한국사의 통사적 반추 역시 그 어느 때보다도 절실하다.

이 책에서는 현재 한국사회가 대내외적으로 직면한 주요 쟁점 12가지를 통사적으로 반추함으로써 그 쟁점에 대한 역사적 감계를 찾아보고자 하였다. 고백하건대 공부에 비해 문제의식이 너무 거대하다. 그럼에도 이런 만용을 부린 이유는 이런 시도 자체가 의미 있다고 믿기 때문이다. 필자는 이 책에서 우리 조상들의 통감通鑑 전통을 오늘날의 한국사회에 적합하게 계승하여 응용해보고자 했다.

『예기』의 '학기學記'를 살펴보니, "잘 묻는 사람은 단단한 나무를 자르는 방법과 같이 하여 쉬운 것부터 먼저 묻고 어려운 것은 뒤에 묻는다."는 내용이 있다. 사람이란 아무래도 자기가 직접 보고 듣고 경험한 것이 쉽고 친근하기 마련이다. 그래서 이 책에서는 현재 한국사회의 주요 쟁점이 되고 있는 주제들에 대하여 먼저 질문하고, 그 질문을 과거의 역사 속으로 이끌고 들어가는 방식을 취했다. 그러다 보니 현재가 묻고 과거가 대답하는 방식이 되었다. 이렇게 묻고 대답하면서 새삼스레 느끼는 것은 유사 이래 현대에 처음 등장했을 듯싶은 쟁점들도 본질적인 면에서 본다면 과거에도 늘 있었다는 사실이다. 현재의 우리가 국가라고 하는 공동체 속에서 주변 국가 사람들과 부대끼면서 살아가는 모습은 예나 지금이나 다를 것이 없다. 오늘날의 주요 쟁점들은 본질적으로 오래된 과거였고 그런 면에서 장차 오래된 미래가 될 것이라는 생각이 들었다. 하늘 아래 진정으로 새로운 것은 없다는 말이 진실인 듯하다.

책을 만드는 과정에서 이하정 선생님의 노고가 컸다. 날카로운 지적으로 필자를 일깨운 열정에 감사의 마음을 전한다. 아울러 예쁘고 깔끔하게 책을 만들어준 편집부 여러분께도 감사드린다. 이 책을 통해 현재 한국사회가 당면하고 있는 대내외 쟁점들을 거시적으로 바라봄으로써 보다 원숙하고 충실한 역사적 감계를 조금이라도 찾아볼 수 있게 되기를 간절히 기원해본다.

2011년 6월

신명호

차례

머리말 현재가 묻고 과거가 답하다　　　　　　　　　　04

1부 세계 속의 한국사

CODE 1 중국
중국적 세계질서는 현존하는가　　　　　　　　　　15

탈냉전시대, 선택의 기로에 선 한반도 | 읍하는 노인이냐, 포효하는 호랑이냐 | 선진문화를 꿈꾼 김춘추의 중국화 | 송과 금의 패권경쟁에서 고려의 선택 | 명과 청의 패권경쟁에서 조선의 선택 | 구한말의 비극이 준 교훈

CODE 2 바다
한반도의 해양문명을 사수하라　　　　　　　　　　48

21세기, 떠오른 해양문명의 중요성 | 한반도 주변의 풍부한 해양자원 | 조선시대 사람들을 먹여 살린 명태 | 동북아의 국제질서를 좌우한 해전

CODE 3 일본
청산하지 못한 과거를 넘어　　　　　　　　　　　　71

미스터리 국가와의 어려운 관계 | 역사기록에 나타난 일본 이미지 | 한반도 해안을 노리는 약탈자, 왜구 | 와해된 교린체제의 비극적 결말

CODE 4 서구화
서구화와 세계화 사이에서　　　　　　102

유럽화에서 미국화로 전향 | 희귀한 사람들과의 통상문제 발발 | 서양 오랑캐인가, 조력자인가 | 패배로 끝난 근대 서양문명과의 대결

CODE 5 종교
종교는 시대요구에 맞춰 선택되었다　　　131

순식간에 대한민국을 삼킨 기독교 | 고대국가는 왜 불교를 수용했는가 | 성리학으로 인한 신진지식인들의 부상 | 국가의 흥망성쇠와 함께한 종교

CODE 6 유학
해외 유학이 우리에게 남기는 것　　　　165

대한민국에 부는 해외 유학 열풍 | 탐구열과 종교적 열정으로 인한 최초의 유학 | 원치 않는 유학이 낳은 결과 | 서양의 근대 문물을 배우기 위한 일본 유학

2부 변천 속의 한국사

CODE 7　국호
국호 속에 담긴 국가의 정체성　　　　　　195

대한민국과 조선민주주의인민공화국의 차이 | 무엇이 왕국을 만드는가 | 국호로 드러나는 국가의 성격 | 국호 속에 담긴 민족의 열망

CODE 8　개혁세력
진보개혁은 어떻게 성공하는가　　　　　　221

대한민국에서 성공한 진보세력 | 중국의 상앙에게서 배우는 개혁의 원칙 | 개혁세력이 건설한 중세국가 | 양반들의 허위의식과 위선을 꼬집은 연암 박지원 | 당쟁 문제를 해결하고자 한 성호 이익

CODE 9　최고 권력자
한 나라의 왕이란 어떤 존재인가　　　　　　254

미국의 대통령이 백리새천덕으로 | 제사장에서 점차 세속적인 권력자로 | 최고 권력자 왕의 두 가지 의미 | 독립의 염원이 깃든 황제 즉위식

CODE 10 헌법
정의로운 국가를 위하여 280

헌법에 우리의 생명력과 문화역량을 담다 | 율령, 귀신도 복종하게 하라 | 율령이 반포되기 이전과 후의 상황 변화 | 최고법전으로서 『경국대전』의 위상을 지키다

CODE 11 수도
무엇이 수도를 결정하는가 309

수도 서울의 헌법적 지위에 대한 논란 | 고조선의 도읍지 왕검성의 위치를 찾아서 | 정복활동의 결과로 생겨난 작은 서울들 | 무엇이 천도를 가능케 하는가

CODE 12 천재지변
인간의 이치로 천재지변을 다스리다 334

역사 속 괴이하고 기이한 자연재해들 | 전쟁이 가져다준 폐해, 역병 | 조선시대에 발전한 의학적 방역대책 | 하늘의 뜻을 읽고, 인정을 다스리다

주석 362

1부
세계 속의 한국

CODE 1 중국 중국적 세계질서는 현존하는가

CODE 2 바다 한반도의 해양문명을 사수하라

CODE 3 일본 청산하지 못한 과거를 넘어

CODE 4 서구화 서구화와 세계화 사이에서

CODE 5 종교 종교는 시대요구에 맞춰 선택되었다

CODE 6 유학 해외 유학이 우리에게 남기는 것

CODE 1 **중국**

중국적 세계질서는 현존하는가

탈냉전시대, 선택의 기로에 선 한반도

● 1991년 12월 소비에트연방공화국(소련)이 해체되면서 냉전체제가 종식되었다. 탈냉전 이후 국제질서는 다극화, 지역화로 치달았다. 그 핵심에는 냉전시대의 이념을 대신하여 국가와 문명 그리고 문화가 자리 잡았다. 그러면서 국가 간뿐만 아니라 문명 간의 충돌과 문명 내부의 충돌 위험이 높아졌다.[1]

2차 세계대전 이후 냉전시대에 남북으로 분단된 한반도는 이념적인 측면에서뿐만 아니라 군사적인 측면에서도 양 진영의 최전선이었다. 한국전쟁 때 양 진영을 대표한 미국과 중국은 한반도에서 무력충돌을 벌이기까지 했다. 분단된 채 탈냉전시대에 접어든 한반도는 냉전시대의 이념적, 군사적 충돌 위험에 더하여 탈냉전시대의 문명적, 문화적 충돌 위험에도 처하게 되었다.

역사적으로 볼 때, 동북아 전근대에 한반도는 중국문명과 일본문명이 충돌하는 지점이었다. 서세동점 이후 근대 초기(Early Modern Age, 15~18세기)의 한반도는 중국을 중심으로 하는 동양문명과 구미를 중심으로 하는 서구문명이 충돌하는 지점이었다가, 냉전시대에는 미국과 중국 양 진영이 충돌하는 지점이 되었다. 그러나 가장 오랜 세월 한반도에 영향력을 행사한 문명은 단연 중국문명이라 할 수 있다.

'문명충돌론'으로 널리 알려진 미국의 정치학자 새뮤얼 헌팅턴 교수는 냉전시대 이후의 세계에 존재하는 주요 문명을 중화, 일본, 힌두, 이슬람, 정교, 서구, 라틴아메리카, 아프리카 등 7개의 문명으로 구분했다.[2] 현존하는 세계의 주요 문명이 헌팅턴 교수의 구분대로 꼭 7개인지는 장담하기 어렵지만 현재 세계질서를 이해하는 데 그의 문명 구분은 매우 유효하다. 헌팅턴 교수는 한국을 중화문명에 소속시켰는데, 그가 정의한 중화문명의 내용은 다음과 같다.

> 모든 학자들은 최소한 기원전 1500년으로 거슬러 올라가며 어쩌면 그보다 천 년을 앞섰을지도 모르는 하나의 뚜렷한 중국문명이 있었다고 믿거나 기원후 최초의 몇 세기 동안 연속적으로 나타난 두 개의 중국문명이 있었다고 믿는다. 〈포린 어페어스〉지에 실린 논문에서 나는 이 문명을 유교문명이라 불렀다. 그러나 중화라는 표현을 쓰는 것이 더 정확하다. 유교는 중국문명을 이루는 중요한 성분이기는 하지만 중국

문명은 유교를 넘어서며 정치적 실체로서의 중국도 넘어선다. 많은 학자들이 쓰는 '중화(Sinic)'라는 용어는 중국과 동남아시아를 비롯한 중국 이외의 지역에 거주하는 화교 공동체, 나아가서는 베트남과 한국을 비롯한 인접국의 공통된 문화를 적절하게 묘사하고 있다.

한국 사람들이 헌팅턴 교수의 저술에 깊은 관심을 기울이는 이유는 탈냉전시대의 세계질서 재편에 대한 그의 통찰력뿐만이 아니라 냉전 이후 동아시아에서 미국과 중국의 패권경쟁이 격화될 때 한국의 선택에 대한 그의 전망에 있다. 헌팅턴 교수는 냉전체제가 해체된 직후에 탈냉전 세계의 중요한 국제관계의 경연장이 있다면 그것은 아시아, 그중에서도 동아시아가 될 것으로 예견했다. 근거는 급속한 경제 성장, 인구 증가, 군사력 증강 등등이었다. 아울러 헌팅턴 교수는 만일 중국이 21세기에 들어서도 높은 수준의 경제 성장을 유지하고 덩샤오핑 사후에도 정치적 통합성을 유지하며 후계자 문제를 원만히 해결한다면 동아시아의 패권을 추구할 것으로 예견했다.

2011년은 냉전체제가 해체된 1991년부터 정확히 20년이 지난 시점이다. 그 사이 중국은 미국과 함께 G2로 불리는 세계대국으로 성장했다. 중국은 헌팅턴 교수의 예견 이상으로 더 빨리 세계대국으로 성장했다. 중국이 성장할수록 미국과 중국의 패권경쟁은 치열해질 수밖에 없다. 특히 동아시아에서의 패권경쟁이 격화될 수밖에 없다. 헌팅턴 교수는 중국이 동아시아에서 패권국으로 등장할 경우 세계 각국이 어떻게 반응할지를 이렇게 예견했다.

중국이 동아시아 지역의 패권국으로 등장하기 시작할 때 다른 나라들은 중국에 어떻게 반응할까? 물론 반응의 양태는 아주 다양할 것이다. 중국이 미국을 자신의 주적으로 규정하고 있으므로 미국의 지배적 여론은 일차적 견제국의 지위를 가진 미국이 중국의 패권을 저지하기를 원할 것이다. 그런 역할을 받아들이는 것은 단일 강대국이 유럽이나 아시아를 지배하는 상황을 원치 않는 미국의 전통적 이해에도 부합한다. 그 목표는 유럽에서는 유명무실해졌지만 아시아에서는 그렇지 않다. 미국과 문화적, 정치적, 경제적으로 긴밀하게 결합되어 있는 서유럽의 느슨한 연합체는 미국의 안보를 위협하지 않는다. 그러나 자기주장이 강하며 통합성을 유지하는 강력한 중국의 등장은 그렇지 않다. 필요하다면 동아시아에서 중국의 패권을 저지하고자 전쟁을 불사하는 것이 미국의 국익에 도움이 되는 것일까? 중국의 경제발전이 계속된다면 중국은 21세기 초반에 가서 미국의 정책 입안가들이 직면할 가장 심각한 안보 위협국이 될 것이다.(중략)

아시아인은 대체로 국제관계에서 위계를 수용하는 데 거부감이 없으며 유럽식의 헤게모니 전쟁은 동아시아의 역사에서 찾아보기 어렵다. 유럽 역사에서 전형적으로 나타나는, 원활하게 기능하는 세력 균형 체제가 아시아에서는 낯설기만 하다. 19세기 서구 열강이 몰려들기 전까지 동아시아의 국제관계는 중국 중심으로 이루어졌고 다른 나라들은 다양한 수준으로 베이징에 종속되거나 베이징과 협력하거나 베이징으로부터 자율성을 누렸다. 물론 세계 질서의 유교적 이상은 현실 속에서 완전히 구현되지는 않았다. 그럼에도 불구하고 국제 정치의 아시아적 위계는 유럽적 균형 모형과 아주 대조적이다.

이러한 세계관 때문에 국내 정치에서 편승을 지향하는 중국인의 성향은 국제관계에서도 그대로 나타난다. 이것이 개별 국가의 외교 정책을 규정하는 정도는 그 나라가 유교 문화를 공유하는 정도, 중국과의 역사적 관계에 따라 달라진다. 한국은 문화적으로 중국과 공통점이 많으며 역사적으로도 중국에 기울어져 왔다.[3]

헌팅턴 교수는 미국과 중국이 패권경쟁을 벌일 때, 한국은 중국의 패권질서에 순응할 가능성이 높은 것으로 예견했다. 미국의 입장에서 헌팅턴 교수의 예견은 말 그대로 예견이라 할 수 있지만, 한국의 입장에서는 국가 존망이 걸린 선택이라 할 정도로 중요한 문제이다.

역사적으로 우리나라는 중국이냐 아니냐를 놓고 몇 차례 선택의 기로에 선 적이 있다. 그때마다 우리 조상들의 선택은 심각한 결과를 낳았다. 21세기 들어 동아시아의 국제정세는 우리로 하여금 또다시 중국이냐 아니냐를 놓고 선택해야만 하는 상황으로 흘러가고 있다. 우리의 역사를 중국문명과 관련하여 되돌아보아야 하는 이유가 여기에 있다.

읍하는 노인이냐, 포효하는 호랑이냐

한반도가 전근대에는 중국문명과 일본문명이 충돌하는 지점이었고, 서세동점 이후 근대 초기에는 중국문명과 서구문명이 충돌하는 지점이 된 근본적인 이유는 지정학적 특징 때문이었다. 한반도는 일면이 중국 대륙과 연결되어 있고 삼면이 해양으로 둘러싸여 있으며, 일본 열도와 마주하고 있다. 한반도는 중국 대륙과 일본 열도를 연결하는 교량처럼 보이기도 한다. 그래서 전근대에는 중국에서 일본으로 가거나 반대로 일본에서 중국으로 갈 때 한반도를 거치는 길이 가장 빠르고 안전했다.

한반도는 대륙과도 연결되고 바다와도 연결되어서 육지와 바다 산물이 고루 생산되었다. 이같은 지정학적 특징 때문에 한반도는 예로부터 다양한 이름으로 불렸다. 무궁화가 많다 하여 근역槿域으로, 가자미가 많다 하여 첩역鰈域으로, 중국의 동쪽에 있다고 하여 해동海東 또는 청구靑丘라 불리기도 했다. 현재 한반도와 관련해서 알려져 있는 이름들 대부분이 그렇게 붙여졌다.

그런데 우리 조상들은 한반도의 모습 자체를 특정한 사물에 빗대어 묘사하기도 하였다. 예컨대 이중환의 『택리지』에 의하면 옛날 사람들은 우리나라의 모습을 노인 모양의 지세라 했다. 그러고 보면 한반도의 모습은 마치 중국 대륙을 향해 구부정하게 서 있는 노인 같기도 하다. 『택리지』에서는 그런 모습을 좀 더 구체화하여 '서쪽으로 얼굴을 들어 중국에 읍하는 형상'이라고 하였다. 한반도가 이런 지세이기 때문에 우리나라는 예로부터 중국과 친하게 지냈다고 한다. 이런 묘사는 일면 민족감정을 상하게도 하지만, 서해를 매개로 한반도와 중국 대륙 사이에 맺어졌던 외교 관계와 교류의 성격을 드러낸다.

또한 이 묘사는 한반도의 지형적 특징을 잘 보여준다. 한반도는

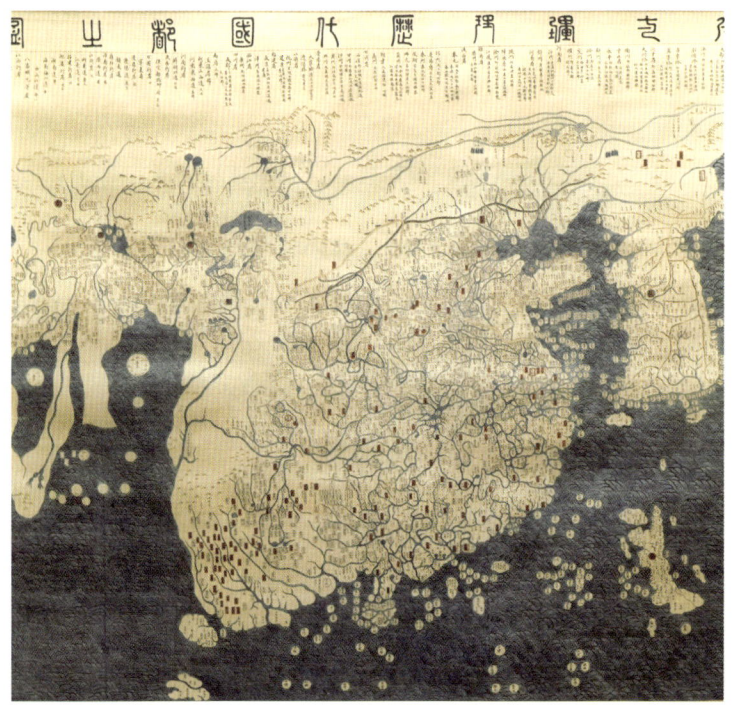

혼일강리역대국도지도
중국, 일본 등 인접 국가로부터 최신의 지도를 입수하여 새롭게 편집, 제작한 조선 전기의 대표적인 세계지도이다. 지도의 대부분을 차지하고 있는 중국의 지리적 위치를 봤을 때 중화적 세계인식이 엿보인다.

백두대간을 골격으로 하고 있다. 사람으로 치면 백두대간은 척추 뼈에 해당하여 백두대간이 지나가는 동쪽은 등판과 같다. 자연히 서쪽은 복부에 해당한다. '서쪽으로 얼굴을 들어 중국에 읍하는 형상'이란 묘사는 백두대간을 골격으로 하여 동쪽은 등판이 되고 서쪽은 복부가 되는 한반도의 지형적 특성을 절묘하게 나타낸다. 또한 등판보다는 복부가 더 중요하다는 점에서 역사적으로 한반도에서는 동쪽

보다는 서쪽이 중요시되었다는 사실도 절묘하게 보여준다. 실제 한반도에 등장했던 수많은 왕조의 수도는 대부분 서쪽에 자리했다. 고구려의 평양, 백제의 한성과 공주 그리고 부여, 고려의 개성, 조선의 한양이 모두 서쪽에 있었다. 이는 달리 말하면 한반도의 복부에 해당하는 서쪽 맞은편에 있는 서해가 한국의 역사에서 매우 중요한 의미가 있었음을 알 수 있다. 서해에 문제가 발생하면 그것은 곧바로 수도의 안전에 영향을 미쳤다.

서해가 중요했던 또 하나의 이유는 한반도가 서해를 사이에 두고 중국 대륙과 얼굴을 마주하는 모습이라는 것이다. 한반도가 동쪽의 백두대간을 골격으로 하는 것에 비해 중국 대륙은 서쪽의 파미르 고원에 이어지는 곤륜산맥, 천산산맥 등을 골격으로 한다. 따라서 중국 대륙은 서쪽이 등판에 해당하고 동쪽이 복부에 해당한다. 이에 따라 한반도와 중국 대륙은 공히 서해에 복부를 붙이고 마주보고 있는 형상이 된다. 그러므로 한반도의 역사 못지않게 중국 대륙의 역사에서도 서해는 대단히 중요한 위치를 차지한다.

그런데 '서쪽으로 얼굴을 들어 중국에 읍하는 형상'이라는 언급은 무엇보다도 조선시대에 우리 조상들이 중국에 사대했던 역사를 반영한다. 조선시대 유학자들은 중국의 유교문화를 숭상하고 열성적으로 배우려 했다. 그런 정신자세가 한반도의 모습을 '중국에 읍하는 형상'으로 보게끔 만들었다. 또한 『택리지』에서 언급한 그대로 적극적인 도전정신이나 젊은이의 패기보다는 노인의 모습과 노인의 정신에 가까운 모습이다. 조선시대에 명나라와 밀접한 친선관계를 유지하여 국가적 충돌을 피한 것은 노인에게서나 나올 법한 노숙한 지혜의 산물 덕으로 보이지만 상대적으로 도전정신과 패기는 부족해 보인다.

그러나 만약 도전정신과 패기에 가득한 눈으로 한반도의 모습을 본다면 대륙을 향해 '포효하는 호랑이'의 모습을 볼 수 있다. 그렇게 보면 중국 대륙을 향해 공손하게 마주잡았던 노인의 두 손은 문득 발톱을 곤두세운 호랑이의 발로 바뀌게 된다. 발톱을 곤두세운 호랑이의 발은 금세라도 서해를 휘저어버리고 나아가 서해 너머 중국도 할퀴어버릴 듯 보인다.

이처럼 한반도의 모습이 노인에서 호랑이로 바뀌는 결정적인 반전은 바로 손과 발에 있다. 그 손과 발에 해당하는 곳이 바로 한반도의 장연반도 끝에 있는 장산곶이다. 서해를 향해 불쑥 튀어나온 장산곶은 서해와 중국 대륙을 대하는 우리 민족의 태도를 대변했다. 우리 민족의 태도에 따라 장산곶은 중국과 서해를 향해 공손히 맞잡은 노인의 손이 되기도 하고, 문득 발톱을 곤두세운 호랑이의 발이 되기도 했다. 장산곶이 무엇이 되느냐에 따라 중국과의 관계가 달라졌고 나아가 한국의 역사도 달라지곤 했다.

중국 대륙에서 한반도의 장산곶에 해당하는 곳은 산동반도이다. 서해를 사이에 두고 산동반도와 장산곶은 마치 손을 맞잡을 듯 마주 뻗어 있다. 전통시대에 서해를 가로질러 한반도와 중국 대륙을 연결하던 최단항로가 바로 장산곶과 산동반도를 연결하던 항로였다. 평화의 시대에 장산곶과 산동반도는 마치 공손하게 맞잡은 노인의 손과 같았다. 그럴 때 서해에는 평화로이 상선과 어선이 오고갔다.

그러나 살풍경한 전쟁의 시대에 장산곶과 산동반도는 서해를 넘어 서로를 할퀴는 전진기지가 되곤 했다. 역사상 한반도와 중국 대륙 사이에서 벌어졌던 최초의 대규모 전쟁은 한나라와 위만조선 사이에 있었다. 서기전 109년에 한무제는 위만조선을 공격하기 위해 대규모의 육군과 수군을 출동시켰다. 육군은 요동을 지나 위만조선의 수도로 공격해 들어왔다. 누선장군 양복이 지휘하는 수군 5만 명은 출동기지 산동반도를 떠나 위만조선의 왕검성으로 쳐들어왔다. 위만조선은 1년여의 항전 끝에 항복해야 했다. 이후 중국은 대규모로 한반도를 공격할 때는 한무제의 방식을 답습하곤 했다. 수나라 양제가 고구려를 공격했을 때도, 당나라 태종이 고구려를 공격했을 때도 한무제 때처럼 수륙 양면 작전을 펼쳤고, 수군의 출동기지는 산동반도였다.

한반도의 모습이 어느 때는 '서쪽으로 얼굴을 들어 중국에 읍하는 형상'이 되고, 또 어느 때는 '중국을 향해 포효하는 호랑이'가 되기도 한 것은 우리 조상들이 선택의 기로에서 어느 때는 중국을 선택하고 또 어느 때는 중국을 선택하지 않았던 역사에 다름없다.

선진문화를 꿈꾼
김춘추의 중국화

거시적으로 볼 때, 한국과 중국은 기원전 4세기 이전에는 별로 관계가 없었다. 한국은 만주와 한반도를 중심으로, 중국은 황하 유역을 중심으로 각각 독자적인 문명을 진전시켰다. 하지만 기원전 4세기경부터 한국과 중국은 군사적으로 충돌하기 시작했다. 고조선과 연나라가 요동지역을 놓고 전쟁을 벌이기 시작한 것이다.

중국에 강력한 통일정권이 들어섰을 때는 중국이 우세했다. 중국은 진나라 때 요동을 석권하였고, 한나라 때에는 고조선을 멸망시키고 이 땅에 한사군을 설치하기까지 했다. 하지만 중국의 위진남북조시대에 고구려는 한사군을 몰아냈을 뿐만 아니라 요동을 넘어 요서 지역까지 석권했다. 이런 상태에서 589년에 수나라가 중국을 통일했다. 수나라 양제는 요서를 되찾고 요동을 석권하기 위해 612년에 1백만 대군으로 고구려를 침공했다가 실패했다. 그 결과 수나라는 멸망하고 618년에 당나라가 중국을 통일했다. 이렇게 한국과 중국은 요동지역을 놓고 기원전 4세기부터 기원후 7세기 초반까지 1천 년 가까이 무력 충돌을 계속하면서 일진일퇴를 반복했다.

김춘추가 한국사의 전면에 등장하기 시작한 때는 선덕여왕 11년(642)부터다. 그해 7월에 백제 의자왕은 몸소 군사를 이끌고 신라를 공격하여 40여 성을 빼앗았다. 8월에는 백제 장군 윤충이 1만 군사를 이끌고 신라의 대야성大耶城, 경남 합천을 공격해 함락했다. 신라가 국가 존망의 위기에 몰리자 김춘추는 선덕여왕 11년에 자청하여 고구려로 가서 군사를 요청하였다. 하지만 결과는 실패였다. 그리고 6년 후인 진덕여왕 2년(648)에 다시 당나라에 가서 원병을 요청하였는데, 그 내용이 『삼국사기』에 이렇게 기록되어 있다.

이찬 김춘추와 그 아들 문왕文王을 당나라에 파견하였다. 당 태종이 광록경 유형柳亨을 교외까지 보내 위로하였다. 당 태종은 김춘추의 모습이 뛰어남을 보고 후하게 대접하였다. 김춘추는 국학에서 석전釋奠, 공자에게 올리는 제사과 강론講論을 참관할 것을 요청하였는데, 당 태종이 허락하였다. 아울러 당 태종은 김춘추에게 자신이 지은 온양비溫陽碑, 진사비晉祠碑를 주고 또한 새로 편찬한 진서晉書도 주었다. 당 태종이 일찍이 김춘추를 불러 만나보고 비단을 후하게 주면서 묻기를, '경卿에게 하고 싶은 말이 있는가?' 하였다. 김춘추가 무릎을 꿇고 아뢰기를, '신의 나라는 바닷가 귀퉁이에 치우쳐 있으며 당나라를 섬긴 지 이미 여러 해가 되었습니다. 그런데 백제가 막강하고 교활하여 번번이 침략합니다. 작년에는 백제가 대거 침략하여 수십 성을 빼앗고 당나라에 조회하는 길을 막았습니다. 만약 폐하께서 군사를 빌려주어 백제의 흉악함을 제거하지 않는다면 신의 나라 백성들은 모두 백제의 포로가 될 것입니다. 그렇게 되면 앞으로 신의 나라는 당나라에 조회할 희망이 없습니다.' 하였다. 당 태종은 몹시 그렇겠다고 생각하여 군사를 내줄 것을 허락했다. 김춘추는 또 장복章服을 고쳐 당나라의 제도를 따르겠다고 요청했다. 이에 당 태종은 진복珍服을 내어 김춘추와 그 종자들에게 주었다.(『삼국사기』 권 5, 신라본기에서)

김춘추의 당나라 사행에서 원병 요청 못지않게 중요한 사실은 그의 국학國學 참관과 장복章服 요청이었다. 국학은 당나라의 수도 장안에 설치된 최고 교육기관이었다. 김춘추가 국학에서 참관한 석전과 강론은 당나라 유교의례와 유교교육의 정수였다. 관료들이 입는 장복은 당나라 관료제도의 정수였다. 김춘추가 자발적으로 신라의 장

신라의 토우
신라의 토우를 통해 짐작할 수 있는 신라의 복식. 통일을 완성한 문무왕 4년에는 부녀자들까지도 중국복식을 따르도록 하였다. 우리나라 고유한 복식이 중국의 영향으로 변천되었고, 정식으로 받아들여 입게 된 것은 이때가 최초의 일이다.

복章服을 고쳐 당나라의 제도를 따르겠다고 요청한 것은 그가 장안에서 받은 문화충격이 그 정도로 컸다는 반증이다. 장복은 곧 의관제도이고, 의관제도는 유교문화의 핵심이다. 즉 신라의 의관제도를 당나라의 의관제도로 바꾸겠다는 것은 기왕의 신라문화를 유교화, 중국화 하겠다는 말이었다. 김춘추는 왜 그런 생각을 하였을까?

당시 신라의 위기를 내부적인 요인에서 찾는다면 그것은 신라의 군사적, 문화적 후진성에 있었다. 당시 신라는 백제와 고구려에 비해 군사적, 문화적으로 후진국이 분명했다. 하물며 당나라와 비교하면 그 차이는 더욱 컸다. 당나라 수도 장안을 둘러본 김춘추는 제국의 모습을 갖춘 당나라의 군사력뿐만 아니라 화려하게 꽃핀 문화에도 큰 충격을 받았을 것이 틀림없다. 김춘추는 신라가 위기에서 벗어나기 위해서는 당나라의 원병 못지않게 당나라의 선진문화를 받아들이는 것도 필수적이라 생각했을 것이다. 신라의 장복을 고쳐 당나라의 제도를 따르겠다고 한 요청은 바로 당나라의 선진문화를 받아들이겠다는 의지의 표명이었다.

실제로 김춘추는 귀국 후에 신라의 정치제도와 고유문화를 대대적으로 유교화, 중국화 하였다. 당나라의 장복제도를 수용한 것은 물론 당나라의 연호와 조회의례도 수용하였다. 정부조직 역시 당나라의 제도를 본떠 새롭게 정비하였고 국학도 설치하였다. 654년 김춘추가 왕위에 즉위하면서 신라의 유교화, 중국화는 더욱 가속화되었다.

이러한 김춘추의 노력과 의지는 그의 아들들을 통해서도 극명하게 드러났다. 김춘추에게는 7명의 아들이 있었다. 648년 김춘추는 당나라에 갈 때 셋째 아들 김문왕을 데리고 갔는데, 귀국할 때 김문왕을 당나라에 남겨두었다. 당나라의 내부정보를 파악하고 아울러 당나라의 선진문화를 배우게 하기 위해서였다. 귀국 직후인 650년에는 둘째 아들 김인문을 당나라에 보냈다. 역시 당나라의 내부 정보를 파악하고 아울러 당나라의 선진문화를 배우게 하기 위해서였다. 이어서 651년에는 첫째 아들 김법민을 당나라에 보냈다. 그 결과 김춘추를 위시하여 그의 아들들인 김법민, 김인문, 김문왕은 당나라의 내부 정보와 선진문화에 대하여 당대 최고의 식견을 자랑하게 되었다. 김춘추는 훗날 태종 무열왕이 되었고 김법민은 훗날 문무왕이 되었다. 신라의 삼국통일은 바로 태종 무열왕과 문무왕에 의해 주도되었다. 나아가 신라의 유교화, 중국화 역시 태종 무열왕과 문무왕에 의해 주도되었다.

김춘추 이전에 1천여 년 가까이 지속되던 한중 간의 무력대결은 신라의 삼국통일 이후 종식되었다. 중국은 더 이상 경쟁과 타도의 대상이 아니었다. 오히려 적극적으로 배우고 본받아야 할 대상이었다. 통일신라 때에 수많은 유학생과 유학승들이 당나라로 건너가 유교와 불교를 배웠다. 당시 동아시아에서 당나라에 가장 많은 유학생과 유학승을 보낸 나라는 바로 통일신라였다. 뿐만 아니라 국가차원에서 당나라에 가장 많은 사절을 보낸 나라 역시 통일신라였다. 통일신라는 열성적으로 당나라의 선진문화를 배움으로써 동아시아에서 2인자의 자리를 확고히 하고자 하였다. 이같은 경향은 고려시대와 조선시대까지 1천3백여 년 동안 기본적으로 동일했다.

송과 금의 패권경쟁에서 고려의 선택

통일신라 이후 유교화, 중국화가 본격화되면서 우리 조상들은 더 이상 북방 유목민과 연대를 맺고자 하지 않았다. 중국이 배우고 본받아야 할 대상으로 떠받들어지면서 북방 유목문화는 하루 속히 탈피하고 벗어나야 할 대상으로 전락했던 것이다. 우리 조상들은 북방 유목민에 대하여 문화적 우월감을 드러내면서 중국 이상으로 강경한 입장을 유지했다. 그 결과 통일신라 이후 북방 유목민들이 건설한 강력한 통일왕조들은 대부분 우리 조상들과 무력충돌을 벌이게 되었다. 예컨대 거란족이 세운 요나라, 몽골족이 세운 원나라는 고려왕조와 격렬한 전쟁을 벌였으며, 여진족이 세운 후금 역시 조선왕조와 격렬한 전쟁을 벌였다. 이는 중국문명과 유목문명을 놓고 우리 민족이 선택을 해야 할 경우 중국문명을 선택한 결과였다. 우리 조상들은 대체로 중국문명을 높이 봤고, 선택 기준은 현실적이기보다는 이념적이었다.

하지만 늘 그랬던 것은 아니었다. 중국화를 본격 추진한 신라의 태종 무열왕과 문무왕도 당나라가 한반도에 영토 야욕을 드러냈을 때는 주저 없이 당나라와 전쟁을 벌였다. 중국화의 목적은 어디까지나 중국화 자체가 아니라 국익에 있었다. 고려시대에도 우리 조상들은 중국과의 관계가 국익에 불리할 것 같으면 유연하게 변신하곤 했다. 동북아시아에서 송과 금이 패권경쟁을 벌일 때 고려인들이 보여준 선택이 대표적인 사례이다.

12세기 초에 여진족 출신 아골타阿骨打가 만주지역을 석권하고 금나라를 세웠다. 여진족은 고려 사람들이 건국 이래로 오랑캐라 멸시하던 유목민족이었다. 그런 여진족 출신의 아골타가 예종 12년(1117) 3월 고려에 이런 국서를 보냈다.

> 형인 여진의 금나라 황제가 동생 고려 국왕에게 국서를 보낸다. 우리 여진은 조상 때에 한쪽에 끼어 있으면서 거란을 대국이라 부르고 고려를 부모의 나라로 삼아 조심스럽게 섬겨왔다. 그런데 거란이 무도하게 우리 여진의 영역을 침략하고 인민을 노예로 삼아 자주 명분 없는 무력을 가해왔다. 이에 우리 여진은 항거하지 않을 수 없었다. 다행히 하늘의 도움을 입어 거란을 섬멸하게 되었다. 동생 고려 국왕은 우리 여진과 화친하고 형제가 되어 영원무궁한 화친을 이루라.[4]

아골타의 국서를 본 고려 사람들은 분노했다. 오랑캐라 무시하던 여진족이 힘이 좀 생겼다고 갑자기 형이라 자칭하고 나서니 참을 수 없는 모욕감을 느꼈음이 분명하다. 나라의 운영을 맡은 대신들도 금나라와 절대 화친할 수 없다고 극언하였다. 금나라의 사신을 죽여 본때를 보여야 한다는 의견까지 나왔다. 그러나 금나라의 현실적인 국력을 배제할 수는 없었다. 이때 김부철이 이런 상소문을 올렸다.

> 금나라 사람들이 거란을 격파하고 새로 사신을 우리나라에 보내어 형제의 나라가 되어 대대로 화친하자고 하였지만, 우리나라 조정에서는 허락하지 않습니다. 하지만 가만히 생각하건대, 중국의 한나라는 흉노에 대하여 신하라 칭하고, 당나라는 돌궐에 공주를 시집보내기까지 하여 화친할 수 있는 것은 뭐든지 다 했습니다. 지금 송나라도 거란에 대하여 형제가 되어 대대로 화친하고 있습니다. 송나라 천자는 지존이기에 천하에 대적할 자가 없는데도 먼 오랑캐 나라에 굽혀서 섬기는 것은 바로 성인이 권도로서 국가를 보전하는 훌륭한 계책입니다. 옛날 성종 때에 국경 지대의 일을 처리하다가 잘못하여 거란의 침략을 받았으니 참으로 거울삼아 경계할 만한 일입니다. 신이 바라는 바는 거룩한 조정에서 장구한 계획과 원대한 대책으로 국가를 보전할 것을 생각하여 후회가 없도록 하소서.[5]

현실적인 문제를 냉정하게 바라본 상소문이었다. 그러나 대의명분을 중시하여 선입관에 빠져 있는 이들로부터 비난이 쏟아졌다. 김부철은 모든 사람들로부터 비웃음과 배척을 받았다. 김부철이 이런 수모를 예상하고서도 상소문을 올린 이유는 혹시라도 흥분한 고려의 대신들이 금나라 사신을 죽이거나 금으로 자극적인 국서를 보낼 것을 우려해서였다. 그것은 곧 전쟁을 의미했다.

결국 고려는 이 국서에 대해 아무런 반응도 보이지 않는 것으로 입장을 정리했다. 상소문을 올린 김부철은 온갖 수모를 겪었지만 최악의 상황은 막을 수 있었다.

그런데 김부철이 『삼국사기』를 편찬한 김부식의 동생이라는 점이 주목할 만하다. 김부식이 누구인가? 민족주의 사학의 거두 단재 신채호 선생이 '사대주의자의 괴수' '화랑을 원수처럼 여기고 배척하는 유교도 중에서도 가장 속이 좁고 엄하고 잔혹한 인물' '외국의 문화로써 본국을 정복하고 유교로써 국교를 대신하려던 자' '다만 중국을 숭배하는 자' 등으로 비난해 마지않던 사람이다. 김부식의 동생인 김부철 역시 당시 유학을 공부하고 중국문명에 경도되어 있었다. 바로 그런 김부철이 대의명분을 거부하고 현실론을 주장했다는 것이 놀랍다. 금의 군사력이 무시하지 못할 수준까지 올랐다는 현실적인 판단이 있었기에 가능한 일이었다.

아골타 이후 금나라는 점점 더 강력해졌다. 금나라는 고려에 대하여 기왕의 형제관계에서 나아가 군신관계를 요구했다. 송나라와 군신관계를 끊으라는 의미였다.

인종 3년(1125) 12월에 여진족의 금나라와 중국의 송나라는 힘을 합쳐 거란족의 요나라를 멸망시켰다. 그 후 동북아시아의 주도권을 놓고 금나라와 송나라 사이에 치열한 경쟁이 벌어졌다. 판세는 금나라에 유리하게 기울었다. 송나라는 금나라에 화북 지역을 빼앗기고 강남 지역으로 밀려났다. 그럴수록 금나라는 고려에 대하여 사대관계를 더욱더 거세게 요구했다. 금나라와 송나라를 놓고 고려는 선택의 기로에 놓였다.

인종 4년(1126) 3월 25일, 왕은 백관회의를 소집해 금나라와 사대관계를 맺을지 아니면 전쟁을 할 것인지 논했다. 『고려사』에 의하면 당시 모든 사람들이 금나라에 대한 사대를 반대하였는데, 오직 이자겸과 척준경만 찬성했다고 한다. 당시 권력은 이자겸과 척준경이 장악하고 있었다. 즉 『고려사』에는 당시의 실권과 이자겸과 척준경이 자신들의 기득권을 지키기 위해 금나라에 대한 사대를 찬성했다는 식으로 기록되어 있다. 하지만 실제는 그렇지 않았던 것으로 보인다. 당시의 백관회의에 참여했던 윤언이의 묘지명에서는 그때의 분위기를 이렇게 전한다.

> 바야흐로 금나라가 강성해지자 고려로 하여금 칭신할 것을 요구하니 여러 사람들의 논의가 분분했다. 그때 윤언이가 홀로 간쟁하여 이르기를 '임금은 걱정하고 신하는 치욕스럽다면, 신하가 목숨을 아끼지 말아야 합니다. 여진족은 본래 우리의 자손이기 때문에 우리에게 신속(臣屬)하여 대대로 조공을 바쳤으며, 국경 근처에 사는 여진족은 모두 우리의 호적에 올랐습니다. 그런데 어찌 우리가 도리어 그들의 신하가 될 수 있습니까?' 하였다. 그러나 당시 대신이 왕의 명령을 함부로 하여 금나라에 칭신하고 이어 표문을 바쳤는데, 이는 왕의 본심에서 우러나온 것이 아니었다.[6]

이날 백관회의의 실상은 아무래도 '여러 사람들의 논의가 분분했다.'는 윤언이의 묘지명에 가까울 것으로 생각된다. 금나라의 요구를 거부할 경우 전쟁이 분명한 상황에서 명분론과 현실론이 팽팽하게 맞섰다고 보는 것이 합리적이기 때문이다. 다만 그 당시 명분론을 주장하던 윤언이를 제외하고는 그 누구도 금나라와 전쟁을 불사하자고까지 강력하게 나서지 못했던 것으로 보인다. 이는 당시까지는 유교적 명분론이 현실론을 압도할 정도로 강력하지 못했기 때문이다.

그럼에도 불구하고 금나라에 사대하는 것은 분명 민족자존심을 해치는 일이었다. 그래서 드러내놓고 반대하지는 못하지만 많은 사람들이 불만을 가졌다. 이를 문제 삼아 3월 29일에 금나라에 대한 사대 문제를 놓고 종묘에서 점을 쳤다. 점사占辭는 "저 여진은 황제를 자칭하고 남으로 중국의 송나라를 침략하고 북으로 거란의 요를 멸망시켜 많은 사람을 얻고 광대한 영역을 개척했습니다. 돌아보건대 우리 고려는 저 금나라와 국경을 접하고 있습니다. 장차 사신을 보내 강화할 것인지 아니면 군사를 길러 전쟁에 대비할 것인지 묻사오니 신께서는 결정하여주소서."였다. 점사에 대한 결과가 어땠는지는 기록에 나타나지 않는다. 하지만 며칠 후에 고려가 금나라에 표문을 올려 칭신하였던 것으로 보아 종묘에서의 점 역시 사대를 찬성한 것으로 나왔음이 분명하다. 고려는 송나라를 버리고 금나라를 선택한 것이었다.

금나라와 사대관계를 맺음으로써 고려는 전쟁은 피할 수 있었지만 내부에서 거대한 불만세력이 일어났다. 바로 '묘청妙淸의 난'이다.

고려 인종 13년(1135) 풍수지리의 이상을 표방한 묘청이 서경西京, 지금의 평양으로 천도할 것을 주장하면서 일으킨 반란이다. 그러나 묘청 세력은 김부식 등 보수적인 개경파 세력에 의해 1년 만에 진압되었다. 금나라에 대한 사대와 묘청의 난 진압은 지금도 우리나라 사회학자, 역사가들 사이에 큰 논쟁거리가 되고 있다. 바로 이 사건이 한국사에서 명분론과 현실론의 충돌을 상징하기 때문이다.

1920년대 초, 단재 신채호 선생은 중국에서 독립운동을 하며 틈틈이 국내 언론에 한국사 관련 논문을 발표했다. 그렇게 발표된 논문들이 엮여서 1929년에 『조선사연구초朝鮮史硏究草』라는 단행본으로 출간되었다. 이 책에는 6편의 논문이 실렸는데, 마지막 편이 '조선 역사상 1천 년 이래 최대의 사건'이라는 논문이다. '조선 근세의 종교, 학술, 정치, 풍속이 사대주의의 노예가 된 원인은 어디에 있는가?'가 문제의식이었고, '고려 인종 13년 서경 전쟁 즉 묘청이 김부식에게 패한 것이 그 원인'이라는 것이 결론이었다.

단재 선생은 묘청의 난을 화랑·불가佛家 대 유가儒家의 싸움이자 국풍파國風派 대 한학파漢學派의 싸움으로, 또 독립당 대 사대당의 싸움이자 진취사상 대 보수사상의 싸움으로 보았다. 그 싸움에서 묘청 등이 패하고 김부식이 이겼다. 그래서 조선 역사가 보수적·속박적 사상 즉 유교사상에 정복되었다는 결론이 도출되었고, 또 묘청의 난이 조선 역사상 1천 년 이래의 최대 사건이었다는 결론도 도출되었다.

단재 신채호 선생이 『조선사연구초』를 썼던 1920년대는 일제강점기였다. 독립운동가들에게 일제강점이란 절대로 인정할 수 없는 현실이었다. 현실을 바로잡기 위해서는 어떤 상황에서도 흔들리지 않는 명분론이 필요했다. 그렇기에 단재 신채호 선생에게 현실을 핑계로 금나라에 대한 사대를 주장한 이자겸이나 김부식 일파는 친일파나 매국노의 다른 모습일 수밖에 없었다.

지금의 입장에서 본다면 김부식에 대한 단재 신채호의 평가는 지나친 면이 없지 않다. 당시 고려는 금나라의 요구를 수용해 송나라와의 사대외교를 끊었지만 그렇다고 송나라와의 모든 관계를 단절한 것은 아니었다. 송나라와 경제적, 문화적 외교관계는 더욱더 활발히 하여 송나라로 하여금 금나라를 견제할 수 있었다. 고려 사람들이 명분론이나 현실론 어느 한쪽에 매몰되지 않고 유연하게 대응한 결과라 할 수 있다. 당시까지는 아직 한국의 유교화, 중국화가 교조화되거나 절대화되지 않았음으로 가능한 일이었다.

명과 청의 패권경쟁에서
조선의 선택

16세기 말에 만주의 여진족 출신 누루하치는 급속도로 세력을 키워나갔다. 여진족을 통합한 누루하치는 1589년 왕위에 올랐다. 누루하치가 흥성하던 시기에 조선에서는 임진왜란이 발생했다. 전란에 휩싸인 조선과 명나라는 누루하치를 견제할 겨를이 없었다. 임진왜란 시에 누루하치는 조선을 돕기 위해 2만 명 정도의 원병을 보내겠다고 제의할 정도로 자신감에 차 있었다. 임진왜란이 끝난 광해군 8년(1616)에 누루하치는 황제를 자칭했다. 나라 이름은 후금後金이라고 하였다. 12세기 초에 동아시아를 석권했던 아골타의 금나라를 계승한다는 뜻이었다. 누루하치는 아골타가 그랬던 것처럼 패권을 추구했다. 12세기 초에 금나라가 송나라와 패권경쟁을 벌였던 것처럼 후금은 명나라와 패권경쟁을 벌였다. 12세기 초의 고려와 마찬가지로 조선 역시 선택의 기로에 놓였다.

명나라는 후금을 공격하면서 조선에 원병을 요청했다. 당시만 해도 조선 사람들은 기왕의 동아시아 패권국인 명나라가 당연히 후금을 제압할

청태조 누루하치
중국 청나라의 창건자이자 초대 황제(재위 1616~1626). 조선과의 사대관계를 요구했다.

것이라 믿었다. 게다가 명나라는 임진왜란 때 조선을 도운 혈맹이었으며, 중국문명의 당사국이었다.

광해군 11년(1619) 2월 21일, 왕명을 받은 강홍립은 전투병 1만 명과 보급병 3천 명으로 구성된 1만 3천의 군사를 거느리고 압록강을 건넜다. 명나라와 연합작전을 펴 후금을 정벌하기 위해서였다. 3월 4일, 강홍립의 조선군과 유격장 교일기의 명나라 군대가 심하深河에서 후금 군대와 일전을 벌였다. 그러나 결과는 대패였다. 강홍립과 김경서 등 대부분의 조선군 지휘관들은 항복하고, 좌조방장 김응하는 역전하다가 전사했다.

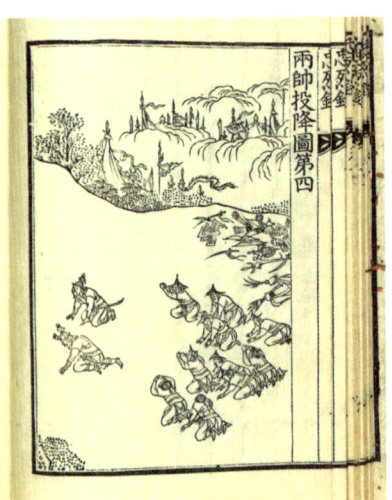

『충렬록』 양수투항도
조선 후기 김후신이 강홍립이 후금에 투항하는 장면을 그린 것으로 충렬록의 일부분이다. 현실적인 외교정책을 펼쳤던 광해군의 지시에 의해 강홍립이 쉽게 투항했다는 비난을 받았지만, 이로 인해 조선은 후금과의 일촉즉발 전쟁의 위기 상황 속에서 평화를 유지할 수 있었다.

　명나라와 후금의 정면대결에서 후금이 승리하자 조선 내부에서는 동아시아의 국제정세 및 대응방안을 놓고 의견이 분분했다. 후금의 현실적인 힘을 인정하고 후금에 밀착해야 한다는 의견도 있었고, 반대로 명나라와의 사대관계를 무조건 유지해야 한다는 의견도 있었다. 전자를 현실론이라고 한다면 후자는 명분론 또는 의리론이라 할 수 있다. 조선의 지도층은 현실론과 명분론으로 분열되었다.
　현실론은 국왕인 광해군이 주도했다. 광해군은 심하의 패전 직후 비변사에 다음과 같은 전교를 내렸다.

　　내가 시사時事를 보니, 후금이 고려시대의 금나라, 원나라, 요나라처럼 될지는 자세히 알 수 없다. 그러나 오호(五胡)처럼 중국을 어지럽게 만드는 일은 넉넉히 할 수가 있다. 명나라는 한번 싸워 평정하지 못했으니 비록 이 적이 아니라도 내분에 휩싸일 것이다. 진승과 오광이 군사를 일으키자 진나라가 점점 위태로워졌고, 황건적이 난을 일으키자 한나라가 망하고 말았다. 이런 사실들을 가지고 본다면, 반드시 외부의 다른 적이 먼저 움직이고 이어 내부의 간웅이 뒤따라 일어날 것이다. 그러니 후금이 어떻게 될지는 알지 못하겠으나 천하 난적의 우두머리가 될 것이다.[7]

광해군은 중국 역사상 한족과 북방유목민족과의 대결에서 나타났던 여러 왕조의 흥망성쇠를 반추하여 명과 후금의 미래를 전망하였다. 광해군은 후금의 실력을 중국 역사상 위(衛)나라를 강남으로 밀어낸 오호(五胡) 이상으로 평가했다. 오호는 중국의 화북을 장악하고 강남의 한족과 함께 남북조시대를 열었던 북방유목민족으로, 광해군은 후금이 장차 만주는 물론 최소한 화북을 장악하는 대제국으로 성장할 것으로 전망한 것이었다. 이에 비추어 광해군은 명나라와 후금 사이에서 중립 외교를 구사하고자 했다.

하지만 광해군의 중립 외교는 양반들의 여론을 악화시켰다. 중립 외교는 오랑캐 여진족에게 민족자존을 파는 행위라거나, 임진왜란 때 도와준 명나라를 배신하는 행위라는 비난이 폭발했다. 광해군은 '만약 부질없이 큰소리만 쳐서 개돼지와 같은 놈들의 성을 더욱 북돋운다면 그 화가 헤아릴 수 없을 것이다.'라거나 '적들이 말을 타고 들어와 마구 짓밟는 날에는 이들을 담론으로 막아낼 수 있겠는가?

붓으로 무찌를 수 있겠는가?'라는 말로 비난을 억누르려 했다. 후금의 무력적 위협을 인정하고 명과 후금 사이의 분쟁에 말려들지 말자는 논리였다. 하지만 광해군의 현실론은 대의명분을 앞세운 여론을 바꾸지 못했다. 국정을 맡았던 비변사조차도 민족적 자존심과 대의명분을 위해 명나라와 협력하고 후금과는 단절할 것을 요구했다. 심지어 이런 주장이 공공연하게 대세를 장악했다.

> 천하의 일에는 대의가 있고 대세가 있습니다. 이른바 대세는 삼강오륜에 관련된 일을 말하고, 대세는 강약의 형세를 말합니다. 우리나라에게 후금은 의리로는 부모의 원수이며 형세로는 표범이나 호랑이처럼 포악한 존재입니다. 호랑이와 표범이 아무리 포악하다고 하나 자식이 어찌 차마 부모를 버릴 수 있겠습니까? 이에 조정에 가득한 모든 사람들의 의견이 차라리 나라가 무너질지언정 차마 대의를 저버리지 못하겠다고 하는 이유인 것입니다.[8]

이것이 당시 비변사 신료들과 양반들 사이의 주류 여론이었다. 그 주류 여론이 너무나 강력하여 후금과의 화친을 주장하는 사람은 배신자나 매국노로 몰리는 상황이었다. 기울어가는 명나라를 부모의 나라라 외치는 주장이나 명나라를 위해 기꺼이 조선을 바쳐야 한다는 주장에는 공허한 대의명분만 난무할 뿐 현실적 어려움이나 실리가 들어설 여지가 없었다. 심지어 명나라가 망한 후에도 조선 후기 양반들은 청나라에 대한 복수설치를 주장하며 북벌을 외쳤고 그것이 주류 여론이었다.

구한말의
비극이 준 교훈

1894년 2월, 동학농민군이 봉기했다. 고부군수 조병갑의 학정에 봉기한 동학농민군은 승승장구하여 4월 27일에는 전주를 함락시켰다. 당시 궁중에는 흥선대원군이 동학농민군의 배후 조종자라는 소문이 돌았다. 사실 여부를 떠나 흥선대원군이 결탁되었다는 소문만으로도 고종과 왕비 민씨는 몹시 두려워했다. 임오군란의 악몽 때문이었다.

고종과 왕비 민씨는 민영준으로 하여금 한양에 부임하고 있던 청나라 대표 원세개에게 가서 구원병을 요청하게 했다. 그때 민영준이 '일본이 오래도록 틈을 엿보던 터이니, 만약 텐진조약을 핑계 대고 부르지 않는데도 온다면 형세가 매우 위태로울 것입니다.'라고 하였다. 그러자 왕비 민씨는 '못난 놈. 내 차라리 왜놈의 포로가 될지언정 다시는 임오년의 일을 당하지 않겠다.'고 대꾸했다고 한다. 왕비 민씨는 그토록 임오군란의 악몽을 두려워했다. 그 두려움 때문에 왕비 민씨는 청에게 도움을 요청했다. 원세개는 이 기회에 조선에 군대를 파견하면 청나라의 영향력을 확실히 굳힐 수 있다고 판단했다. 원세개는 이홍장에게 조선 파병을 요청했고, 이홍장은 그 요청을 받아들였다. 이홍장은 텐진조약에 따라 조선 파병 사실을 일본에 통보했다. 5월 초에 약 2천 명의 청나라 군대가 동학농민군을 진압하기 위해 아산에 도착했다.

그러자 조선의 상황을 염탐하면서 출병 준비를 하고 있던 일본이 한양으로 대규모 병력을 파견했다. 공사관과 거류민들을 보호하기 위한 조선 파병이라는 명분이었다. 일본군은 5월 7일에 인천에 상륙했는데, 월말쯤에는 그 수가 5천에 달했다. 5월 12일에는 선발대 4백여 명이 한양에 입성했다. 갑신정변 때 철병한 후 10년 만의 입성이었다. 이참에 한반도 내에서 청나라와 일전을 벌여 조선에서의 주도권을 잡겠다는 의도였다. 일본은 이미 대본영을 설치하여 전쟁 준비를 완료한 상태였다.

5월 말까지 한양에 입성한 일본군은 8천여 명이나 되었다. 청나라보다 먼저 고종과 왕비 민씨를 장악한 일본은 이같은 무력을 배경으로 노골적인 내정간섭을 시작했다. 6월 8일에 일본공사 오토리 게이스케大鳥圭介는 고종에게 10여 조항에 이르는 내정개혁안을 제시했다. 명색이야 내정개혁안이지만 사실은 내정간섭이었다. 그 내용은 국내외의 대권을 의정부에 귀속시킬 것, 궁중과 의정부의 구별을 엄격히 하고 궁중이 의정부에 간섭하지 않을 것, 문벌을 타파하고 인재를 등용할 것 등등이었다. 내정개혁안의 골자는 왕비 민씨의 정치간여를 봉쇄하고 고종의 왕권을 제한하겠다는 데 있었다. 오토리 게이스케는 고종과 왕비 민씨가 수용하기 어려운 내정개혁안을 제시하고는 며칠 이내에 회답하라고 압박했다. 이 내정개혁안은 일본군 파병과 내정간섭을 정당화하기 위한 구실에 불과했다.

오토리 게이스케는 내정개혁안과 관련하여 본국 일본에 보고서를 제출하였다. 그 보고서에는 조선 문제를 해결하기 위한 두 가지 방안이 제시되었다. 첫째 방안은 내정개혁이 시급하다는 명분으로 병력을 동원하여 왕궁을 점령한다는 내용이었다. 둘째 방안은 청나라와 조선 사이의 종속관계를 파기하고 청나라와 일본의 동등한 권리를 요구하여 그것이 받아들여질 때까지 왕궁의 각문을 점령한다는 내용이었다. 여기에서도 오토리 게이스케가 제시한 내정개혁안은 왕궁을 무력 점령하기 위한 핑계였음이 드러난다.

입장이 곤란하게 된 청의 원세개는 오토리 게이스케와 더불어 공동철병을 협의했다. 그러나 이미 전쟁을 결심한 일본은 청나라가 수용하기 어려운 조건들을 계속 내놓았다. 처음에는 일본과 청나라가 공동으로 조선의 내정개혁을 추진하자고 했다가 나중에는 청나라가 주장하는 종주권을 포기하라고 요구했다. 이런 요구는 협상으로 해결될 일이 아니었다. 원세개는 전쟁이 임박하였음을 깨달았다. 이미 한양에는 일본군 8천여 명이 주둔해 있었다. 그러나 청나라 군대는 아산에 2천여 명이 있을 뿐이었다. 전쟁이 벌어진다면 원세개는 포로가 되기 십상이었다. 6월 17일, 원세개는 노인으로 변장하고 한양을 탈출했다. 1885년 한양에 부임한 지 10년 만에 원세개는 도망자 신세로 전락하여 조선을 떠났다.

원세개가 한양을 탈출한 지 나흘 후에 일본군 2개 대대가 영추문을 통해 경복궁을 침입했다. 일본 공사 오토리 게이스케大鳥圭介가 직접 병력들을 지휘하여 침입했는데, 고종을 호위하던 병사와 시종들은 모두 도망갔다. 고종과 왕비 민씨는 한자리에 있다가 일본군에게 포로가 되었다. 당시 함화당에 머물던 고종이 왕비 민씨를 피신하도록 하였으나 왕비 민씨는 조금 있다가 돌아와서 '한 궁궐 안에서 가면 어디로 가겠습니까? 차라리 여기 있으면서 여러 사람들의 마음을 안정시키겠습니다. 그리고 지금 권력을 빼앗겨 역적의 머리를 베지 못할 바에야 우선 포용해서 그 흉악한 칼날을 늦추는 것이 좋습니다.'고 하면서 함께 있다가 포로가 되었다. 일본군은 반시간 만에 경복궁을 점령했다. 그 과정에서 일본군 2명과 조선군 30여 명이 전사했다.

일본 공사는 경복궁을 장악하자 곧 흥선대원군을 입궁시켰다. 흥선대원군을 내세워 경복궁 점령을 정당화하기 위해서였다. 이런 면에서 일본군의 경복궁 점령은 임오군란 때와 비슷한 양상을 띠었다. 다른 점이 있다면 이번에는 조선군이 아니라 일본군이 궁궐을 침범했다는 것이다. 반외세를 상징하던 흥선대원군은 일본에 협력했다.

경복궁을 점령하고 이틀 후에 일본군은 아산 앞바다에서 청나라 군함을 공격함으로써 전쟁을 도발했다. 내정개혁안, 경복궁 점령은 모두가 청과의 전쟁을 위한 준비였다. 전쟁과 함께 일본은 내정개혁이라는 이름으로 조선 내정에 본격적으로 간섭하기 시작했다. 일본은 갑신정변 이후 일본으로 망명했던 친일 성향의 인사들을 귀국시켜 전면에 내세웠다. 친일 개화파는 군국기무처를 중심으로 갑오개혁을 추진했다. 개혁의 핵심 내용은 기왕의 체제를 의정부와 궁내부로 나누어 왕실 세력이 정치에 관여하지 못하게 하는 것이었다. 정치적으로 본다면 왕비 민씨는 임오군란 때와 마찬가지로 다시 사망 선고를 받은 셈이었다.

고종과 왕비 민씨는 경복궁에 유폐된 상태였다. 시종들은 대부분 도망가고 주변에는 친일 개화파들만 넘쳤다. 고종과 왕비는 시중 들어주는 사람이 없어 제대로 먹지도, 입지도 못 했다. 이를 보다 못한 흥선대원군이 운현궁에서 식사를 마련해 경복궁으로 옮겨 왔지만 그마저도 일본 수문병들에게 강탈당했다. 일본군이나 친일 개화파들은 고종과 왕비 민씨를 조금도 배려하지 않았다. 고종은 운현궁에서 마련하는 음식을 아주 볼품없게 만들도록 부탁하기까지 했다. 그래야 일본 수문병들에게 강탈당하지 않았다. 7월 25일에 고종은 생일을 맞았지만 누구도 기억하지 않았다. 일본과 친일 개화파들에게 고종과 왕비 민씨는 더 이상 왕과 왕비가 아니라 그냥 포로일 뿐이었다.

경복궁에 유폐된 고종과 왕비 민씨는 또다시 청나라가 자신들을 구원해주지 않을까 하고 기대했다. 왕비 민씨는 피신한 민씨 척족들과 은밀하게 연락을 주고받으며 청나라의 동정에 촉각을 곤두세웠다. 경복궁이 점령된 지 한 달 후쯤인 7월 28일에 왕비 민씨가 민응식에게 보낸 비밀 편지에는 이런 내용이 들어 있었다.

> 그곳으로 간 후 소식이 막연하여 걱정되는 마음을 놓지 못했다. 네가 이재순에게 보낸 편지를 보고 그렇듯 죽을 고생을 한 것을 알았다. 너무 불쌍하여 잊히지가 않으며 가슴이 아프고 눈물만 난다. 지금은 어디에 가 있느냐? 옷이며 먹을 것이며 한없이 구차하다. 너도 차마 불쌍하다. 이런 때 내가 너를 구해줄 도리가 없으니 차마 불쌍하고 허전한 마음뿐이다. 여기는 주상의 건강상태가 좋지 못하고 전란 후에는 아프시기까지 하다. 동궁마마도 건강이 좋지 않으시니 한없이 걱정스럽다. 그동안 나는 가슴이 답답한 증세와 묵은 체증으로 고생했다. 일전에 주상의 생신이 있었는데 아랫사람의 심정과 같지 않은 일이 많아 섭섭하고 한심했다. 여기는 나날이 위태로운 기미가 한둘이 아니니 마음을

놓을 수가 없다. 저들이 나에게 가장 악의를 깊게 갖고 있으니 무섭고 두렵다. (중략) 청나라 군사는 이십만여 명이 나온다는데 지금은 만여 명이 나왔다. 민병석이가 첩자 장녕이를 보내지 않아 보지 못했다. 원세개, 주복유, 명진선, 장장문이 나오는데 그는 만주 사람이다. 좌통령, 마통령, 위통령, 섭통령과 장교들이 많이 나오는데 농서군 백만 명, 청나라 군병 이백만 명이 뒤이어 온다는데 일본병이 임진강을 막아 아직 서울에는 못 온다고 한다. 천우신조하여 어서 청나라가 승리하여 사필귀정하길 원한다. 그동안 너무 위급하였으나 어디로 할 데 없어 편지를 못 부쳤다. 이제 두어 글자 적으니 어디든지 깊이 숨어라.[9]

고종과 왕비 민씨는 일본 따위에 청나라가 지리라고는 상상도 하지 못했다. 청나라가 대군을 파견하기만 하면 일본군 정도는 순식간에 쓸어버릴 수 있으리라 믿었다. 실제로 그랬던 과거의 역사도 있었다. 임진왜란 때 선조는 한양을 버리고 의주까지 파천했었지만 명나라가 구원병을 보내 일본군을 쓸어내었다. 고종과 왕비 민씨는 청일전쟁에서도 그렇게 되리라 기대했던 것이다.

하지만 그 기대는 산산조각 났다. 청나라 군대는 일본군에게 연전연패했다. 바다에서도 연전연패했고 육지에서도 연전연패했다. 결국 청나라는 일본에 항복하고 조선에서 발을 뺐다.

고종과 왕비 민씨는 오판의 대가로 경복궁에 더욱더 깊이 유폐되었다. 고종과 왕비 민씨가 오판한 근본적인 이유는 김춘추 이후 천여 년이 넘도록 지속된 중국화, 유교화의 결과 중국문명에 대한 객관적이고 현실적인 눈을 갖지 못하게 된 결과라 할 수 있다. 이처럼 현실과 실리 없이 교조화, 절대화 되어버린 유교화, 중국화의 결과가 바로 단재 선생이 언급한 '종교적, 학술적 사대주의의 노예'였다.

세계화 된 오늘날 중국문명은 더 이상 한국이 배우고 본받아야 할 대상은 아니다. 그렇다고 타도의 대상도 아니다. 대등한 입장에서 공존공영을 추구해야 할 대상이다. 게다가 한국과 중국의 관계는 과거 그 어느 때보다 가까워지고 있다. 통일신라 이후 1천3백여 년간 한국과 중국은 '순망치한'의 관계를 유지했다. 그런데 19세기 말 청나라의 황준헌은 『조선책략朝鮮策略』이라는 책에서 한국과 중국의 관계를 '비유하건대 조선은 중국의 왼팔과 같아서 좋은 일과 나쁜 일이 서로 상관된다.'고 하였다. 한국과 중국은 서로 의존하던 순망치한의 관계에서 더 나아가 19세기 말에는 마치 한 몸처럼 되었던 것이다. 오늘날 한중 관계는 19세기 말 이상으로 가까워지고 있다. 마치 한 몸처럼 가까워지는 한국과 중국이 대등한 입장에서 공존공영하기 위해서는 최소한 과격한 적대감이나 지나친 중국화를 피해야 한다는 것이 과거의 교훈이라 하겠다.

CODE 2 바다

한반도의 해양문명을 사수하라

21세기, 떠오른
해양문명의 중요성

우리나라 역사의 주 무대인 만주와 한반도는 대륙과 연접된 동시에 해양과도 마주하고 있다. 광대한 대륙 내부에는 물론 해양 너머에도 수많은 나라들이 있다. 그러므로 우리나라의 역사는 대륙과 해양을 통합적으로 바라볼 때 온전한 모습이 그려질 수 있다.

그럼에도 불구하고 그동안의 한국 역사는 주로 대륙을 중심으로 이해되어왔다. 물론 한국사의 중심에는 땅에 근거한 농업문명, 그리고 대륙의 중국문명을 대상으로 하는 대외교류사가 있다. 그렇지만 그것이 전부는 아니다. 해양에 근거한 어업 그리고 해양 너머의 각국을 대상으로 전개된 해양교류가 있다. 어업과 해양교류 역시 우리 역사의 한 부분임에 틀림이 없다.

21세기의 해양은 지난 과거와는 또 다른 의미와 중요성을 가지고 있다. 21세기의 국가자원과 국가안보는 해양을 중심으로 개척되고 구축될 가능성이 높다. 그런 의미에서 해양에 대한 적극적인 관심과 연구가 필요하다고 하겠다.

한반도에는 12,000km의 해안선, 3,200개의 도서, 육지면적의 4.5배에 이르는 배타적 해역이 있다. 2005년 기준으로 한국은 선박수주 및 건조량 세계 1위, 냉동컨테이너 보유량 세계 1위, 해상 수송능력 세계 8위, 수산물생산량 세계 15위, 국민 1인당 연간 수산물 소비량 48.1kg이며 무역 물품의 99.7%가 해상을 통해 운송되고 있다.

이처럼 해양이 중요함에도 불구하고 조선시대 이후 근대화 이전까지 한국은 해양 또는 해양문명 자체에 대한 관심이 희박했다. 현재 상황도 별반 다르지 않다. 예컨대 지난 10여 년간 발표된 한국사 연구논문 3만여 편 중에서 해양과 관련된 연구논문은 3백여 편으로 겨우 1% 전후이다. 더욱 심각한 것은 겨우 1% 정도 되는 해양 관련 논문 중에서도 대부분의 연구가 독도, 장보고, 이순신과 같은 특정 주제에 집중되어 해양 또는 해양문명 자체에 대한 재조명이 거의 이루어지지 않았다는 사실이다. 그렇다면 중국은 어떨까?

중국은 역사적으로 대륙지향적인 국가였다. 특히 명나라와 청나라 때에 해양에 대한 관심이 더욱 옅어졌다. 그러다가 중국은 19세기에 영국을 비롯한 서구열강의 해군과 일본의 해군에 의해 참혹한 패전을 경험했다. 이에 대한 반성으로 현재 중국은 해양과 해군에 적극적인 관심을 쏟으며 대양으로 진출하려 하고 있다.

2011년 4월 7일에 중국은 대련大連항에서 건조 중인 중국 최초의 항공모함 사진 20장을 공개하기도 했다. 바야흐로 중국 해군이 대양으로 진출하려는 신호탄이라 할 수 있다. 시랑施琅으로 명명될 예정인 이 항공모함의 사진이 공개되자 동아일보에서는 '중국 항공모함'이라는 제목으로 다음과 같은 사설을 싣기도 했다.

중국 관영 신화통신이 어제 대련大連항에서 건조 중인 중국 최초의 항공모함 사진 20장을 공개했다. 중국이 항공모함을 곧 갖게 된다는 외신 보도에 침묵해오던 중국이 사실을 시인한 것이다. 중국은 옛 소련에서 독립한 우크라이나가 미완성 상태로 보유하던 항공모함 바랴크를 해상 호텔로 개조해 쓰겠다며 1998년 2,000만 달러에 구입했다. 그러나 중국은 용도를 슬그머니 항공모함으로 되돌려 진수를 눈앞에 두고 있다. 중국의 올해 국방예산은 6,011억 위안(약 917억 달러)으로 미국에 이어 세계 2위다. 지난해보다 12.7% 증가했다. 경제적으로 미국에 이어 G2의 반열에 오른 중국이 군사력에서도 2위를 굳힐 태세다. 중국은 지난해 미국 항공모함이 한미연합훈련을 위해 서해로 진입하려고 했을 때 막무가내로 막아섰다. '남이 하면 불륜, 자기가 하면 로맨스'식의 억지와 다를 바 없다. 중국이 이 배를 완성하는 데 13년이라는 긴 시간이 걸린 이유는 엔진 때문으로 보인다. 중국은 엔진이 없는 상태에서 이 배를 구입했다. 군함 엔진의 제작 기술이 떨어지는 중국은 성능 좋은 엔진을 장착하기 위해 무척 고심했을 것이다. 전문가들은 이 배의 최고 속도가 20노트 정도일 것으로 추정한다. 20노트는

컨테이너선이 내는 최고 속도로 미국 항공모함의 최고 속도인 30노트에 크게 못 미친다. 기술이 부족한데도 중국이 항공모함 건조에 열을 올리는 것은 정치적 이유 때문일 것이다. 중국은 여차하면 항공모함을 끌고 가 공격기지로 활용할지 모른다. 중국은 이 배를 '시랑施琅'으로 명명할 예정이다.

시랑은 명나라 말 수군 제독인 정성공의 아버지 밑에서 일했다. 그는 정성공이 자신의 일족을 죽이자 청나라로 도망가 제독이 됐다. 시랑이 이끄는 청나라 수군은 1683년 대만을 공격해 먼저 대만에 와 있던 정성공 세력을 굴복시키고 대만을 청의 영토로 편입시켰다. 한족인 시랑은 만주족이 세운 청 왕조에 큰 공을 세웠다. 옛 소련에서 우크라이나, 다시 중국으로 국적이 바뀐 이 배의 행로와 비슷하다. 중국의 항공모함 보유가 우리 안보에 어떤 영향을 미칠지, 군과 정부는 정밀하게 분석해보기 바란다.[10]

한중일 3국 중에서 해양에 대한 관심이 가장 높은 나라는 물론 일본이다. 섬나라 일본은 그 자체가 해양국가일 수밖에 없는 지정학적 조건을 갖추고 있기 때문이다. 예컨대 일본의 해안선은 35,000km로 한국의 3배에 가깝고 중국이나 미국의 해안선보다도 훨씬 길다. 영해와 배타적 경제수역을 합치면 447만km²로 이는 세계 6위에 해당한다. 이외에도 일본은 해양에 관심을 가질 수밖에 없는 근대 역사도 가지고 있다. 메이지 유신 이후부터 본격적으로 시작된 일본의 해양진출은 미국과 태평양의 패권을 다투었던 '태평양전쟁'으로 전개되었다. 이 시기 대동아공영권이라는 이데올로기는 곧 일본의 해양진출을 합리화하는 이데올로기였다.

일본은 태평양전쟁을 위한 준비작업의 하나로 태평양과 인도양의 인류학, 민속 지적 조사를 일찍부터 시작했다. 이 작업은 1945년 패전 때까지 계속되었다. 대만총독부는 중국 연안 및 남중국해를, 일본 해군본부는 남태평양 지역을 조사하고 연구했다.

1945년 이후 일본의 해양 관련 연구는 정체되었다가 1990년대부터 재개되었다. 이 시기는 마침 일본 사회가 뚜렷하게 우경화의 징후를 보일 때였다. 1990년 일본의 해양 관련 연구는 『바다의 아시아』(2000~2001) 시리즈가 대표적이다. 이 시리즈가 다루고 있는 범위는 태평양 및 인도양까지 걸쳐 있다. 이는 패전 이전에 대동아공영권이 합치려고 하던 지역과 일치하고 있다. 이를 통해 일본의 거대 해양 전략 또는 대동아공영권에 대한 역사적 향수를 감지할 수 있다.

2001년 5월 UN은 '21세기는 해양의 세기(Ocean Century)'라고 선언했다. 폴 케네디를 비롯한 미래학자들도 21세기는 해양의 시대가 될 것이라고 전망했다. 해양력海洋力이 국가 경쟁력의 핵심요소이며, 국부의 원천이 되는 시대라는 것이다. 이에 따라 동아시아 각국은 해양을 미래 국가의 운명을 결정지을 핵심 전략으로 설정하고 있다.

21세기 들어 자원 확보와 군사방위 측면에서 해양의 중요성이 높아짐에 따라 한국, 중국, 일본 그리고 러시아 사이에 도서島嶼 분쟁과 영해 분쟁이 나날이 치열해지고 있다. 우리나라와 일본 사이에 외교적 마찰로 이어지고 있는 독도 문제는 물론, 중국과 일본의 조어도 분쟁, 일본과 러시아 사이의 사할린과 쿠릴 열도 분쟁도 그같은 연장선상에 있다. 중국과의 사이에 '동북공정'을 둘러싼 고대사 문제도 결국 미래의 영토와 영해를 염두에 두고 있는 것이다. 이같은 동북아 4개국 사이의 도서 분쟁과 영해 분쟁이 어떻게 해결되느냐에 따라 미래의 동북아는 평화공존으로 갈 수도 있고 반대의 길로도 갈 수 있을 것이다. 동북아의 평화공존을 위한 첫걸음은 우리나라의 해양문명 그리고 해양 역사에 대한 이해일 것이다.

한반도 주변의
풍부한 해양자원

한반도는 동해, 남해, 서해로 둘러싸여 있다. 그리고 그 외곽을 저 멀리서 사할린, 일본 열도, 오키나와 열도, 대만, 동중국해, 중국 대륙이 휘두른다. 이런 점에 착안하여 동해, 남해, 서해, 동중국해를 통틀어 동아시아의 지중해라 부르기도 한다. 동아시아의 지중해라는 용어에는 한국, 중국, 일본 등 동북아 삼국의 역사가 바다를 매개로 밀접하게 연관되어 있다는 뜻이 강력하게 함축되어 있다. 그동안 육지와 농업 중심으로 이해되어온 동북아 삼국의 역사에 더하여 바다와 해양교류의 역사를 더하려는 의도이다.

동북아 삼국의 해양교류는 해류와 바람에 의해 촉진되었다. 동아시아의 지중해를 흐르는 해류에는 적도 부근에서 올라오는 난류와 사할린에서 내려오는 한류가 있다. 한반도의 경우, 여름철이 되면 계절풍과 함께 오키나와 열도에서 한반도 남해를 거쳐 서해까지 난류인 흑조黑潮가 올라온다. 이 여름철의 계절풍과 난류를 타고 수많은 이방인들이 조선 땅에 들어왔다. 조선 태조 때에는 오키나와의 망명 국왕 온사도溫沙道가 진주 지역에 도착하였으며, 조선 효종 때에는 네덜란드의 하멜이 제주도 지역에 표류하기도 했다. 여름철의 계절풍과 난류를 타고 오는 것은 사람만이 아니었다. 여름철의 계절풍과 난류를 타고 서해로 들어오는 주인공은 다름 아닌 난류성 물고기였다.

우리나라의 바다로 들어오는 대표적인 난류성 물고기는 조기이다. 동중국해에서 겨울을 보낸 조기는 봄철이 되면 산란을 위해 난류를 타고 남해를 지나 서해로 올라온다. 춘삼월쯤 전라도 앞바다에 도착한 조기는 서해를 거슬러 올라가며 산란을 한다. 그렇게 조기가 지나는 서해의 길목에는 조기 어장이 형성되었다. 그중에서도 전라도 법성포와 황해도 연평도 등이 유명한 조기 어장이었다. 예컨대 조선 고종대의 인물인 오횡묵은 『지도총쇄록』에서 봄철 법성포의 조기 어장 모습을 이렇게 묘사하였다.

> 법성포의 서쪽 바다는 배를 댈 곳이 없다. 이곳에 있는 칠뫼라는 작은 섬들이 위도에서부터 나주까지의 경계가 되는데, 이를 통칭하여 칠산 바다라고 한다. 서쪽 바다는 망망대해이다. 해마다 고기가 많이 잡히므로 팔도에서 수천 척의 배들이 이곳에 모여들어 고기를 사고파는데, 오고가는 거래액이 가히 수십만 냥에 이른다. 이때 가장 많이 잡히는 물고기는 조기로 팔도 사람들이 모두 먹을 수 있을 정도로 어획량

이 많다. 지도군의 칠산도에서는 매년 봄에 조기 어장이 형성된다. 본래 칠산 어장은 바다 폭이 백여 리나 되어 팔도의 어선들이 몰려든다. 그물을 치고 고기를 잡는 배가 근 백여 척이 되며, 상선 또한 왕래하여 그 수가 거의 수천 척에 이른다.

겨우내 먹을 것이 부족했던 우리 조상들에게 조기는 바다가 주는 크나큰 선물이었다. 우리 조상들은 봄철 춘궁기에 바다에서 잡은 조기로 부족한 영양을 채웠다. 조기를 소금에 절여 말린 것이 굴비였다. 조기는 한문으로 조기助氣라고 쓰는데, 말 그대로 춘궁기의 부족한 기운을 채워주거나 여름철 입맛 없는 사람들의 밥맛을 돋아주는 물고기였다. 전통시대 서해의 봄과 여름은 조기를 잡기 위한 어선 그리고 조기를 매매하기 위한 상선들로 아연 활기를 띠곤 했다.

조선시대 서해에서 잡힌 조기는 가난한 서민들의 부족한 기운을 북돋아주는 물고기였을 뿐만 아니라 궁중의 수라상에도 오르는 귀한 물고기였다. 춘삼월에는 전라도 법성포 등에서 잡힌 조기가 궁중에 진상되었다. 4월에는 황해도의 연평도 등에서 잡힌 조기가 궁중의 수라상에 올랐다. 이렇게 우리의 조상들이 귀천할 것 없이 즐겨 먹던 물고기가 바로 조기였다.

여름철의 난류와 마찬가지로 겨울철의 한류 역시 우리나라의 바다에 풍성한 선물을 안겨주었다. 겨울철에 캄차카반도와 사할린 주변의 바다에서 내려오는 한류는 동해를 거쳐 대한해협을 지나면서 한 가닥이 서해로 거슬러 올라간다. 그 한류를 따라 다양한 한류성 물고기들이 우리나라의 바다로 찾아온다. 대표적인 어종이 명태, 대구어, 청어이다. 전통시대 서해를 대표하던 물고기가 조기라면 명태는 동해를 대표하던 물고기였으며 대구어는 남해를 대표하던 물고기였다.

반면 청어는 동해, 남해, 서해에서 두루 잡혔다. 특히 청어는 앞쪽의 경유지인 동해나 남해보다는 뒤쪽의 경유지인 서해에서 잡히는 것이 훨씬 좋았다. 동해, 남해, 서해를 지나면서 살이 찌기 때문이었다. 조선시대의 기록에 의하면, 청어는 동지 전에 경상도 동해 쪽에 등장하여 남해를 지나 음력 3월에 황해도에 나타나는데 황해도의 청어가 남해의 청어보다 곱절이나 크다고 한다. 실제로 조선시대에 가장 유명한 청어 어장은 백령도 어장이었다. 음력 2월쯤에 백령도, 대청도, 소청도 부근 바다에서 잡힌 청어는 생물 상태로 궁중에 진상되어 수라상에 올랐다. 조기가 춘궁기의 부족한 기운을 돕거나 여름철의 밥맛을 돋아주는 역할을 했다면, 청어는 겨울철 서민들의 먹거리로 이용되었다. 특히 조선시대에는 청어를 비유어肥儒魚라고도 하였는데, 값이 싸고 맛이 있어 가난한 선비들이 즐겨먹었기에 이런 이름이 붙었다고 한다.

역사적으로 볼 때, 청어는 중국과의 관계에서도 중요한 역할을 했다. 한반도의 서해를 거슬러 올라온 한류는 평안도 앞바다를 지나 요동반도와 산동반도로 흐른다. 청어가 그 한류를 따라갔으므로 요동반도와 산동반도 부근에서도 청어가 잡혔다. 청어는 우리나라뿐만 아니라 중국에서도 서민들의 사랑을 받는 물고기였다. 그런데 한류성 물고기인 청어는 흉풍이 뚜렷하였다. 서해에 한류의 활동이 왕성할 때는 청어가 많이 잡혔지만 그렇지 않을 때는 잘 잡히지 않았다. 서해에서 한류의 활동이 약해지면 당장 요동반도와 산동반도 쪽에서도 청어가 잡히지 않았다. 그렇게 되면 중국에서 청어 값이 치솟았고, 그에 비례하여 중국 어부들이 백령도, 대청도, 소청도 어장으로 몰려들었다. 김문기 교수의 「19세기 조선과 청의 어업분쟁」(『19세기 동북아 4개국의 도서분쟁과 해양경계』, 2008)이라는 논문에 의하면 19세기 중반을 전후하여 중국 바다에서 청어가 사라졌다고 한다. 그래서 겨울철에 중국 어부들이 대거 서해로 몰려들어 청어를 잡아갔다고 하는데, 중국 선단의 규모가 어마어마하여 조선 정부에서 감당하기 어려울 정도였다고 한다. 실제로 19세기 우리나라의 기록에, '중국 어선들이 천 척 또는 백 척 단위로 무리를 이루어 바다를 덮고 와서 정월부터 바다 한가운데 머문다.'는 내용이 있다. 조선 정부에서는 불법 어로를 자행하는 중국 어부들을 자력으로 제압하지 못하여 중국 정부에 단속을 요청하곤 했지만 별무효과였다. 중국 정부가 조선의 입장보다는 자국의 어민들을 우선시하였기 때문이다.

우리나라의 바다 중에서 서해는 동해와 남해와 달리 갯벌이 드넓게 발달하였다. 그래서 예부터 서해에는 연안어업과 함께 소금산업이 발달하였다. 전통시대 소금은 지금과 달리 자염煮鹽이었다. 바닷물을 갯벌에 가두어 말려 짠물을 만든 다음, 이 짠물을 가마에 넣어 끓여 만든 소금이 자염이다. 서해, 남해, 동해에서 모두 자염이 이루어졌지만 역시 중심은 갯벌이 발달한 서해였다. 전통시대의 서해는 조기와 청어로 대표되는 어업 그리고 자염으로 대표되는 제염업의 중심지였다. 계절풍과 해류를 따라 물고기를 좇는 어부들의 거친 숨

소리, 어부들에게서 한 푼이라도 싸게 물고기를 사려는 상인들의 흥정소리, 갯가의 소금가마에서 올라가는 자욱한 연기, 포구의 어시장에서 펄떡이는 물고기들, 어촌 사람들의 분주한 발걸음 등등이 전통시대 바다의 평화로운 풍경을 수놓았다.

조선시대 사람들을 먹여 살린 명태

조선시대를 대표하던 물고기는 무어니 무어니 해도 역시 명태였다. 특히나 조선시대의 명태는 팍팍한 삶에 짓눌린 가난한 서민 대중들의 밥상을 풍성하게 해주던 물고기였다. 명태는 밥상에서뿐만이 아니라 가난한 서민들의 삶의 현장에서 다양한 모습으로 함께했다.

그런 의미에서 명태는 분명 우리와 친근한 물고기이다. 친근함의 증거는 명태를 소재로 하는 민속과 속담이 넘치도록 많다는 것과 수십 가지나 되는 명태 이름, 다양한 명태 요리들이 증명한다. 그뿐이 아니다. 명태를 소재로 한 가곡도 있다.

가곡 '명태'는 양명문楊明文이 작사한 것을 1951년에 변훈이 작곡하였는데, 1952년 부산극장에서 바리톤 오현명이 처음 불렀다. 당시의 반응은 냉담했다. 객석 여기저기에서 웃음이 터져 나왔으며, 당시의 음악평론가 이성삼은 연합신문에 '이것도 노래라고 발표하나'라는 평론을 실었을 정도였다. 그렇지만 1970년 말에 와서 가곡 '명태'는 새롭게 주목을 받았고, 홍난파·현제명과 같은 여성적이고 애상적인 가곡에서 탈피한 '명태'나 '쥐'와 같은 작품은 남성적이며 동시에 리얼리즘 가곡의 맥을 잇는 듬직한 산봉우리라고까지 평가받게 되었다. 음악평론가 서우석은 『문예중앙』에서 '언어의 억양과 사실성에 충실한 노래'라고 극찬하였고, 이상용도 '한국 가곡의 길을 밝히는 저 빛나는 리얼리즘 ; 변훈의 명태'라는 글을 쓰기도 하였다.[11] 그 '명태'의 노랫말은 다음과 같다.

> 검푸른 바다 밑에서, 줄지어 떼 지어 찬물을 호흡하고, 길이나 대구리가 클대로 컸을 때, 내 사랑하는 짝들과 노상 꼬리치고 춤추며 밀려다니다가, 어떤 어진 어부의 그물에 걸리어 살기 좋다는 원산 구경이나 한 후, 에지푸투의 미이라가 됐을 때, 어떤 외롭고 가난한 시인이 밤늦게 시를 쓰다가 쐬주를 마실 때, 그의 안주가 되어도 좋다. 그의 시가 되어도 좋다. 짜악 짝 찢어지어 내 몸은 없어질지라도, 명태, 명태라고 이 세상에 남아 있으리라.

우리에게 이토록 친숙한 명태이지만 이 명태가 우리나라에 알려진 시점은 그리 오래되지 않는다. 조선시대의 공식문서에 '명태'라는 이름이 처음 등장한 때는 효종 3년(1652) 9월 무인조의 『승정원일기』이다. 이날의 기록에는 "강원도에서 올린 진상품은 물목에 연어알젓을 대구알젓으로 대신한다고 썼지만 실제는 명태알젓으로 올렸습니다."라는 내용이 있다. 강원도에서 9월은 아직 연어가 본격적으로 나는 철이 아니어서 연어알젓 대신 대구알젓으로 진상하는 것이 관행이었다. 그럼에도 실제는 대구알젓 대신에 명태알젓을 진상품으로 올렸다는 것이다. 그렇게 된 이유를 조사해보니 동해에서 많이 잡히던 대구어가 더 이상 잡히지 않고 대신 명태가 잡혔기 때문에 강원도 각 지역의 수령들이 서류상으로는 대구알젓을 진상한다고 하고는 실제는 명태알젓을 진상한 것이었다. 왜 그렇게 되었을까?

임진왜란이 끝난 이후 한반도에는 기상이변이 빈발했다. 여름에 우박이나 서리 또는 눈이 내리는 기이한 일이 발생했다. 임진왜란을 전후한 시기인 1591년부터 1600년의 10년 동안은 6번의 기상이변이 있었다. 그런데 임진왜란이 끝난 직후인 1601년부터 1610년의 10년 동안은 35번의 기상이변이 있었다. 이전 10년에 비해 거의 여섯 배 이상이나 늘어난 숫자였다. 시간이 지날수록 기상이변은 점점 더 자주 발생했다. 1611년부터 1623년의 10여 년 동안에는 60번의 기상이변이 있었다.[12] 이 기간 연 평균 여섯 번의 기상이변이 발생한 셈이었다. 이런 추세는 17세기 내내 지속되었다. 날씨가 추워진 이유는 분명하지 않다. 어쨌든 날씨가 추워지는 것과 비례하여 바닷물 역시 차가워졌다.

명태는 본래 한류성 어종으로 캄차카반도 주변의 오오츠크해, 베링해 등의 차가운 바다에서 산다. 명태가 사는 섭식 수온은 섭씨 2~10도이고, 적합 수온은 섭씨 3~5도에 해당한다. 특히 명태의 성어기인 12~1월 평균수온은 섭씨 0~5도 사이로, 17세기경에 한반도 동해의 수온이 섭씨 0~5도 사이를 유지함으로써 오오츠크해와 베링해에 살던 명태가 연해주의 바다를 지나 함경도의 바다까지 내려

왔던 것이다. 명태라는 이름이 생긴 유래에 대하여 19세기 말의 이유원이 쓴 『임하필기』에는 이런 이야기가 실려 있다.

> 함경도 명천에 살던 어부 중에 태씨太氏 성을 가진 자가 있었다. 어느 날 낚시로 물고기 한 마리를 낚아 고을 관청의 주방 일을 보는 아전으로 하여금 관찰사에게 드리게 하였는데, 관찰사가 이를 맛있게 여겨 물고기의 이름을 물었지만 아무도 알지 못했다. 그래서 명천의 태씨 어부가 잡은 물고기라고 대답하였다. 이에 관찰사가 말하기를, '명천의 태씨가 잡았으니 명태라고 이름을 붙이면 좋겠다.'고 하였다. 이로부터 이 물고기가 해마다 수천 석씩 잡혀 팔도에 두루 퍼지게 되었는데, 북어北魚라고도 불렸다. 노봉 민정중이 말하기를, '300년 뒤에는 이 물고기가 지금보다 귀해질 것이다.' 하였는데, 지금 그 말이 들어맞은 셈이다. 내가 원산을 지나다가 이 물고기가 쌓여 있는 것을 보았는데, 마치 한강에 쌓인 땔나무처럼 많아서 그 수효를 헤아릴 수 없었다.

명태가 동해에 나타난 시기는 임진왜란 이후 전쟁 후유증과 기상이변으로 조선시대 사람들의 삶이 극도로 어려워졌을 때였다. 먹을 것이 귀했던 함경도와 강원도 사람들은 명태를 팔아 생계를 유지할 수 있었다. 그래서 명태는 단순히 먹거리라는 의미를 넘어 역사적으로 매우 의미있는 생선이 되었다.

민간 사이에서 명태가 워낙 유행하다 보니 명태와 관련된 다양한 속담이 생겨나기도 했다. 예컨대 강원도 지역에는 '여름에 명태나 도루묵, 양다리가 개략이면 흉년'이라는 속담이 있다. 이는 여름에 명태나 도루묵, 양다리가 많이 잡히면 흉년이 든다는 뜻이다. 차가운 바닷물에 사는 명태가 여름에 많이 잡힌다는 것은 여름 바닷물이 차갑다는 뜻이니 그해 농작물이 냉해를 입게 될 것임은 자명하다.

또한 지금 사람들도 흔히 쓰는 말에 '노가리를 깐다'는 말이 있는데 이 또한 명태와 관련된 속담이다. 노가리는 2~3년 된 명태 새끼이다. 명태는 한 번에 25만에서 40만 개의 알 즉 노가리를 깐다. 이를 빗대 말이 많은 사람을 가리켜 '노가리를 깐다'고 하는 것이다. 또한 말이 많기 때문에 그만큼 진실성이 결여되어 거짓말을 한다는 의미도 있다. 노가리 중에서도 술집에서 안주로 사용되는 것은 10cm도 안 되는 '앵노라기'이다.[13]

명태는 단순하게 보면 하나의 물고기에 지나지 않는다. 하지만 이 물고기가 조선시대를 대표하는 물고기가 되기까지는 심각한 기후환경의 변화, 어업자원의 변화 그리고 변화된 환경에 적응하려는 조선시대 사람들의 분투가 있었다.

동북아의 국제질서를 좌우한 해전

동아시아의 역사를 돌이켜볼 때, 한국과 중국 그리고 일본이 얽혀 국제전을 벌인 적이 몇 번 있었는데, 전쟁의 결과는 동북아 삼국의 국제질서를 재편할 정도로 중요했다. 전쟁의 승패를 가른 요인은 여러 가지였지만, 그중에서 빼놓을 수 없는 요인이 해전이다.

　전통시대 한국, 중국 그리고 일본이 모두 얽혀들었던 최초의 국제 해전은 신라와 당나라의 연합군과 백제와 왜의 연합군이 싸웠던 백강구 해전이다. 백강구가 정확히 어디인지는 확인되지 않지만 거슬러 올라가면 백제의 수도 부여로 이어지는 현재의 금강 하구로 추정된다.

　의자왕 20년(660) 2월, 당나라의 소정방은 13만 대군을 거느리고 황해를 건너 금강 입구에 도착했다. 신라에서는 김유신이 5만 군대를 이끌고 사비성으로 향했다. 수륙 양면에서 협공당한 백제에서는 어떻게 방어할지 의론이 분분했다. 좌평 의직은 당나라 군사들은 황해를 건너오느라 지쳤을 테니 상륙하는 순간을 기다렸다가 공격하면 승산이 있다고 했다. 당나라 군사만 물리치면 신라 군사는 걱정할 것 없다고 했다. 금강 하구에서 당나라 군사와 결전을 벌여야 한다는 주장이었다. 반면 달솔 상영 등은 당나라 군사는 멀리 황해를 건너와 속히 싸우려는 마음이 앞설 것이므로 피해야 한다고 했다. 육지에서 신라 군사와 결전을 벌여야 한다는 주장이었다.

　의견이 갈리자 의자왕은 좌평 흥수에게 조언을 구했다. 그러자 흥수는 백강 입구에서 당나라 군사를 막고 탄현에서 신라 군사를 막아야 한다고 했다. 한쪽만이 아니라 양쪽 다 막아야 한다는 주장이었다. 이렇게 갈팡질팡하는 사이, 아무런 저항도 받지 않고 금강을 거슬러 올라 사비성 가까이 간 소정방은 황산벌에서 계백의 결사대를 격파하고 온 김유신과 힘을 합해 사비성을 함락하고 의자왕을 사로잡았다. 결과적으로 보면 백제는 백강 입구에서 당나라 군사를 막았어야 했는데 그러지 못한 것이 패인이었다.

백제 멸망 후 복신과 도침을 중심으로 하는 백제 유민들은 부흥운동을 벌였다. 그들은 주류성을 근거지로 삼고, 왜에 가 있던 부여풍을 맞이하여 왕으로 삼았다. 백제 부흥운동은 전라도, 충청도, 경기도 등 백제 전역으로 번졌다. 661년 3월에 백제 부흥군은 사비성 탈환작전을 벌이기도 했다. 이런 기세를 타고 백제 부흥군은 왜에 구원병을 요청했는데, 이에 호응하여 왜는 2만 7천여 병력을 4백 척의 전선에 태워 보냈다.

663년 8월 백강구에서 왜의 해군과 당나라 해군 사이에 해전이 벌어졌다. 왜가 전선 4백 척에 군사 2만 7천이었고, 당나라는 170여 척에 군사는 정확하지 않았다. 백강구 전투에 대하여 『일본서기』에는 다음과 같은 기록이 있다.

> 8월 13일, 백제왕이 신라의 훌륭한 장수를 베었으므로 신라는 곧바로 백제로 처들어가 주류성을 빼앗으려 했다. 이에 백제왕은 신라의 계략을 알고 여러 장수들에게 이르기를, '지금 들으니 일본의 장수 여원군신(廬原君臣)이 구원병 만여 명을 거느리고 바다를 건너오고 있다고 한다. 여러 장수들은 미리 대책을 세우라. 나는 직접 백촌으로 가서 기다리다가 일본군을 맞이하겠다.' 하였다. 17일, 신라의 장수가 와서 주류성을 포위하였다. 당나라의 장군은 전선 170척을 거느리고 백촌강에 진을 쳤다. 27일, 일본군 중 선발대로 온 해군과 당나라 해군 사이에 해전이 벌어졌다. 일본 해군이 불리하여 후퇴하였다. 당나라 군사는 진을 견고히 하고 지켰다. 28일, 일본의 여러 장수들과 백제의 왕이 상황

을 잘 살펴보지도 않은 채 서로 말하기를, '우리가 먼저 공격하면 저들은 물러갈 것이다.' 하였다. 일본 해군은 대오도 정렬하지 않은 채 중군을 동원하여 굳게 정렬한 당나라 해군을 공격했다. 당나라 해군이 좌우에서 협공하자 순식간에 일본 해군이 패배했다. 물에 빠져 죽은 자가 많았는데, 일본 해군은 뱃머리를 돌릴 수도 없었다.[14]

백강구 해전에서 패배함으로써 백제 부흥운동은 실패로 끝났다. 백제는 멸망했고, 일본은 당나라에 굴복했다. 이 결과 동아시아에서는 중국을 중심으로 하는 세계질서가 확고하게 자리 잡을 수 있었다.

백강구 해전에서 패배한 지 9백 년쯤 지난 후 또다시 한국, 중국 그리고 일본이 얽힌 해전이 벌어졌다. 바로 임진왜란이다. 일본의 입장에서는 거의 천년 만에 다시 중국에 도전한 셈이다.

임진왜란은 선조 25년(1392) 4월 13일에 왜적의 선봉대를 태운 대선단이 부산 앞바다에 모습을 드러내면서 시작되었다. 임진왜란 초반에 육지에서의 전투는 일방적으로 왜적이 압도했다. 4월 13일 부산에 상륙한 왜적은 5월 3일에 한양을 점령하고 6월 15일에 평양을 점령하는 등 무인지경을 달리듯 승승장구했다. 선조는 4월 30일에 한양에서 파천하고, 6월 23일에는 의주에 도착하여 명나라에 망명할 준비를 하는 상황에까지 처했다.

그때 평양까지 점령한 고니시 유키나가小西行長는 선조에게 글을 보내 '일본 수군 10만여 명이 만약에 또 서해로부터 온다면 대왕의 행차는 어디로 갈지 모르겠습니다.'라고 위협하였다. 이 언급은 단순

한산도대첩
1592년(선조 25) 7월 8일 한산도 앞바다에서 조선 수군이 일본 수군을 크게 무찌른 전투. 한반도의 제해권을 지킴으로써 조선을 구했던 역사적인 사건이다.

한 위협이 아니라 매우 현실적인 협박이었다. 만약 소서행장의 언급대로 왜적의 수군 10만여 명이 서해로부터 의주로 쳐들어갔다면 선조는 오갈 데 없는 처지가 되었을 것이다. 문제는 선조만이 아니라 서해에 연해 있는 모든 지역이 왜적의 수군에 무방비 상태로 노출될 수 있다는 사실이었다.

왜적의 수군 10만여 명이 서해로부터 의주로 간다는 것은, 사실상 서해의 제해권을 왜적이 장악했다는 의미였다. 만약 왜적 수군이 서해의 제해권을 장악한다면 서해로 흐르는 영산강, 금강, 한강, 대동강, 압록강까지도 모두 왜적 수군의 손아귀에 떨어질 수밖에 없었다. 그것은 곧 서해에 연해 있는 전라도, 충청도, 경기도, 황해도, 평안도 모두가 왜적 수군의 손아귀에 들어간다는 뜻이나 마찬가지였다. 그렇게 되었다면 조선은 도저히 버티지 못했을 것이다.

천만다행으로 이순신 장군이 판옥선板屋船과 거북선의 장점을 최대한 살려 한산도대첩을 승리로 이끌면서 서해와 남해의 제해권을 지켰기에 선조와 조선왕조는 살아남을 수 있었다. 이순신 장군이 서해의 제해권을 지킨 공로를 『연려실기술』에서는 '대개 왜적은 수군과 육군을 합세하려 했는데, 한산도대첩으로 고니시 유키나가의 기세가 고립되어 다시 전진하지 못했으니 나라가 중흥된 것이 실로 이에서 말미암은 것이다.'라고 평가하였다.

임진왜란 때 명나라는 육군과 함께 해군을 보내 조선을 도왔다. 이순신 장군과 함께 명나라 해군이 조선의 제해권을 지켰던 것이다. 명나라는 조선을 도와 일본 해군으로부터 제해권을 지켰기에 조선에서 명맥을 유지했을 뿐만 아니라 동아시아 국제질서도 유지할 수 있었다.

반면 일본 해군이 바다의 제해권을 장악했을 때, 동아시아 국제질서는 완전히 바뀌었다. 그 상징적인 해전이 바로 1894년의 청일전쟁 중

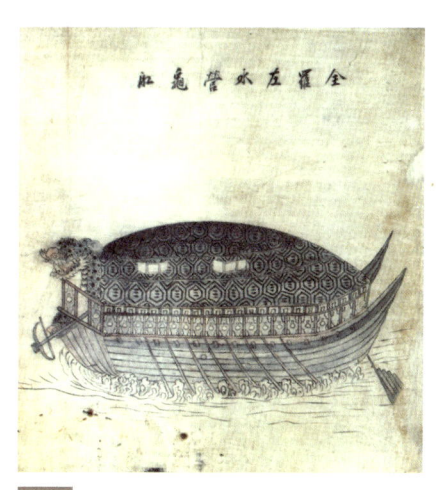

거북선
고려 말과 조선 초에 왜적을 격퇴하기 위해 제작된 것으로, 기록상으로는 조선초 문헌에 처음 나타난다. 임진왜란 직전에 이순신 장군이 창제귀선을 건조하여 왜군에게 큰 타격을 주었고, 세계 최초의 돌격용 철갑전선(鐵甲戰船)으로 평가된다.

있었던 대동구해전이다. 청일전쟁은 1894년 6월 23일에 일본 해군이 아산 앞바다에서 청나라 해군을 공격하면서 시작되었다. 이후 8월 16일에 청나라의 주력해군 14척과 일본의 주력해군 12척이 압록강 하구의 대동구에서 접전을 벌였다. 대동구에서 벌어진 해전에서 청일 간의 전투력은 척수나 배수량에서 엇비슷했다. 하지만 결정적인 차이가 있었다. 속도였다. 기술적으로 앞선 일본 함선이 청나라 함선보다 빨랐다.

대동구해전에서 청나라 함선은 일렬횡대의 진형이었다. 반면 일본 함선은 일렬종대의 진형이었다. 일본 함선은 속도의 장점을 살려 치고 빠지는 전법을 구사했다. 일렬종대로 늘어선 일본 함선은 한 척씩 앞으로 직진하여 청나라 함선을 공격하고 뒤로 빠졌다가 다시 일렬종대에 합류해 공격에 가담했다. 빠르게 접근해 치고 빠지는 일본 함선의 공격에 청나라 함선은 속수무책이었다. 게다가 무기에서도 차이가 났다. 일본 함선은 속사포를 구비하고 있었지만 청나라 함선에는 없었다. 대동구해전은 약 5시간 가량 치러졌는데, 청나라 함선은 3척이 침몰 당한 반면 일본 함선은 한 척도 침몰하지 않았다. 결과는 일본 해군의 승리였다. 보다 더 중요한 사실은 대동구해전 이후 청나라 해군은 서해에서의 작전활동을 완전히 포기했다는 사실이었다. 서해의 제해권은 일본 해군에게 돌아갔다.

이것이 임진왜란 때와 다른 점이었다. 임진왜란 때는 이순신 장군이 서해와 남해의 제해권을 장악함으로써 왜적을 무찌를 수 있었지만, 대동구해전에서는 거북선 같은 전함도 없었고 이순신 장군 같은 명장도 없었다. 서해의 제해권을 장악한 일본은 육지와 바다에서 마음껏 작전을 구사할 수 있었다.

청일전쟁에서 일본이 일방적으로 승리할 수 있었던 요인 중의 하나는 바로 서해의 제해권을 장악했기 때문이었다. 청일전쟁에서 승리한 일본은 동아시아의 패권국으로 등장했고, 중국을 중심으로 형성되었던 국제질서는 완전히 해체되었다. 백강구 해전으로부터 치면 일본은 1천2백여 년 만에 중국과의 해전에서 승리했고 그 결과 동아시아의 패권을 장악했다고 할 수 있다.

일본의 기함
서양의 기술을 빠르게 받아들인 일본의 기함은 속도가 빠르고 속사포를 구비하고 있어 많은 해전에서 일본을 승리로 이끌었다.

오늘날에도 바다는 한국과 중국 그리고 일본 사이에서 출렁거리고 있다. 한국과 중국은 서해를 사이에 두고 마주보고 있으며, 한국과 일본은 남해와 동해를 사이에 두고 있다. 예전처럼 서해와 남해 그리고 동해에서는 철따라 계절풍과 해류가 오가며 물고기들도 오간다. 어선과 상선들도 바다를 누빈다. 포구의 시장에서는 흥정이 오간다. 평화로운 풍경이 아닐 수 없다. 그러나 평화로운 그 풍경 너머로 일촉즉발의 살풍경이 겹쳐 있다.

불행하게도 한반도는 분단되어 있다. 바다를 사이에 두고 현재 네 개의 나라가 배를 맞대고 있는 상황이다. 전통시대와 달리 미국과 러시아까지 동아시아의 지중해에 큰 영향력을 행사하고 있다. 게다가 과학기술이 나날이 발달하는 오늘날에 바다의 물리적인 거리는 하루하루 줄어들고 있다. 그럴수록 완충지로서 바다의 역할은 축소되고, 바다를 매개로 배를 맞댄 네 나라 사이의 충돌 가능성은 높아질 수밖에 없다. 바다의 평화로운 풍경을 지키기 위해서는 최소한 바다의 제해권을 지켜야 한다는 사실을 역사는 웅변한다.

CODE 3 일본

청산하지 못한 과거를 넘어

미스터리 국가와의 어려운 관계

● 2011년 3월 11일 오후 2시 46분. 일본 동북東北 지역에 위치한 센다이仙臺 동쪽 130km 지점의 해저에서 규모 9.0의 강진이 발생했다. 그 직후 최대 높이 10m의 거대한 쓰나미가 동북 해안을 덮쳤다. 쓰나미를 피해 필사적으로 도망가다 휩쓸리는 자동차들, 맥없이 무너지는 건물들의 모습이 마치 영화처럼 TV를 통해 전 세계에 생중계되었다.

이번 지진은 일본 역사상 최대 규모로 알려진 1923년 관동대지진의 7.8보다 훨씬 강력했다. 그 위력이 1945년 히로시마에 투하된 원자폭탄의 5만 배에 달했다. 지진에 관한 한 세계 최고의 대응 능력을 자랑하는 일본에서 수만 명의 사상자와 수십만의 이재민이 발생했다.

3월 11일 일본 동북 지역에서 발생한 쓰나미는 대만과 하와이는 물론 칠레와 페루에까지 영향을 미칠 정도로 강력했다. 쓰나미가 휩쓸고 지나간 일본 동북 지방은 폐허로 변했다. 설상가상 일본 동북 지방에는 원자력 발전소가 밀집해 있었다. 그중 후쿠시마福島 원자력 발전소가 쓰나미에 파괴되었고, 일본은 방사능 공포에 휩싸였다.

일본의 강진과 쓰나미가 우리나라에 알려졌을 때, 우리나라의 언론이 보인 첫 번째 반응은 주로 우리나라가 일본의 강진과 쓰나미 그리고 원전 사고로부터 얼마나 영향을 받을까에 집중되었다. 예컨대 유력 일간지인 조선일보는 12일자에 일본의 강진과 쓰나미를 처음 보도하면서, 삼성전자와 하이닉스의 공장 가동이 11일 일시 중단된 사실과 함께 우리의 동해안과 마주 보는 일본 열도의 서쪽에서 강진이 일어날 경우 우리나라 역시 심각한 피해를 입을 수 있다는 사실 그리고 일본 원전이 파괴될 경우 여기서 누출된 방사선이 우리나라로 확산될 가능성 등을 보도했다.[15]

우리나라 언론이 이런 반응을 보인 이유는 물론 일본과 우리나라가 지리적으로 매우 가깝기 때문이다. 부산에서 쓰시마對馬島까지는 49.5km로 겨우 1백 리 조금 넘는 거리이다. 부산에서 이끼一岐까지는 68km, 부산에서 후쿠오카福岡까지는 132km이다. 3백 리 남짓한 거리이다.

반면 부산에서 서울까지는 400km가 넘는다. 천 리가 넘는 거리이다. 경부선의 경우 부산역에서 서울역까지는 441.7km이고, 경부고

속철도(KTX)의 경우는 408.5km이다. 현재 경부선으로 부산에서 서울까지 가는 데 무궁화호로는 5시간 반 정도, 새마을호로는 4시간 반 정도, 경부고속철도(KTX)로는 2시간 반 정도 걸린다. 이런 계산으로 볼 때, 만약 부산과 후쿠오카 사이에 한일해저터널이 뚫린다면 1시간 안팎이면 갈 수 있는 거리이다. 장차 한일해저터널이 뚫리면 부산 직장인들은 점심시간에 잠깐 시간 내서 쓰시마나 후쿠오카에 가서 회식을 하고 돌아올 수도 있고, 반대로 후쿠오카 사람들이 부산에 왔다 갈 수도 있다. 우리나라 언론의 첫 번째 반응이 주로 우리나라가 일본의 강진과 쓰나미 그리고 원전 사고로부터 얼마나 영향을 받을까에 집중되었던 이유이다.

그 다음으로 우리나라의 국민들과 언론이 보인 반응은 이웃나라 일본을 도와야 한다는 것이었다. 3월 13일에 우리나라 정부는 일본의 최대 피해지역인 센다이에 긴급구조대 102명을 태운 C-130 수송기 3대를 보낸다고 발표했다. 구조대는 중앙 119구조단 및 서울, 경기 구조대원 100명과 외교통상부 인도지원과장 및 직원 2명으로 구성되었다. 또한 의료요원 6명과 일본어 통역요원 6명도 포함되었다. 이와 함께 민간구호단체와 인터넷에서도 일본 돕기 운동이 요원의 불길처럼 번져 나갔다. 한류스타들은 거액의 성금을 기부하며 일본 돕기 운동에 앞장섰고, 네티즌들은 '힘내라! 일본'이라는 메시지를 퍼 날랐다. 심지어 '독도수호' '활빈단' '근로정신대 할머니와 함께하는 시민모임' 같이 반일운동에 앞장서던 단체에서도 일본 돕기 운동에 동참했다. 3월 14일자 조선일보에는 이런 사설이 실리기까지 했다.

(전략) 일본은 우리와 울타리를 마주한 가장 가까운 이웃이다. 지금 일본 국민은 동북부를 휩쓸고 지나간 일본 역사상 최대의 지진 참화와 그 여진餘震의 공포 속에서 힘겨운 하루하루를 보내고 있다. 대한민국이 세계 어느 나라보다 신속하게 조직적이고 효율적인 대규모 구호지원단을 파견하는 것은 당연한 일이다. 정부는 여기에 필요한 예산 조치도 함께 취해야 한다. 이웃 국민이 어려운 일을 당했을 때는 정부 차원의 지원 못지않게 이웃나라 국민으로서의 따뜻한 도움의 손길을 뻗치는 것만큼 고마운 것도 없다. 민간 차원에서 무슨 지원을 어떻게 할지도 활발한 논의가 있어야 한다. 이런 일을 통해 나라의 품격品格이 드러난다는 자세로 일본 국민의 아픔을 보듬어야 한다. (중략) 재난구호는 인력과 장비만으로 하는 것이 아니다. 무엇보다 이웃의 어려움을 이해하고 건네는 말 한마디에도 함께 아파하는 마음이 실려 있어야 한다.[16]

그런데 일본 문부과학성은 이런 와중에 3월 30일에 내년 4월 신학기부터 쓰이게 될 중학교 도덕 교과서 7종, 지리 교과서 4종, 역사 교과서 7종이 국가 검정을 통과했다고 발표했다. 이들 교과서에는 독도가 일본 고유의 영토인데 한국이 불법점거하고 있다고 명기되었다. 우리나라 국민들은 일본을 가장 가까운 이웃이라 생각하고 그들을 돕기 위해 거국적인 운동을 벌이는데 정작 일본 정부는 독도를 강탈하겠다는 속내를 노골화한 것이었다.

3월 31일 일본 국회에서 한 자민당 소속 의원은 일본 외상에게 '독도에 타국의 미사일 공격이 있을 때 어떻게 대응하겠느냐'고 돌

독도
한국 동해의 가장 동쪽에 있는 섬. 한·일 양국 간 영유권 분쟁의 대상이 되고 있다. 일본 정부는 1905년 일방적으로 독도를 일본 영토로 편입시킨 이후 독도 영유권을 주장하고 있다.

출적인 질문을 던졌다. 이에 대해 일본 외상은 '독도는 우리 고유의 영토이고, 우리 영토가 공격당한 것으로 보고 대응하겠다.'고 답변했다. 이에서 나아가 일본 정부는 4월 1일의 각의에서 독도 영유권을 주장하는 '2011년 외교백서'를 확정했다.

일본 정부의 교과서검정 발표 직후 우리나라 정부는 일본 지진 피해 복구지원 노력을 계속하는 한편, 독도 문제에 대해선 요란하지 않으면서도 실효적 지배를 강화해가는 '투 트랙'을 계속 유지하겠다는 입장을 밝혔다. 독도 방파제 설치, 독도 체험관·홍보관 설치, 종합해양과학기지 구축, 울릉도 사동항 2단계 개발 등 독도의 실효적 지배를 강화하기 위한 사업들을 추진하겠다는 것이었다.

이같은 우리나라 정부의 조치에 일본 정부는 '한국의 조치를 도저히 받아들일 수 없다.'고 적반하장으로 나왔다. 4월 16일 일본의 중의원 외무위원회에서 마쓰모토 외상은 '전날 밤 과학기지의 건설 공사를 현대건설이 낙찰 받았다는 사실을 확인하고 주한 일본대사관을 통해 한국 정부에 항의했다.'고 밝혔다. 뿐만 아니라 자민당의 이시바 시게루石破茂 정조회장은 14일 한국대사관을 찾아 권철현 대사에게 "일본이 대지진으로 어려움을 겪고 있는 상황에서 한국이 독도에 해양과학기지를 건설하는 것은 한일관계를 악화시킬 수 있다."고 주장하기까지 했다.[17]

우리나라 국민들은 크게 놀라고 크게 실망했다. 언론에는 일본을 가리킨 '점점 이상해지는 나라' '미스터리 국가'라는 표현들이 등장했다. 이 정도는 점잖은 표현이고 인터넷에는 일본을 적나라하게 비난하는 표현들이 넘쳐났다. 4월 21일 주한 일본대사관 앞에서는 분개한 한 시민이 일본 대사는 일본의 역사 왜곡과 만행에 대해 각성하라며 자해소동을 벌이는 일까지 일어났다.

이처럼 우리나라 사람들에게 일본은 가깝고도 먼 나라이다. 여기에 어려움이 있다. 아주 모른 체하고 멀리하기에 일본은 지리적으로 너무 가깝다. 그러나 가깝다고 하기에 일본은 문화적, 정신적으로 너무 멀다. 미우나 고우나 일본은 우리나라가 함께 살아갈 길을 모색해야 할 이웃 나라이다.

역사기록에 나타난
일본 이미지

●　　　　　　역사기록에 일본이 처음 등장하는 것은 중국의 『삼국지』 '왜인전倭人傳'부터이다. 이 책은 약 3세기경에 편찬되었다. 3세기경이면 우리나라의 삼국시대 초반에 해당한다. 『삼국지』 '왜인전'에서는 왜인을 이렇게 묘사하였다.

> 남자는 어른, 아이 가리지 않고 모두 얼굴과 몸에 문신을 한다. 예로부터 왜의 사신이 중국에 이르렀는데 모두 대부大夫를 자칭했다. 하후소강夏后少康의 아들을 회계會稽에 봉했는데 머리를 깎고 문신하여 교룡의 해를 피한 적이 있다. 지금 왜의 물가에 사는 사람들이 물에 들어가 물고기와 조개 잡는 것을 좋아하는데 또한 몸에 문신하여 큰 물고기와 바다짐승이 이를 싫어하게 하였고 후에 문신을 장식으로 삼게 되었다. 왜의 여러 나라 문신이 각기 다른데, 왼쪽이나 오른쪽, 크거나 작은데 따라 존비의 차이가 있다. (중략) 왜의 땅에는 소, 말, 호랑이, 표범, 양, 까치가 없다. 병장기로는 창과 방패, 나무 활을 사용한다.

『삼국지』에 묘사된 왜인은 약탈이나 침략을 일삼는 왜구 이미지는 전혀 가지고 있지 않다. 단지 아직은 소, 말, 호랑이, 표범도 없는 머나먼 섬에서 살며 몸에 문신을 하는 풍속을 가진 사람들로 묘사되어 있을 뿐이다. 이는 당시 일본 사람들이 중국을 노략질하지는 않았기 때문이다.

양직공도(梁職貢圖)
양(梁) 원제 때 제작되었다. 중국을 찾은 백제·왜(倭) 등 외국 사신들의 모습을 그리고, 그 나라의 풍습 등을 소개한 화첩이다.

하지만 이때 일본은 이미 수시로 한반도를 노략질했다. 『삼국사기』에서 일본에 관한 기사는 바로 침략 기사부터 시작한다. "박혁거세 8년(기원전 50) 왜인들이 군사를 이끌고 변경을 침범하려 하였으나 혁거세 왕에게 신덕이 있다는 말을 듣고 곧 돌아갔다."는 내용이 그것이다. "유리왕 11년(14)에 왜인들이 병선 1백여 척으로 해변을 침범하여 민가를 약탈하므로 왕은 육부의 날랜 군사를 보내 이를 막았다."는 두 번째 기록 역시 침략 기사이다. 세 번째에 가서야 "탈해왕 3년(59) 5월에 왜국과 우호관계를 맺고 서로 수교하였다."는 기사가 나온다. 하지만 그 뒤를 잇는 "탈해왕 17년(73)에 왜인이 목출도에 침입하므로 왕은 각간 우조를 파견하여 이를 막게 하였으나 이기지 못하고 우조는 전사하였다."는 네 번째 기사와 "지마왕 10년(121) 4월에 왜인들이 동쪽 변경을 침범하였다."는 다섯 번째 기사 역시 침략 기사이다. 일본과 관련된 나머지 기사들도 대부분이 침략 기사이다. 따라서 삼국시대의 신라와 관련된 일본의 대표 이미지는 침략자 또는 약탈자라고 할 수 있다.

반면 『삼국사기』에는 왜가 고구려를 침략하였다는 기록이 없다.

만주 지역에 건국된 고구려의 지리적 상황 때문에 일견 당연한 현상처럼 보이기도 한다. 그러나 '광개토대왕 비문'의 의미하면 고구려 역시 왜와 전쟁을 벌였다.

'광개토대왕 비문'은 1889년 일본인들에 의해 처음 공개되었는데, 비문의 내용 중 이른바 '신묘년 기사辛卯年記事'가 한국과 일본 역사학자들 사이에 격렬한 논쟁을 불러일으켰다. 신묘년은 광개토대왕이 즉위한 391년을 의미한다. 이 신묘년과 관련하여 광개토대왕 비문에 '왜이신묘년내도□파백잔□□신라이위신민倭以辛卯年來渡□破百殘□□新羅以爲臣民'라는 내용이 있다. 세 글자가 지워진 이 글을 어떻게 해석하느냐에 따라 당시 한일관계가 크게 달라진다.

예컨대 일본학자들은 '일본이 신묘년에 바다를 건너와 백제와 신라를 격파해 신민으로 삼았다.'고 해석했다. 이 해석에 따라 일본인들은 4세기 말에 일본이 한반도 남부에 식민지를 경영했다고 하는 이른바 '임나일본부설'을 주장하기까지 했다.

반면 한국학자들은 이 기사의 주어는 당연히 광개토대왕이 되어야 하므로 '일본이 신묘년에 바다를 건너와 한반도 남부를 어지럽히므로 광개토대왕이 군대를 보내 백제와 신라를 격파해 신민으로 삼았다.'로 해석해야 한다고 주장했다. 한국 역사학자들의 주장은 광개토대왕비를 세운 목적이나 당시의 객관적 상황으로 볼 때 지극히 상식적이다. 그럼에도 일부의 일본학자들이 여전히 예전의 주장을 고수함으로써 논쟁은 100년이 넘도록 진행 중인 상황이다. 어쨌든 광개토대왕 비문의 신묘년 기사는 광개토대왕이 즉위하던 신묘년에 고구려 군이 왜를 공격하기 위해 한반도 남부까지 진출했음을 보여주는 것으로써, 이 해를 기점으로 한반도의 세력판도가 고구려 중심으로 급격하게 재편되었음을 알려준다. 어쨌든 삼국시대의 고구려에게 일본은 적이라는 이미지를 가졌다고 하겠다.

이와는 반대로 『삼국사기』에 기록된 백제와 일본의 관계는 좋은 우방국 또는 좋은 이웃의 이미지다. "아신왕 6년(397) 5월에 왕은 왜국과 더불어 수호를 맺고 태자 전지를 볼모로 삼았다."고 하는 『삼국사기』의 첫 번째 기사는 백제와 일본의 관계가 우방국으로 시작되었음을 알려준다. 아신왕은 고구려 광개토대왕의 공격으로 백제가 위기에 빠지자 왜와 힘을 합해 고구려에 대항하려 했던 것이다.

광개토대왕릉비
중국 지린성에 있는 고구려 제 19대 광개토대왕의 능비(陵碑). 고구려의 자주성을 드러내는 독자적인 비문임에도, 비문의 내용은 한중일 간의 논쟁으로 이어지고 있다.

그런 의미에서 백제에게 왜는 좋은 우방국이자 좋은 이웃이었다. "아신왕 11년(402) 5월에 왕은 사신을 왜국으로 보내 큰 구슬을 구하였다."는 두 번째 기사나 "아신왕 12년(403) 2월에 왜국의 사신이 왔으므로 왕은 이를 맞아 위로하고 특별히 후대하였다."는 세 번째 기사 역시 백제와 일본이 좋은 관계였음을 보여준다.

660년 신라가 당나라의 힘을 빌려 백제를 멸망시키자 백제 유민들은 왕년의 좋은 우방국 왜로부터 군사원조를 요청했다. 그 결과 663년 8월에 신라와 당나라의 연합군 그리고 백제유민과 왜의 연합군은 오늘날의 금강 하구인 백강구에서 일대 격전을 벌였다. 4백 척의 병선을 타고 백제유민을 지원하기 위해 백강구로 왔던 2만 7천의 왜군은 당나라 해군에게 격파되었다.

백강구해전에서 나당연합군에게 대패한 일본은 체제 정비에 힘쓰는 한편 쓰시마와 큐슈 그리고 세토나이 해 연안에 산성 등을 축조하여 신라와 당의 연합 공격에 대비하였다.[18] 만약에 이때 신라와 당나라의 연합군이 백강구 승리의 여세를 몰아 일본을 공격했다면 정복했을 가능성도 없지 않다. 하지만 신라와 당나라는 일본이 아니라 고구려를 공격했고, 고구려가 멸망한 이후에는 서로 간에 전쟁을 벌였다.

이런 상황에서 신라는 혹시라도 일본이 침략해올까 우려했다. 그렇게 되면 신라는 앞뒤에서 적을 맞아야 했다. 당나라와 전쟁을 벌이던 신라 문무왕은 실제로 그런 상황이 올까 노심초사했다.

『삼국유사』에 의하면 문무왕은 평상시에 항상 지의법사에게 "내가 죽은 후에 나라를 지키는 대룡大龍이 되어 불법을 숭상하고 나라를 수호하고자 합니다."라고 했다고 한다. 문무왕이 대룡이 되어서라도 막고자 했던 적은 물론 왜였다.

왜의 침략을 두려워한 문무왕은 동해 바닷가에 감은사感恩寺를 창건하기도 했다. 감은사가 위치한 곳은 왜가 침략해서 상륙할 가능성이 가장 높은 곳이었다. 하지만 문무왕은 감은사를 완성하지 못하고 세상을 떠났다. 그는 유언으로 자신이 죽은 후 감은사 어귀의 바다에 장사지내라 했다. 장차 바다의 용이 되어 왜의 침략으로부터 나라를 지키기 위해서였다. 이 사실은 "문무왕이 왜병倭兵을 진압하려 감은사를 짓다가 마치지 못하고 세상을 떠나 해룡海龍이 되고, 그 아들 신문왕이 즉위하여 감은사를 완공했다."는 『삼국유사』의 기록에 잘 나타난다.

평시의 소원대로 문무왕은 죽은 후에 왜의 침략을 막는 해룡이 되었을 것이다. 그뿐이 아니었다. 문무왕은 아들인 신문왕이 감은사를 완공하자 만파식적萬波息笛이라는 보물을 선사하기까지 했다. 만파식적에 대하여 『삼국유사』에는 이런 기록이 전한다.

> 해관海官 파진찬 박숙청이 아뢰기를, '동해에 작은 산이 떠서 감은사를 향해 오는데 물결을 따라 왔다 갔다 합니다.' 하였다. 왕이 이상하게 생각하여 일관日官 김춘질을 시켜 점을 치니 그가 아뢰기를, '문무왕께서 지금 해룡이 되시어 우리나라를 수호하시고 또 김유신께서는 삼십삼천의 한 아들로서 우리나라에 내려와 대신이 되었었습니다. 두 성인이 덕을 함께 하여 나라를 지킬 보물을 내려주시려 합니다. 만일 폐하께서 바닷가에 가신다면 값을 매길 수 없는 보물을 얻을 것입니다.' 하였

문무왕수중릉
삼국통일을 완수한 문무왕이 죽어서도 국가를 평안하게 지키도록 하겠다고 하여 동해의 대왕암 일대에 만들어진 릉이다.

다. 왕이 기뻐하여 5월 7일 이견대(利見臺)에 행차하여 바다에 떠 있는 산을 바라보고 사람을 보내 살펴보게 하였다. 산의 모습은 거북이 머리와 같았는데 산 위에 한줄기 대나무가 있었다. 대나무는 낮에 둘이었다가 밤이 되면 합하여 하나가 되었다. 산을 살펴본 사람이 와서 보고하자 왕은 감은사에 가서 묵었다. 다음 날 정오에 대나무가 합하여 하나가 되더니 천지가 진동하고 풍우가 일었다. 5월 16일에 이르러 풍우가 개고 파도가 잠잠해졌다. 왕이 배를 타고 그 산으로 들어가니 용이 검은 옥대(玉帶)를 가지고 와서 바쳤다. 왕이 용을 영접하여 같이 앉아 묻기를, '이 산과 대나무가 혹 갈라지기도 하고 혹 합해지기도 하는 것은 무슨 이유에서입니까?' 하였다. 용이 아뢰기를, '비유하건대 한 손으로 치면 소리가 없고 두 손으로 치면 소리가 나는 것과 같습니다. 대나무는 합해진 후에야 소리가 나는 법입니다. 성스러운 제왕이 소리로 천하를 다스릴 상서로운 징조입니다. 이 대나무를 가지고 피리를 만들어 불면 천하가 화평해질 것입니다. 지금 왕의 아버님이신 문무왕께서는 바다의 대룡(大龍)이 되시고 김유신께서는 다시 천신(天神)이 되셨습니다. 두 성인께서 마음을 함께하여 이 값을 칠 수 없는 큰 보물을 내어 저로 하여금 바치게 하였습니다.' 하였다. (중략) 임금이 돌아와 그 대나무로 피리를 만들어 월성 천존고에 두었다. 이 피리를 불면 적병이 물러가고 질병이 치료되며 가뭄에는 비가 오고 홍수 때는 개이며 폭풍은 가라앉고 파도는 잔잔해졌다. 그래서 이 피리를 만파식적이라고 하였다.[19]

문무왕이 스스로 동해 용왕이 된 것이나 아들 신문왕에게 만파식

만파식적
고전(古典)에 전하는 신라의 신적(神笛)으로, 왕이 이 피리를 부니 나라의 모든 근심과 걱정이 해결되었다고 전해진다.

적을 선물한 것은 근본적으로 왜의 침략을 막기 위해서였다. 만파식적의 '만파萬波'란 '만 가지 풍파'란 뜻이다. 그 '만 가지 풍파'를 잠재우는 피리가 바로 만파식적이었다. 문무왕에게 '만 가지 풍파'의 뿌리는 바로 왜였다. 그런 의미에서 통일신라 초기의 일본은 '만 가지 풍파의 뿌리' 또는 '나라의 우환덩어리'로 인식되었다고 할 수 있다.

신라는 삼국통일 이후 일본과 평화적인 외교관계를 수립했다. 그때 통일신라와 일본은 우방국이었다. 하지만 통일신라와 일본은 어쩌다가 한 번씩 사절을 교환하는 수준이었다. 그래서 우방국이라는 이미지가 확고하게 형성되기가 어려웠다. 어렵게 형성된 우방국 이미지도 왜구의 약탈사건이 발생하면 순식간에 사라져버리곤 했다.

결국 한국의 고대사에서 일본 이미지는 신라와 통일신라에 의해 형성된 이미지가 주류를 이루었으며, 그것은 '약탈자' '침략자' 또는 '만 가지 풍파의 뿌리' '나라의 우환덩어리'로 대표된다고 할 수 있다. 반면 백제에 의해 형성된 '좋은 우방국' '좋은 이웃'이란 이미지는 백제의 멸망으로 거의 사라지게 되었다.

이런 상황은 고려와 조선시대에도 크게 다르지 않았다. 고려시대의 일본을 대표하는 이미지는 단연 왜구이다. 조선 초기에도 왜구가 적지 않았다. 조선시대에 교린체제에 입각하여 일본과의 우호관계가 성립되었음에도 불구하고 왜구, 임진왜란, 청일전쟁 등으로 우방국 이미지보다는 '약탈자' 또는 '침략자'의 이미지가 훨씬 강했다.

물론 근대의 일본 이미지는 더 나쁘다. 제국주의 일본은 조선을 강점하여 식민지화했고 폭압했다. 역사적으로 돌이켜볼 때 일본은 우리나라에 좋은 영향을 미치기보다는 나쁜 영향을 미친 때가 훨씬 많았다. 그 결과 역사기록에서도 좋은 이웃보다는 나쁜 이웃으로 기록되는 경우가 훨씬 많았던 것이다.

한반도 해안을 노리는
약탈자, 왜구

● 왜구는 삼국시대부터 고려시대를 거쳐 조선시대까지 한국의 전통시대 내내 존재했다. 이중에서도 고려 말에서 조선 초인 약 170년 동안에 왜구가 가장 많았다. 기왕의 연구에 따르면 1223년부터 1392년까지 169년간 529회의 침략이 있었다

고 한다.

이 기간 중에서도 특히 왜구가 많았던 시기는 고려 충정왕 2년 (1350)부터 조선이 건국되는 1392년의 40여 년 동안이었다. 『고려사절요』에 의하면 충정왕 2년에 왜구가 고성, 죽림, 거제 등에서 노략질하였는데 이때부터 왜구가 일어나기 시작하였다고 한다. 1350년부터 1392년까지 40여 년간 있었던 왜구의 숫자는 연구자에 따라 조금씩 다르게 나타난다. 나종우의 『한국 중세 대일교섭사 연구』에서는 495회, 이현종의 『조선 전기 대일교섭사 연구』에서는 484회, 다나카 다케오의 『왜구』에서는 313회의 침략이 있었던 것으로 기록하고 있다.[20] 연구자에 따라 편차가 있기는 하지만 40여 년간 대략 400회 정도였다고 보면 매년 10번 정도의 왜구의 침략이 있었던 셈이다. 거칠게 계산하면 40년 동안 우리나라는 거의 매달 한 번 꼴로 왜구의 침략을 당했다.

설상가상 고려 말의 왜구는 규모나 조직 면에서 단순한 해적 수준을 넘어섰다. 고려 말의 왜구는 많은 경우 400~500척의 대 선단으로 이루어졌으며 그 수는 수만이나 되었다. 왜구를 이끄는 지휘관들은 말을 타고 갑옷까지 갖춘 정규군 장교들이었다.

1350년 즉 14세기 중반에 왜구가 갑자기 창궐하기 시작한 이유는 일본이 남북조로 분열되어 격심한 전란을 겪었기 때문이다. 고려 정부는 왜구를 진압하기 위해 전함을 건조하고 수군을 강화하는 한편 외교적인 노력도 기울였다. 일본에 항의사절을 파견해 일본에서 자체적으로 왜구를 통제해줄 것을 요청했던 것이다. 예컨대 고려 우왕 1년(1375) 2월에 나흥유를 일본에 파견한 것 등이 그것이었다. 그때 일본에서는 왜구가 창궐하게 된 원인을 이렇게 해명하였다.

> 나흥유가 일본에서 돌아왔는데, 일본에서는 스님 양유良柔를 파견하여 답례하였다. (중략) 그때 일본의 스님 주좌周佐가 편지를 보내 말하기를, '지금 일본의 서해도 일대와 큐슈九州에는 난신들이 할거하고 있으면서 이미 20여 년이나 공납을 바치지 않았습니다. 일본 서쪽 바닷가의 우매한 백성들이 틈을 엿보아 귀국을 침공하는 것은 우리가 하는 것이 아닙니다. 그러므로 조정에서 장수를 보내 토벌하는데 그 지방에 깊이 들어가서 날마다 서로 싸우고 있습니다. 이제 큐슈를 거의 평정하였으니, 하늘과 해에 맹세하면서 해적들의 노략질을 금지할 것을 약속합니다.(중략)' 하였다.[21]

이처럼 당시 왜구의 근거지는 일본의 서해도 일대와 큐슈 지역이었다. 특히 대마도, 일기도, 송포松浦 등 세 곳의 왜구가 심하였다. 이곳의 왜구는 남북조시대의 전란에서 패배한 북 큐슈의 무사단과 재지세력在地勢力인 송포당 등 조직무장집단 그리고 전쟁으로 인해 곤궁에 빠진 비조직적 영세민 등으로 구성되어 있었다.[22]

이들 중에서도 왜구의 소굴은 대마도였다. 대마도가 왜구의 소굴이 된 이유는 남북조의 전란 때문이기도 하지만 보다 더 근본적인 이유는 인구 압력으로 인한 생활난 때문이었다. 대마도는 고래로 산이 많고 토지가 척박하여 해산물을 채취하여 판매하는 것으로 생계를 꾸렸다. 예컨대 대마도에 관한 최초의 기록인 중국의 『삼국지』에서는 대마도를 "산이 험하고 깊은 숲이 많으며, 도로는 짐승들이 다니는 좁은 길과 같다. 1천여 호가 있으며, 좋은 밭이 없고 해산물을 먹으며 스스로 산다. 배를 타고 남북으로 다니며 장사한다."고 묘사했다. 『삼국지』는 약 3세기경의 책으로 당시 대마도에 1천여 호가 있었다고 하면 인구가 4~5천 명쯤이었을 것으로 추정된다. 3세기의 대마도는 4~5천의 인구도 자체적으로 먹고살기 힘들 정도로 척박하여 남북으로 돌아다니며 장사를 했다는 것이다.

이처럼 자체적으로 식량을 해결할 수 없는 지형의 대마도에서는 인구가 늘어나면 늘어날수록 인구 압력이 가중될 수밖에 없었다. 17세기에 대마도의 인구는 19,857명으로 불어났다.[23] 이 수는 3세기에 비해 약 4배 정도 늘어난 수인데, 이 당시 대마도 사람들은 어업활동과 무역활동은 물론 조선으로부터 식량을 원조받아야 생활을 유지할 수 있었다. 요컨대 전통시대의 대마도는 수천 명 정도의 인구를 유지하기 위해서도 외부로부터의 식량유입이 필수적이었던 것이다.

그런데 고려 말기에 대마도에는 수천 명 정도가 아니라 수만 명의 인구가 있었다. 17세기보다 훨씬 더 많은 인구가 있었던 것으로 보인다. 신숙주가 지은 『해동제국기海東諸國記』에 의하면, 15세기의 대마도에는 8,800여 호가 있었다고 한다. 호당 인구가 4~5명이라고 가정한다면 당시의 대마도에는 3만에서 4만 정도의 인구가 있었다는 계산이 나온다. 17세기에 비해 거의 배 이상의 인구이다. 2009년 5월 말을 기준으로 했을 때 대마도의 인구가 36,371명이므로 15세기에 그 정도의 인구가 대마도에 있었다는 것은 어마어마한 숫자라 할 수 있다.

대마도의 인구가 15세기에 비해 17세기에 대폭 감소했다는 것은 몇 가지 문제를 내포하고 있다. 첫째는 15세기와 16세기에 기후와 같은 자연환경이 악화됨으로써 대마도 인구가 감소했다는 측면이다.[24] 하지만 이보다 더 중요한 것은 고려 말에 창궐하던 왜구가 조선 건국을 전후하여 대거 진압됨으로써 약탈에 의한 식량 유입 및 인구 증가가 격감했다는 사실이다.

고려 말의 왜구는 도서지역과 해안가는 물론 내륙 깊숙한 곳까지도 노략질했다. 이 결과 고려의 도서지역과 해안지역은 거의 무인지경이 되다시피 하였다. 『고려사절요』에는 왜구 때문에 "바다에서 50리, 혹은 30~40리 떨어진 곳이라야 백성들이 겨우 편안히 살 수 있다."는 증언이 있다. 이것은 고려의 도서지역은 물론 해안에서 내륙으로 50리 정도는 거의 왜구에게 약탈되었음을 반증한다.

한반도의 지형적 특성상 논과 밭은 넓은 평지가 발달한 해안가 가까이에 많았다. 그러므로 해안가로부터 50리 정도의 사이에는 비옥한 전답이 많았다. 예컨대 고려 말인 공양왕 1년(1389)에 경기도, 충청도, 경상도, 전라도, 황해도, 강원도의 6도를 양전했을 때 96만여 결結이었는데, 그로부터 17년 후인 조선 태종 6년(1406)에 6도를 양전했을 때는 30여만 결이 증가한 126만 결이었다. 17년 사이에 늘어난 30여만 결은 대부분 왜구 때문에 황폐화 되었던 바닷가의 전답을 다시 개간한 것이었다.[25] 이렇게 보면 고려 말에 126만 결이었던 6도의 전답이 왜구 때문에 96만여 결로 줄었다가 다시 126만 결로 회복된 것이라 하겠다. 왜구 때문에 줄어든 해안가의 전답은 전체 전답 중에서 대략 4분의 1 수준이었다. 이렇게 많은 전답이 왜구에게 약탈되었다는 것은 고려의 피해가 그만큼 컸으며, 동시에 대마도를 비롯한 왜구의 약탈이 그만큼 대규모였음을 보여준다. 정확한 수량을 파악할 수는 없지만 막대한 약탈 곡물과 피랍 인구가 대마도를 비롯한 일본 각지에 유입되었을 것이다. 이런 배경에서 대마도의 인구가 폭증했을 것이 틀림없다.

하지만 왜구의 약탈은 조선건국을 전후하여 격감하였다. 그것은 조선의 해안방어강화, 대마도 정벌 같은 군사적 요인과 일본의 남북조 통일이라는 정치적 요인과 조선과 일본 사이에 교린체제의 성립이라는 외교적 요인 등이 복합적으로 작용함으로써 성취되었다.

와해된 교린체제의
비극적 결말

대마도를 비롯한 일본 각지의 왜구들이 약탈자에서 어부 또는 교역자로 전환되는 과정에는 몇 번의 계기가 있었다. 첫 번째 계기는 조선 태종 4년(1404) 7월부터 일본의 아시카가 막부장군을 '일본국왕日本國王'으로 인정함으로써 양국의 중앙 정부 간에 공식적으로 국교가 체결된 일이었다. 일본의 아시카가 막부장군은 1392년에 남북조를 통일한 후, 1403년 명나라로부터 '일본국왕'에 임명됨으로써 동아시아의 중국적 세계질서에 편입되었다. 그 직후에 아시카가 막부장군은 조선에 사신을 보내 국교수립을 요청하였다. 이에 호응하여 조선이 아시카가 막부의 장군을 '일본국왕'으로 인정한 것은 동아시아의 중국적 세계질서 속에서 막부장군이 조선국왕과 대등한 외교 대상자임을 확인한 것이었다. 이로써 조선과 일본 사이에는 이른바 상호 대등한 교린체제가 성립되었다. 이는 통일신라가 멸망한 이후 끊어졌던 한일 간의 외교관계가 550여 년 만에 회복된 역사적인 사건이었다.[26] 이 교린체제는 조선이 멸망할 때까지 거의 500년간 지속되었다.

그런데 태종 4년에 성립된 교린체제는 몇 가지 문제점을 가지고 있었다. 첫 번째는 일본의 무역선 또는 사행선들이 합법적으로 조선의 모든 포구에 기항하게 됨으로써 생기는 문제였다. 또 하나는 여전히 왜구가 준동한다는 것이었다. 첫 번째 문제와 두 번째 문제는 상호 연계되어 조선에 어려움을 가중시켰다. 무역선과 왜구가 잘 구별되지 않았을 뿐만 아니라 무역선을 가장한 왜구가 많았기 때문이다. 이러한 문제는 일본의 막부체제 상 막부장군이 지방의 영주들을 조선국왕처럼 중앙집권적으로 지배, 통제하지 못함으로써 더욱 악화되었다. 이런 문제를 해결하기 위해 태종 7년(1407) 7월에 조선은 왜선의 기항지를 내이포와 부산포로 한정시켰다.

그런데 이 조치는 대마도의 경제는 물론 외교에도 커다란 타격을 주었다. 예컨대 세종 6년(1424) 12월 17일자의 실록기사에 의하면, 당시 대마도 사람들은 "전에는 물고기와 소금을 매매할 때 각 포에 통행할 것을 허락하였는데 지금은 내이포와 부산포 이외에는 통행하지 못하게 한다."고 불만을 토로하였다. 기항 포소가 제한됨으로써 어염 무역에서 어려움을 겪게 된 대마도 사람들의 현실을 설명하고 있다.

대마도는 태종 4년 7월에 조선과 아시카가 막부 사이에 국교가

대마도 아소만 풍경
일본 나가사키현(長崎縣)에 딸린 섬으로 일본에서 한반도와 가장 가까운 지역이다. 섬 자체가 산지이고 계곡의 곡벽이 험준하다. 식량이 부족한 대마도 사람들은 한반도를 약탈하는 왜구가 되었다. .

재개된 후 공식적으로 조일 간의 교린체제 속에 편입되었다. 그것은 공식적으로 왜구의 약탈행위를 중지해야 한다는 뜻이었다. 만약 대마도 사람들이 이전처럼 왜구의 약탈행위를 계속한다면 그것은 조선왕조와 아시카가 막부 양쪽에 저항하는 것이 되기 때문이다.

 대마도의 왜구가 약탈행위를 중지하고 그 대신 할 수 있는 일은 대마도에서 생산되는 소금과 물고기를 조선에 판매하는 것이었다. 예컨대 태종 4년 7월의 실록기사에 의하면 "흥리왜선興利倭船이 연속하여 나와서 경상도에 이르는데, 일시에 혹은 수십 척이 된다."고 하였다. 이 홍리왜선은 '소금과 물고기'를 가지고 와서 '쌀 또는 콩으로 바꾸어가는' 대마도의 배들이었다.

 하지만 태종 4년에 공식적으로 일본과 교린체제를 성립시켰음에도 조선 정부는 약탈을 일삼으며 바다를 횡행하는 일본 선박들을 통제할 수 없었다. 고려 말 이래로 왜구가 장악했던 조선 바다의 제해권을 당시까지도 조선 해군이 되찾아오지 못했기 때문이었다.

이에 대한 조치로 내이포와 부산포를 제외한 다른 곳의 포구 및 바다를 횡행하는 왜선들을 금지하겠다는 태종 7년 7월의 선포는 조선 정부가 명실상부 조선의 바다 주권을 되찾겠다는 공포나 마찬가지였다. 그러나 대마도 사람들을 비롯한 일본인들이 이를 아무런 저항 없이 수용할 리 없었다. 자연히 조선 바다를 횡행하는 왜선과 바다 주권을 되찾으려는 조선 수군 사이에 충돌이 잦아졌다.

마침내 세종 1년(1419) 6월에 당시 상왕으로 있던 태종은 이종무 장군을 보내 대마도를 정벌하게 했다. 대마도 정벌은 227척의 병선과 17,285명의 병력이 동원된 조선시대 최대의 군사정벌이었다. 결과도 매우 성공적이었다. 정벌군은 100여 척의 적선을 소각하고 1,939채의 가옥을 불태웠으며 114명의 왜적을 참수하고 131명의 중국인 포로를 색출해오는 전과를 올렸다. 대마도 정벌은 명실상부 조선시대 최대의 군사작전이며 가장 성공한 군사작전이기도 했다.

대마도 정벌 이후 왜구의 노략질은 거의 소멸되었다. 조선의 군사력을 대마도 사람들을 비롯한 일본인들이 두려워했기 때문이었다. 더 이상 노략질을 하다가는 그 이상의 보복공격을 당할 것이라는 두려움이었다. 대마도 사람들을 비롯하여 노략질로 생활하던 일본인들은 조선과 일본 사이의 교린체제 속에서 새로운 방법으로 생존을 모색해야 했다. 기왕의 노략질이나 불법적인 어업, 밀무역 대신에 명실상부하게 합법적인 어업과 무역을 통해 살 길을 찾아야 했다.

대마도 사람들은 세종을 상대로 수많은 요구를 해왔다. 기왕의 내이포와 부산포 이외에 더 많은 포구를 개항해달라는 요구는 물론 거제도의 땅을 달라고 요구하기도 하고, 남해안 전체 어장을 개방해달라고 요구하기도 하였다. 세종은 처음에는 모두 거절하였지만 생활고에 찌든 대마도 사람들의 요구가 거세지자 어느 정도 양보하여 타협안을 냈다. 내이포와 부산포 이외에 하나의 포구(울산 염포)를 더 개방하고 대마도에 원조를 하는 것 등이었다.

그런데 대마도 사람들은 이에 그치지 않고 전라도 고초도孤草島 어장 개방을 요구해왔다. 고초도는 현재의 거문도로 추정된다. 이곳은 좋은 물고기들이 대량 어획되는 훌륭한 어장이었다. 그들은 만약 요구를 들어주지 않으면 전쟁을 벌일지도 모른다는 협박도 서슴지 않았다.

세종은 고초도 어장 개방을 놓고 조정 중신들과 몇 차례 회의를 가졌다. 그때마다 찬반 의견이 팽팽하게 갈려 결정을 내리지 못했다. 하지만 대마도 사람들의 요청이 계속되자 세종은 23년(1441) 11월 22일에 마지막 중신 회의를 열었다. 그때도 찬반 의견이 팽팽하였다. 찬성 측은 영의정 황희, 좌찬성 하연, 우찬성 최사강, 병조판서 정연, 예조판서 김종서, 우참찬 이숙치 등이었다. 그들의 찬성논리는 다음과 같았다.

> 비록 허락하지 않는다고 해도 대마도 사람들이 몰래 숨어 왕래하면서 그 이익을 취하여 다함이 없을 것이니 우리나라에서 비록 안다고 해도 어떻게 금하겠습니까? 만약 금하려고 하면 분명 변경에 틈이 생길 것

이니, 차라리 허락하여 그 은혜를 베푸는 것만 같지 못합니다. 또 약속을 정하여 왕래를 조절함이 편리할 듯합니다. 거제도의 지세포는 바로 왜선이 왕래하는 요충지이니 지혜와 용맹이 있는 자를 골라서 만호로 삼고, 대마도 도주와 약속하기를, '너희들의 생활이 곤란하고 또 두세 번 청하기에 고초도에서 고기 잡는 것을 허락하고자 한다. 모름지기 배의 대소를 구분하여 통행증을 주어 왕래하게 하고, 지세포에 세금을 바치며, 만약 통행증이 없거나 또는 세금을 바치지 않으면 논죄하여 세금을 징수하겠다.'고 함이 좋을 듯합니다.[27]

반대 측의 대표자는 우의정 신개였는데, 그의 반대 논리는 다음과 같았다.

만약 이 청을 들어준다면 저들이 분명 고초도를 그들의 땅으로 만들고, 혹 와서 거주하는 자도 있을 것입니다. 그런데 오랜 세월이 지나면 우리나라에서 무슨 근거로 다투겠습니까? 생각하면 가히 한스럽습니다. 당연히 왜인에게 알리기를, '고초도는 우리나라 영토인데, 너희들이 어찌 감히 마음대로 왕래하며 고기를 잡겠는가?' 하여 마땅히 대의를 들어 깨우쳐 말할 것이오며, 가볍게 승낙해서는 안 됩니다. 저들이 비록 몰래 숨어서 왕래할지라도 매번 고기 잡을 때를 당하여 병선을 나누어 보내 수색해 잡아 적선으로 논죄하면, 저들이 어찌 감히 왕래하며 그 위력을 범하겠습니까? 이렇게 하면 우리나라의 위엄이 크게 떨쳐져 저들이 감히 방자하지 못할 것이오니, 신은 허락하지 않는 것이 마땅하다고 생각하옵니다.[28]

세종은 찬성 측의 입장대로 고초도 어장을 개방하였다. 그러자 다음 날 우의정 신개가 세종을 찾아와 울면서 고초도 어장 개방을 취소하길 요구했다. 그럼에도 불구하고 세종은 고초도 어장 개방을 철회하지 않았다.

세종은 당시 대마도의 상황이 심상치 않다고 판단했다. 그 판단은 당대 최고의 일본 전문가 이예의 보고와 직접 일본을 다녀온 고득종의 제안에 입각했다. 세종은 영토와 영해를 개방할 수 없다는 원칙론에 집착하다가 대마도 사람들을 극단적인 상황으로 내몰까 우려했다. 만약 극단적인 상황으로 내몰린 대마도 사람들이 '포학을 자행하며 날뛰게 되면' 그 피해가 결코 만만치 않을 것이기 때문이었다.

세종은 일찍이 "대마도 사람들이 만약 내가 쌀을 내린 것에 감사하여 변경을 소란하게 하지 않는다면 해마다 천 석이라도 줄 수 있다."[29]고 한 적이 있다. 세종은 무력과 위협만으로는 대마도 문제를 해결할 수 없다고 생각하고 평화를 유지하기 위한 일정의 비용을 지불해야 한다고 판단했던 셈이다. 다만 고초도 어장을 개방하더라도 그곳이 조선의 영해와 영토임을 분명히 하고, 아울러 노략질의 위험을 없애기 위해 세금 부담 및 통행증 발급 등 만반의 대책을 세웠다.

고초도 어장을 개방하기로 한 지 2년 후인 세종 25년(1443)에 조선과 대마도 사이에 이른바 계해약조가 체결되었다. 계해약조는 조선 정부가 대마도 도주에게 매년 200석의 쌀과 콩을 무상으로 원조하고 대마도 도주는 매년 50척의 세견선을 보낸다는 약조로, 이 약조는 조선 초기 대일통교체제의 기본 골격이 되었다. 계해약조가 맺

조선통신사도
조선시대 조선에서 일본의 막부장군에게 파견했던 공식적인 외교사절을 통신사라 한다. 통신은 두 나라가 서로 신의(信義)를 통하여 교류한다는 의미이다.

어짐으로써 조선과 일본 그리고 대마도 사이에는 평화체제가 정착되었고, 그 체제가 조선 후기까지 지속되었다.

 조선과 일본의 평화체제 즉 교린체제에 입각하여 양국은 사신을 파견했다. 파견 주체는 조선의 국왕과 일본의 막부장군이었다. 조선에서 일본에 파견한 사신은 통신사라고 하고, 일본에서 조선에 파견한 사신은 국왕사라고 하였다. 조선 전기에 조선 국왕이 일본의 막부장군에게 사신을 파견한 것은 1392년부터 1590년까지 모두 19회인데, 통신사라는 명칭은 제12회인 1428년부터 사용하였다. 이에 반해 일본의 막부장군이 조선의 국왕에게 사신을 파견한 것은 1397년부터 1589년까지 모두 70회였다. 태종 4년, 즉 1404년에 정식 국교가 성립되기 전에는 대상국사大相國使 또는 대장군사大將軍使라고 하다가 국교 성립 이후부터 국왕사라 하였다.[30]

그러나 임진왜란으로 조선과 일본의 평화체제는 깨졌다. 전쟁 이후에도 상당한 기간 양국의 국교는 단절되었다. 양국 간에 평화체제가 회복된 것은 병자호란이 일어난 해인 인조 14년 즉 1636년이었다. 이 해에 조선 정부는 일본에 통신사를 파견했다. 1592년의 임진왜란으로부터 계산하면 44년 만이었다. 이렇게 오랜만에 조선 정부가 통신사를 파견한 목적 중의 하나는 일본을 이용해 청나라를 견제하려는 것이었다. 당시 일본에는 도쿠가와 이에야스의 에도막부가 성립되었다. 따라서 조선 후기 한일 간의 외교는 조선 국왕과 에도막부장군이 주체였다.

조선 후기에 조선 정부는 인조 14년(1636)부터 순조 11년(1811)에 이르기까지 총 9번에 걸쳐 통신사를 파견했다. 반면 일본의 에도막부는 국왕사를 파견하지 않았다. 조선 정부에서 받아들이지 않았기 때문이었다. 대신 조선 정부는 대마도 도주로 하여금 막부장군을 대신해 일본 측의 외교업무를 중계하게 하였다. 이를 위해 부산에 왜관을 설치하였다.[31]

조선시대 한일 간의 교린체제는 1868년의 메이지유신 이후 붕괴되었다. 조선 정부의 외교 상대였던 에도 막부장군도 사라졌고 대마도 도주도 사라졌기 때문이었다. 게다가 메이지 정부의 외무성에서 조선 정부에 보낸 문서에는 '황' '칙' 등 중국 황제나 사용할 수 있는 용어들이 있었다. 조선 정부의 입장에서는 일본이 기왕의 교린체제를 무시하고 사대관계를 획책하는 것으로밖에 이해할 수 없었다. 그래서 조선 정부는 메이지유신 이후 일본 외무성에서 보내는 국서를 접수하지 않았다. 조선 정부는 기왕의 전례에 따라 대마도 도주를 통해 보내는 외교문서만 접수하겠다고 했다.

하지만 이런 주장은 일본 사람들을 자극했다. 에도막부 시대로 되돌아가라는 뜻이냐며 흥분한 일본 사람들은 메이지 정부를 인정하지 않는 조선 정부를 무력으로 응징하라 요구했다. 이른바 정한론征韓論이다. 기왕의 교린체제를 주장하는 조선 정부와 정한론이 횡행하는 일본 간에 국교는 단절되었다. 그렇게 7~8년이 흘렀다. 국교단절 상태가 길어지면서 두 나라 사이의 긴장감도 점점 높아졌다. 일본에서는 무력을 써서라도 조선과의 외교문제를 해결해야 한다는 목소리가 힘을 얻어갔다.

1875년의 운양호 사건은 그런 상황에서 일본 정부가 파병 명분을 얻기 위해 계획적으로 도발한 사건이었다. 운양호 사건 이후 조선은 일본의 강압에 의해 강화도조약을 맺었다. 이후 일본이 조선을 본격 침략하면서 근대 한일 간의 비극이 시작되었다.

왜구들의 침략에 조선이 수년간 피해를 입긴 했지만 한일 간의 비극은 정권이 교체된 일본 정부가 제국주의로 부상하면서부터였다. 일본은 무력으로 조선을 강제 병탄하고 우리 민족에게 씻지 못할 정신적, 물질적 상처를 입혔다. 헤아릴 수 없이 많은 우리 조상들이 일본에 의해 강제 징용되어 강제노역을 당했다. 수많은 청춘들이 전쟁터로 끌려가 총알받이가 되거나 성노예가 되었다. 그럼에도 일본은 아직까지도 한일 간의 과거사에 대하여 성심에서 우러나는 반성을 하지 않고 있다. 한일 간의 진정한 화해는 일본의 진정한 반성이 있을 때 비로소 첫발을 내디딜 수 있을 것이다.

CODE 4 **서구화**

서구화와 세계화 사이에서

유럽화에서
미국화로 전향

● 2011년 1월 25일 미합중국 대통령 버락 오바마는 미국 의회에서 새해 국정연설을 했다. 대략 1시간 정도의 연설이었다. 오바마 대통령은 한국, 중국, 러시아, 인도 등을 거론하며 미 국민의 분발을 촉구했다. 예컨대 그는 "한국에서는 교사가 '나라를 건설한 사람들(nation builders)'로 존중받고 있으며 이제 미국에서도 교사를 한국과 같은 수준으로 존중할 때"라고 언급했으며, 또한 "미국의 인프라가 한때 세계 최고였으나 이제 선두 자리를 내주고 있다. 한국 각 가정의 인터넷 접근성은 미국보다 훨씬 뛰어나다."고 말했다.[32]

일본 언론은 이같은 오바마 대통령의 연설에 불만을 표시했다. 이유는 오바마 대통령이 한국은 5번이나 거론했지만 일본은 단 한 번도 언급하지 않았기 때문이다. 일본의 산케이産經 신문은 '미국의 국제 경쟁상대가 재정위기가 계속되고 있는 유럽, 디플레이션의 늪에 빠진 일본과 같은 선진국에서 급성장하고 있는 신흥국으로 바뀌었다는 인상'이라 보도했고, 교도共同 통신은 '일본으로부터는 미국이 모범으로 삼을 만한 점이 없다고 판단한 것 같다.'고 보도했다.[33] 이같은 일본 언론의 보도에는 오바마 대통령의 국정 연설을 통해 한국이 일본을 제치고 미국의 경쟁상대로 급부상하고 있는 사실이 만천하에 공포되고 더 나아가 그런 상황이 굳어지는 것이 아닌가 하는 불안감과 조바심이 들어 있는 듯이 보인다.

19세기 동북아에 서구의 충격이 가해졌을 때, 가장 극렬하게 근대 서양문명에 저항한 나라는 한국이었다. 반면 일본은 '탈아입구脫亞入歐'를 부르짖으며 아시아 국가들 중에서는 가장 열성적으로 근대 서양문명을 받아들였다. 일본은 메이지유신 이후 근 150년 가까이 그야말로 거국적으로 근대 서양문명을 배워왔다.

하지만 한국은 일제 식민지에서 해방된 이후에나 주체적인 입장에서 거국적으로 근대 서양문명 배우기에 돌입할 수 있었다. 그러니 한국이 본격적으로 근대 서양문명을 배운 지는 겨우 반세기 남짓하다. 버락 오바마 미국 대통령의 2011년도 신년 국정연설은 한국이 주체적으로 서구화에 돌입한 지 겨우 반세기 만에 근대 서양문명의 아성인 미국의 경쟁상대이자 모범으로까지 서구화에 성공했음을 공언했다는 면에서 주목할 만하다.

본래 서구란 서양西洋과 구라파歐羅巴의 합성인 '서양 구라파'의 축약어이다. '구라파'는 영어 'EUROPE'을 한문으로 음역한 말이다. '구라파'를 중국발음으로 읽으면 '어우뤄바'가 된다고 한다. '유럽'의 영어발음과 유사하다. 하지만 구라파를 우리나라 발음으로 읽으면 그냥 구라파가 된다. 즉 중국 사람들은 'EUROPE'을 자신들의 발음에 따라 '어우뤄바歐羅巴'로 음역했는데, 이것을 우리나라 사람들이 우리식 발음에 따라 그냥 '구라파'로 읽었던 것이다. 예컨대 19세기 중엽에 이규경이 편찬한 『오주연문장전산고』에는 '서양을 통칭하여 구라파주歐羅巴州라고 한다.'는 내용이 있다. 여기서의 구라파주는 물론 유럽 대륙이다.

사전적으로 볼 때, 서구화의 의미는 비 서구 지역이 서구의 영향을 받아 기술, 산업, 경제, 정치, 철학, 식습관, 법률, 또는 사용하는 언어나 문자의 측면에서 서구의 것을 도입하거나 모방하는 현상을 말한다. 즉 비 서구 지역이 서구문명을 도입하거나 모방하는 것이 곧 서구화인 것이다. 그렇다면 서구문명이란 구체적으로 무엇일까?

문명의 사전적 개념은 '인류가 이룩한 물질적, 기술적, 사회구조적 발전'이다. 문명의 토대는 정신적, 종교적 문화이다. 이런 정의에 따른다면 서구문명이란 서구의 정신적, 종교적 문화에 기초한 물질적, 기술적, 사회구조적 문명이라 할 수 있다. 주지하듯이 유럽의 정신적, 종교적 문화는 크리스트교로 대표된다. 그러므로 근대 유럽이 크리스트교에 입각하여 발전시킨 물질적, 기술적, 사회구조적 문명이 곧 근대 유럽문명이자 근대 서구문명이다.

근대 유럽의 물질적 문명은 근대 산업과 근대 수산업으로 대표되었고, 기술적 문명은 근대 과학기술로 대표되었으며, 사회구조적 문명은 자유민주주의와 시장경제 그리고 국제질서로의 만국공법萬國公法으로 대표되었다. 결국 서구화란 비 유럽 지역이 유럽의 근대 산업, 근대 수산업, 근대 과학기술, 자유민주주의, 시장경제 및 만국공법 등을 도입하거나 모방하는 현상이었다.

1492년에 콜럼버스가 신대륙 아메리카를 발견한 이후, 유럽세력은 전 세계로 진출하여 식민지를 건설하며 유럽문명을 확산시켰다. 동아시아의 경우, 포르투갈이 15세기 말에 아프리카 남단을 돌아 인도로 가는 인도양 항로를 개척한 후 16세기에는 동남아 지역에 식민지를 건설하였다. 그 뒤를 이어 17세기에 네덜란드, 18세기에 영국, 프랑스 등 유럽 각국이 신항로를 따라 대거 동양으로 진출하면서 동아시아에도 서구문명이 본격적으로 확산되었다.

유럽 세력의 세계적 확산으로 가장 먼저 서구화한 지역은 북미 지역이었다. 1776년에 미국이 독립을 선언하고 건국함으로써 북미 지역은 이미 18세기에 인종적으로나 문화적으로 명실상부하게 유럽화하였다. 따라서 근대의 서구에는 유럽과 북미 지역을 중심으로 기타 유럽화한 지역이 포함되었다. 새뮤얼 헌팅턴 교수는 서구문명을 이렇게 규정하였다.

> 서구문명의 등장 시기는 대체로 기원후 700년에서 800년 사이로 본다. 학자들은 서구문명을 크게 유럽, 북미, 라틴아메리카의 세 부분으로 나눈다. (중략) 건국 이후로 미국인은 대부분의 기간 동안 자기들의 사회가 유럽과 대립관계에 있다고 이해하였다. 미국은 자유, 평등, 기

회, 미래의 땅인 반면 유럽은 억압, 계급 갈등, 신분제, 후진성을 상징
하였다. 미국은 독자적 문명이라는 주장이 한때 제기되었을 정도였다.
미국과 유럽이 이처럼 맞서게 된 데는 미국이 적어도 19세기 말까지
만 하더라도 비 서구문명들과 제한적인 접촉밖에 가지지 못했다는 사
실도 상당한 원인으로 작용하였다. 일단 미국이 세계무대로 나오면서
부터 유럽과의 폭넓은 일체감이 형성되었다. 19세기의 미국은 자신을
유럽과 다르고 유럽에 맞서는 존재로 이해하였지만 20세기의 미국은
유럽을 포함하는 좀 더 포괄적인 서구라는 실체의 일원이며 선도자로
서 스스로를 이해하게 되었다. 서구라는 말은 이제 예전의 서구 크리
스트교 국가권을 일컫는 말로 보편화되었다.[34]

헌팅턴 교수의 언급대로 미국이 스스로를 서구의 일원이자 선도
자로 이해한 것은 20세기 들어서였다. 그 이전 즉 19세기에 서구는
유럽으로 대표되었다. 이는 우리나라의 근대 서구화에 관해서도 중
요한 시사점이 있다.

19세기까지 우리나라에서 서구는 유럽으로 인식되었고, 서구화는
유럽화로 인식되었다. 그러나 해방 이후 우리나라에서 서구는 유럽
보다는 미국으로 인식되었다. 아울러 서구화 역시 유럽화보다는 미
국화로 인식되었다. 2차 세계대전 이후 미국과 소련이 주도하는 냉
전체제에서 우리나라는 미국을 중심으로 하는 자유진영에 속했기
때문이었다. 게다가 6·25를 거치면서 우리나라에서 미국의 영향력
은 더욱 강해졌다. 이런 과정에서 우리나라가 본받아야 할 서구문명
은 곧 미국문명으로 간주되었다. 냉전체제가 해체된 현 시점에서도

우리나라에서 미국은 여전히 서구문명을 대표한다고 해도 과언이 아니다.

희귀한 사람들과의 통상문제 발발

정유재란이 한창이던 선조 31년(1598) 5월 26일. 선조는 명나라 장수 팽신고를 찾아 술자리를 함께했다. 술잔을 건네며 이런저런 이야기를 나누던 중 팽신고가 불쑥 말했다. "얼굴 모습이 다른 신병神兵을 보여드리겠습니다." 궁금해진 선조가 물었다. "어느 지방 사람이며 무슨 기술을 가졌습니까?" 팽신고가 대답했다. "파랑국波浪國 사람입니다. 파랑국은 중국 광동 지역에서 바다 셋을 건너야 갈 수 있는 나라입니다. 조선과는 15만여 리 떨어져 있습니다. 그 신병은 조총을 잘 쏘고 여러 가지 무술도 잘합니다." 그 신병을 본 선조는 "조선은 변두리에 있어서 이런 신병을 본 적이 없습니다. 대인의 덕택으로 이런 신병을 보았으니 황제의 은혜가 아닐 수 없습니다. 더욱 감격스럽습니다."라고 했다. 그 신병은 선조가 난생처음 본 인종이었음이 분명하다.

팽신고가 언급한 파랑국이란 오늘날의 포르투갈이다. 정유재란에 포르투갈 사람이 명나라 군의 일원으로 참전했던 것이다. 그런데 팽신고가 소개한 포르투갈 사람은 유럽인이 아니었다. 사관이 기록한 바에 의하면 그는 이름이 해귀海鬼이고 노란 눈동자에 얼굴빛이 검고 사지와 온몸도 검다고 했다. 또한 턱수염과 머리카락은 검은 양털처럼 짧게 꼬부라졌다고 한다. 이런 묘사로 보면 해귀는 흑인으로 생각된다.

팽신고가 선조에게 흑인을 구경시킨 이유는 희귀했기 때문일 것이다. 흑인은 중국에서도 희귀했으니 조선에서는 더더욱 그러했다. 난생처음 흑인을 본 선조나 대부분의 조선 사람들에게 흑인이나 포르투갈인은 놀람의 대상이었다.

하지만 그 이후로 조선 사람들은 서양 사람들을 볼 기회가 많아졌다. 유럽 사람들이 탄 배가 조선 바다에 출몰하기 시작했기 때문이다. 조선 사람들은 유럽 선박을 이상하게 생겼다고 하여 이양선異樣船 또는 황당하게 크고 빠르다 하여 황당선荒唐船이라 불렀다. 17세기 조선 바다에 출몰한 유럽 선박은 대부분 포르투갈 선박이었다. 이어서 17세기에는 주로 네덜란드 선박들이 출현하였다. 18세기 들어서는 네덜란드를 비롯해 영국, 프랑스 등 유럽 각국의 선박들이 출몰했다.

유럽 선박들이 조선 바다에 자주 출몰하다 보니 폭풍을 만나거나 좌초하여 조선해안에 표류하는 경우도 있었다. 가장 잘 알려진 사례가 바로 네덜란드 출신의 하멜이다. 하멜의 표류에 관해 『효종실록』에 다음과 같은 기록이 있다.

제주 목사 이원진이 다음과 같이 보고하였다. 배 한 척이 고을 남쪽에서 깨져 해안에 닿았기에 대정 현감 권극중과 판관 노정으로 하여금 군사를 거느리고 가서 보게 하였더니, 어느 나라 사람인지 모르겠으나

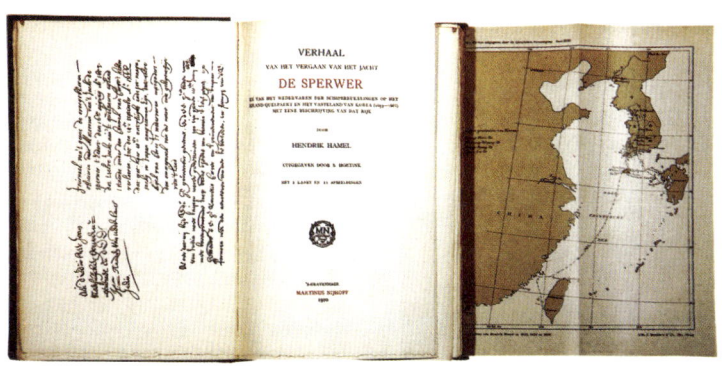

하멜표류기
네덜란드인 헨드릭 하멜이 일본 나가사키로 항해하던 중 태풍을 만나 조선 제주도에 표착하여 14년간 조선에 억류된 생활을 기록한 보고서. 조선의 존재를 유럽인에게 뚜렷하게 알렸을 뿐 아니라, 당시 한국의 사회실정·풍속·생활 등을 파악하는 데 귀중한 사료이다.

배가 바다 가운데에서 뒤집혔는데 살아남은 자는 38인이며 말이 통하지 않고 문자도 다릅니다. 배 안에는 약재, 사슴가죽 등의 물건을 많이 실었습니다. 목향木香이 94포, 용뇌龍腦가 4항아리, 사슴가죽이 2만 7천이었습니다. 그들의 생김새는 파란 눈에 코가 높고 노란 머리에 수염이 짧았는데, 혹 구레나룻은 깎고 콧수염을 남긴 자도 있었습니다. 그 옷은 길어서 넓적다리까지 내려오고 옷자락이 넷으로 갈라졌으며 옷깃 옆과 소매 밑에 다 이어 묶는 끈이 있었으며 바지는 주름이 잡혀 치마 같았습니다. 왜어倭語를 아는 자를 시켜 묻기를 '너희는 서양의 길리시단吉利是段 크리스챤인가?' 하니, 다들 '야야耶耶: 예' 하였습니다. 우리나라를 가리켜 물으니 고려高麗라 하고, 본도本島를 가리켜 물으니 오질도吾叱島라 하고, 중원中原을 가리켜 물으니 혹 대명大明이라고도 하고 대방大邦이라고도 하였으며, 서북西北을 가리켜 물으니 달단이라 하고, 정동正東을 가리켜 물으니 일본日本이라고도 하고 낭가삭기郞可朔其: 나가

사키라고도 하였습니다. 이어서 가려는 곳을 물으니 낭가삭기라 하였습니다.[35]

그러나 이런 만남은 우연한 만남 또는 민간 차원의 만남이었다. 조선이 국가 차원에서 공식적으로 만난 서양 국가는 러시아가 처음이었다. 두만강을 경계로 러시아와 국경을 접하게 된 것이 계기였다.

조선과 러시아가 국경을 접하게 된 직접적인 계기는 1860년의 북경조약이었다. 1860년 8월 8일, 청나라의 함풍제는 영국과 프랑스의 연합군에 의한 북경 함락이 임박한 상황에서 열하로 몽진하였다. 8월 29일, 영국과 프랑스 연합군은 청나라의 항복을 받아 북경에 무혈 입성하였다. 9월 11일에는 청나라와 영국 사이에 중영 북경조약이 체결되고 이어서 9월 12일에는 청나라와 프랑스 사이에 중불(中佛) 북경조약이 체결되었다. 그리고 10월 2일에 청나라와 러시아 사이에 전문 15조의 중러 북경조약이 체결되었다. 조선과 러시아가 두만강을 경계로 국경을 접하게 된 근거는 중러 북경조약 중에서도 제1조의 다음과 같은 내용이었다.

> 우수리강 하구에서 남쪽으로 흥개호(興凱湖)에 이르는 곳의 양국 간 국경선은 우수리강과 송아찰하(松阿察河)로 한다. 송아찰하의 수원(水源)으로부터 양국 간의 국경선은 흥개호를 가로질러 곧바로 백릉하(白棱河)에 이른다. 백릉하구로부터는 산맥을 따라 호포도하구(瑚布圖河口)에 이른다. 다시 호포도하구로부터는 혼춘하(琿春河)와 바다의 중간 산맥을 따라서 도문강구(圖們江口)에 이른다. 양국 간의 국경선과 도문강이 만나는 지점은

해당 도문강의 하구로부터 거리가 20리를 넘지 못한다.

위에서 "호포도하구로부터는 혼춘하와 바다의 중간 산맥을 따라서 도문강구에 이른다."는 내용은 청나라와 러시아의 국경선이 혼춘하와 동해의 중간쯤에 있는 산맥을 따라 도문강구까지 이른다는 뜻이다. 청나라는 두만강을 도문강이라 하였으므로 결국 두만강을 경계로 조선과 러시아가 국경을 접하게 되는 것이다. 이에 따라 우리나라는 유사 이래 처음으로 서양 국가와 국경을 접하게 되었다.

러시아는 두만강을 경계로 조선과 국경을 마주한 지 3년 후부터 조선의 경흥부사에게 통상을 요구하기 시작했다. 고종 1년(1864) 2월 13일에 경흥부사 윤협은 망덕산 봉수장 한창국에게서 두만강 건너편에 이양인이 나타났다는 보고를 받았다.[36] 그리고 군관 김용에게 감시를 철저하게 하라 명령하던 중 이양인들이 얼음을 타고 강에 떠서 우리나라 사람들을 부르는 듯하다는 보고를 또 받았다. 윤협은 일이 국방에 관련되므로 즉시 달려가 보았다. 얼음 위에는 사람 5명과 말 1필이 있었는데, 그쪽에서 종이를 한 장 던졌다. 내용은 통상을 논의하자는 것이었다. 윤협은 중앙정부에 보고한 후 지시를 받아야 될 일이라고 하였다. 그러자 그들은 그대로 돌아갔다. 그때 나타났던 이양인들은 물론 러시아 사람들이었다.

러시아 사람들의 통상요구는 계속되었다. 고종 2년(1865) 9월에 러시아 사람 수십 명이 또다시 두만강을 건너와 통상을 요구하였다. 11월 초순에는 무장을 한 러시아인들이 경흥부사 윤협에게 자신들의 통상 요구서를 직접 감영에 알리겠다며 그 가부를 감영에 보고

하여 알려달라고까지 했다. 이에 경흥부사 윤협은 19일 안에 결과를 알려주겠다고 하고 이 사실을 함경감사에게 보고하였고, 함경감사는 다시 이를 중앙정부에 보고하였다. 이렇게 하여 조선과 러시아 사이에 공식적인 외교 접촉이 시작되었다.

조선 정부는 러시아에 대한 외교대응에서 전통적인 외교 관행을 적용하였다. 즉 조선과 일본 사이에서 정착되었던 교린체제의 외교 관행을 국교 수립 이전의 러시아에 적용하여 중앙정부가 아닌 지방 정부 차원에서 모든 외교적, 실무적 대응을 책임지도록 한 것이다.

그러므로 1863년 이후 러시아에서 요구한 수차례의 통상 요구도 중앙정부가 아니라 지방관인 경흥부사가 처리해야 했다. 경흥부사는 러시아의 통상 요구가 있을 때마다 중앙정부의 허락이 없다는 이유를 들어 거절했으며, 범월을 방지하기 위해 감시초소를 설치하는 등 국경 경비를 강화하였다.

이같은 일이 반복되자 러시아는 청나라를 통하여 조선과의 통상 및 국경 문제를 해결하고자 하였다. 고종 19년(1882) 5월, 주청 러시아 특명전권공사 붓조는 청나라의 서리직예총독 장수성에게 제의하기를, 조선과 러시아가 이미 국경을 접한 지 오래되었으므로 조선과 러시아가 통상 문제와 국경 문제를 논의할 수 있도록 주선해달라고 하였다. 이에 중앙정부와 협의한 장수성은 당시 영선사로 청나라와 와 있던 윤태준이 귀국하는 편에 영의정 이최응에게 비밀 서한을 보내 러시아와의 통상 및 국경 문제를 다루게 주선해달라고 요청했다.

당시 청나라는 1876년 강화도조약 이후 일제가 조선에 대한 영향력을 확대하자 이이제이以夷制夷 정책으로 일본의 영향력을 약화시키기 위해 1882년 4월 조선에 미국과 수호조약을 맺도록 권고하기도 하였다. 러시아의 특명전권공사 붓조가 청나라의 주선을 통해 조선과 통상 및 국경 문제를 해결하고자 시도한 것은 당시의 이같은 상황이 중요했다. 그러나 장수성의 비밀서한을 접한 고종과 조정 중신들은 러시아의 제안을 거절했다. 그 이유는 국교 수립에 더 철저하게 대비하기 위해서였다. 그 전에 조선과 미국의 조미수호통상조약이 고종 19년(1882)에 먼저 조인되었었고 뒤이어 영국, 프랑스 등 유럽 국가와이 수호조약이 체결되었다. 조선은 고종 21년(1884) 음력 5월에야 러시아와 수호조약을 체결했다. 아이러니하게도 조선은 서양 국가 중에서 러시아와 가장 먼저 공식적으로 접촉하였지만 정작 수호조약은 가장 늦게 맺었다.

서양 오랑캐인가, 조력자인가

고종 11년(1874) 봄, 흥선대원군은 운현궁을 떠나 양주의 직동으로 낙향했다. 이로써 흥선대원군의 10년 섭정이 끝나고 고종의 친정이 시작되었다. 친정하기 이전, 고종은 서양을 오랑캐라 생각했다. 서양 오랑캐의 통상요구에 굴복하여 나라의 문호를 개방하게 되면 조선의 전통문화가 훼손되어 조선 역시 오랑캐처럼 될 것이라 믿었다. 따라서 고종은 청나라 사람들도 서양 오랑캐에 대항하여 전통문화를 수호하고 싶어 할 것이라 확신했다. 그런데 1860년에 청나라는 북경조약을 맺고 서양 오랑캐들에게 수도 북경까지 개방하였다. 청나라가 힘이 부족해서 이런 결정을 내렸을까?

고종은 그렇게 생각하지 않았다. 조선의 경우를 돌이켜볼 때, 그럴 수가 없었다. 고종이 즉위한 후, 서양 오랑캐들은 수차에 걸쳐 통상을 요구해왔다. 말뿐이 아니라 무력을 내세워 통상을 요구하는 때도 있었다. 이에 대항하여 조선은 무력으로 이겨냈다. 1866년의 병인양요에서는 프랑스를 격퇴했다. 또 1871년의 신미양요에서는 미국을 물리쳤다. 조선은 비록 작고 약한 나라지만 그렇게 했다. 그러면 조선에 비해 청나라는 어떤가? 국토나 인구 면에서 비교할 수 없을 정도의 대국이 아닌가? 그런 대국이 힘이 부족해 서양 오랑캐의 통상 요구에 굴복했을까?

1871년 4월 14일에 강화도 손돌목에서 조선군과 미국 군함 사이에 포격전이 있었다. 이른바 신미양요의 발발이었다. 통상을 요구하는 미국과 거절하는 조선 사이에서 터진 무력충돌이었다. 당시 고종은 미국과 서구 열강에 대해 무슨 생각을 하고 있었을까?

손돌목에서 포격전이 있은 지 3일 후, 고종은 경연에 참여하기 위해 경복궁의 연생전으로 갔다. 그 자리에는 영사 홍순목, 시강관 강로, 참찬관 이기정 등이 참여했다. 『중용』을 교재로 한 수업이 끝나자 고종과 경연관들 사이에 이런 대화가 오고갔다.

"청나라에서는 서양인들이 어떻게 해서 무난하게 통상할 수 있게 되었는가? 시강관은 북경을 다녀왔으니 분명히 알 것이다."

"명나라 때부터 서양인들은 역법을 잘하여 교통하기 시작했습니다. 근래에는 공친왕이 서양인들을 비호하여 드디어 쫓아내지 못하게 되었습니다."

"명나라 때에는 이마두利瑪竇, 마테오리치가 있었다. 공친왕은 황제에게 어떤 친척인가?"

"황제의 삼촌이자, 함풍제의 동생입니다."

"서양 선박이 와서 정박한 이유는 분명 우리나라 사람 중에 내응하는 사람이 있기 때문이다. 그들이 원하는 것은 강화이지만, 만약 그들과 강화하게 되면 인륜이 무너질 것이다. 그렇게 되면 공자님의 도가 다시는 행해지지 않을 것이다."[37]

그 당시 고종과 중앙 관료들은 청나라가 서구 열강의 통상요구에 굴복한 이유를 힘의 부족보다는 내부의 배신에서 찾았다. 청나라의 실력자 공친왕이 서구 열강에 청나라를 팔아먹었다고 생각한 것이다. 그래서 고종과 중앙 관료들은 공친왕을 배신자이자 매국노로 생각했다. 여진족 출신인 공친왕은 오랑캐이니 기꺼이 중국의 전통문화를 파괴하려 한다는 선입견도 있었다. 그런 선입견에 의해 공친왕이 주도하는 총리아문도 매국조직으로 간주되었다. 이런 점에서는 고종도 흥선대원군과 다를 것이 없었다. 친정을 실현한 후에도 고종은 기왕의 생각을 바꾸지 않았다. 공친왕에 대해서 여전히 오랑캐 매국노라 생각했고, 공친왕이나 총리아문에서 권고하는 일에 대해서 매우 부정적으로 반응했다.

1874년 6월, 고종은 청나라 예부에서 보낸 외교문서 즉 자문咨文을 받았다. 실제는 총리아문에서 예부에 요청해 보낸 자문이었다. 내용은 미국, 프랑스와 통상을 맺으라는 권고였다. 조만간 일본이 조선을 공격할 가능성이 크다는 이유에서였다. 총리아문에서 고종에게 미국, 프랑스와 통상을 맺으라고 권고한 배경 뒤에는 일본의 대만출병이 있었다.

1874년 4월에 일본은 5천여 병력을 동원해 대만을 공격했다. 1871년에 유구流求, 현재의 오끼나와 사람들이 대만에 표류했다가 살해당한 일이 있었는데, 이에 보복하겠다는 명분을 내세워 일본 정부가 나섰다. 이를 두고 청나라의 총리아문에서는 일본이 대만뿐만 아니라 조선에도 출병할까 우려했다. 만약 일본이 조선을 무력 점령한다면 청나라 국익에 심각한 손상이 올 것이었다. 조선은 청나라의 입술이나 앞마당 같은 존재였기 때문이다. 조선은 청나라의 발상지인 만주와 연접해 있고, 또 수도 북경으로 통하는 천진과 바다를 사이에 두고 마주하고 있었다. 육지로 보나 바다로 보나 청나라에게 조선은 요충지 중에서도 요충지였다.

총리아문에서는 일본이 조선을 공격하면 미국과 프랑스가 일본을 도울 것이란 판단도 있었다. 그렇게 판단하게 만든 인물은 대만의 해방대신 심보정沈葆楨이었다. 심보정은 프랑스 해군제독인 지켈(prosper Marie Giquel, 중국 이름은 일의격日意格)을 고문으로 두고 있었다. 그 지켈이 심보정에게 조선이 일본의 침략을 막으려면 프랑스, 미국과 통상을 맺는 수밖에 없다고 조언했다. 심보정은 총리아문에 편지를 보내 조선이 프랑스, 미국과 통상을 맺도록 설득하라고 요청했다. 이런 내막으로 예부에서 자문을 보냈던 것이다.

고종은 자문을 접수한 직후 당국자들을 만나 대책을 논의했다. 통상에 대해서는 대부분 부정적이었다. 불쾌한 감정을 노골적으로 드러내기도 했다. 당시 고종의 절대적인 신임을 받던 도제조 이유원은 '총리아문에서는 우리나라에 일이 있어서 알려주고자 한다면 단지 일이 있다고만 해야 할 터인데, 어찌 통상 등의 이야기를 해서 마치 공갈협박으로 유인하듯 한단 말입니까?'라고 했다. 이유원은 '청나라의 일을 알 만합니다.'라는 말도 했다. 총리아문이 저렇게 날뛰는 청나라는 뻔할 뻔자라는 뜻이었다. 통상을 반대한 이유원은 무기를 준비하고 국경을 엄히 지키자는 의견을 제시했다. 고종은 이유원의 의견에 적극 찬동했다. 고종과 이유원이 이렇게 청나라의 권고에 불쾌한 반응을 보인 이유는 권고를 빙자한 내정간섭이라는 이유 때문만은 아니었다. 병인양요와 신미양요에서 힘들게 지켜낸 전통문화를 총리아문이 파괴하려 획책한다고 의심했기 때문이었다. 고종은 청나라에 보내는 회답 국서에서 조선은 통상 의사가 전혀 없다고 못 박았다.

그러나 1875년에 접어들면서 고종의 인식이 크게 바뀌었다. 국내외의 상황 변화가 그렇게 만들었다. 국내의 상황을 바꾼 주인공은 왕비 민씨와 아들이었다. 1874년 2월 8일(음력)에 출생한 아들이 새해를 맞아 두 살이 되었다. 1875년 새해 첫날, 고종은 아들을 왕세자로 책봉한다고 공포했다. 이어서 청나라에 가서 세자책봉 승인을 요청할 사신도 임명되었다. 이유원이 정사에 임명되었고 부사에는 이정재가 임명되었다. 7월 30일에 북경을 향해 떠나는 이유원에게 고종은 청나라의 실력자 이홍장과 비밀 외교채널을 구축하라는 밀명을 내렸다.

조선에서 청나라로 파견된 사신들은 관행적으로 예부의 한인(漢人) 관리들을 상대로 외교 실무를 처리했다. 청나라는 여진족이 세운 나라였지만 외교 실무에 필요한 한문과 의전을 두루 터득한 여진족이 드물었기 때문에 예부의 실무는 주로 한인들이 맡았다. 그렇지만 한인들은 외교 실무만 맡을 뿐 외교정책 결정이나 극비정보 처리 등에서는 소외되었다. 최고 권력은 여진족의 손아귀에 있었다. 특히 총리아문이 설립된 후 서구열강과의 외교업무가 총리아문으로 이관되면서 예부는 더욱 형식적인 기관으로 전락했다. 고종은 일본, 미국, 프랑스 등과 관련된 국제정보는 물론 이에 대한 청나라의 외교대응도 알아내고자 했는데, 그것은 청나라 고위급 실세와 비밀 외교채널이 구축되어야 가능한 일이었다.

오래전부터 고종은 청나라에 다녀온 사신들의 보고를 통해 이홍장을 알고 있었다. 이홍장은 여진족이 아니라 한족이라는 사실, 태평천국의 난을 진압한 충신이라는 사실, 그리고 몇 년 전부터 공친왕을 대신해 서태후의 신임을 받아 실세 중의 실세가 되었다는 사실 등등을 알고 있었다. 고종은 이홍장이라면 속을 터놓고 의논할 수 있겠다고 생각했다. 7월 30일에 한양을 출발한 이유원은 석 달 후 북경에 도착해 외교활동을 시작했다.

12월 16일에 고종은 이유원으로부터 귀국보고를 들었다. 그 자리에서 이유원은 '청나라 사람들이 우리를 보고 모두 환대하여 이전과는 사뭇 달랐습니다. 이번에 칙사가 오면 우리도 각별히 잘 접대하여 서로 신뢰하는 뜻을 보여주는 것이 좋을 듯합니다.'라고 하였다. 청나라의 실세들이 모여 있는 총리아문에 더하여 이홍장의 후의까지 받은 이유원은 일본과 달리 청나라는 믿을 만하다는 의견을 제시했다. 고종 역시 같은 생각이었다.

12월 26일에 고종은 이양선이 인천과 남양 사이의 바다에 나타났다는 보고를 받았다. 이유원이 귀국하고 열흘이 지난 시점이었다. 고종과 당국자들은 그 이양선이 일본 군함이라 짐작했다. 고종은 마침 한양에 올라와 있던 부산훈도 현석운을 파견해 조사하도록 했다. 하지만 일본 군함이 해안으로부터 멀리 떨어진 곳에 정박했기 때문에 현석운은 접근하지 못한 채 기다려야 했다. 그렇게 날이 흘러 1876년이 되었다.

1876년 1월 2일에 동래부사로부터 보고서가 올라왔다. 지난 12월 19일에 일본의 사신 배 7척이 부산 앞바다에 와서 정박했는데, 그중에서 4척이 강화도를 향해 떠났다는 내용이었다. 4척은 특명전권 변리대신 흑전청륭黑田淸隆과 특명부전권 변리대신 정상형井上馨이 인솔한다고 하였다. 결국 지난해 12월 26일에 인천과 남양 사이의 바다에 나타난 이양선은 흑전청륭과 정상형이 인솔하는 일본 배였다. 고종은 대신들로 하여금 만약의 사태에 대비하여 의정부에서 비상대기하도록 하였다.

인천과 남양 사이의 바다에는 일본 배가 더 모여들어 6척으로 늘어났다. 흑전청륭은 그중 한 척을 강화도로 보내 조선 관료와 접촉하게 했다. 자신들이 온 이유는 조선의 고위관료를 만나 직접 이야기하겠다고 하였다. 고종은 1월 5일에 신헌을 접견대관接見大官으로

강화도조약
1876년(고종 13) 조선과 일본 간에 체결된 수호조약으로, 일본의 강압 아래서 맺어진 최초의 불평등조약이다. 이 조약이 체결됨에 따라 조선과 일본 사이에 종래의 전통적이고 봉건적인 통문관계가 파괴되고 국제적인 토대 위에서 외교관계가 성립되었다.

삼아 부총관 윤자승과 함께 강화도로 가서 흑전청륭을 만나보게 하였다. 또한 만약의 사태에 대비하여 행주와 양화진 등에 병력을 배치하였다.

접견대관 신헌은 1월 17일에 강화도 군영에서 흑전청륭과 대면했다. 그 자리에서 신헌과 흑전청륭은 운양호 사건 책임과 국서접수 거부 문제를 놓고 설전을 벌였다. 그러나 큰 요지는 지난날의 오해를 풀고 수호통상하자는 내용이었다.

그런데 신헌이 흑전청륭을 만나기 전에 고종은 청나라에서 보낸 외교문서를 접수하였다. 청나라 예부에서 1875년 12월 23일에 보낸 자문이었는데, 그것이 1876년 1월 11일에야 도착하였다. 이 자문에는 일본이 무력을 통해서라도 조선을 개항시키려 하지만 청나라는 무력충돌이 일어나지 않기를 바란다는 내용이 있었다. 만약의 경우

조선과 일본 사이에 전쟁이 벌어져도 청나라는 도울 수 없다는 암시도 있었다. 청나라의 자문은 조선이 알아서 선택할 일이라고 말하고 있었지만 그것은 외교적 수사일 뿐 사실상 개항을 권고하는 내용이었다.

1월 13일에 고종은 중요한 국제정보를 알려준 청나라에 감사를 표시하며 일본과의 교섭과정을 자세히 알리겠다는 회답 자문을 보냈다. 이 시점에서 고종은 개항을 결심한 것으로 보인다.

1월 25일, 의정부에 일본이 요구하는 수호통상을 수락하자고 건의하자 고종은 즉각 찬성했다. 마침내 2월 3일에 신헌과 흑전청륭은 11조로 된 조약에 서명 날인하였다. 이 조약은 병자년에 조인되었다고 하여 '병자수호조규'라고도 하고 강화도에서 조인되었다고 하여 '강화도조약'이라고도 하였다. 이로써 조선은 일본의 메이지 정부와 공식적으로 외교관계를 맺게 되었으며 만국공법 체제로 알려진 근대 국제질서에 편입되었다.

패배로 끝난 근대 서양문명과의 대결

잘 알려진 대로 150년 전쯤 일본에서 메이지유신이 한창 추진될 때, 한국에서는 흥선대원군이 쇄국정책을 추진했다. 흥선대원군은 위정척사론衛正斥邪에 입각하여 전국 방방곡곡에 척화비斥和碑를 세웠다. '서양 오랑캐가 침범해오는데, 싸우지 않으면 화친하자는 것이니, 화친을 주장함은 매국노이다洋夷侵犯 非戰則和 主和賣國'라는 척화비문 그대로 당시의 주류 여론은 서양 사람들을 오랑캐로 치부했다. 그러니 서양 사람들의 문명이나 문화는 오랑캐의 문명이나 문화로 치지도외하였다.

그런데 1876년의 강화도조약은 위정척사파의 쇄국정책을 정면으로 거부한 것이었다. 고종은 서구문명을 본격적으로 받아들여 나라를 부강하게 만들려 했다. 하지만 고종의 자각 못지않게 청나라 이홍장의 권유와 일본의 협박이 있었기에 강화도조약은 가능했다.

강화도조약 이후, 고종은 1880년 5월에 2차 수신사 김홍집을 일본에 파견했다. 두 달 뒤 도쿄에 도착한 김홍집은 1개월간 체류하면서 일본의 주요 정치인들과 주일청국 공사 하여장 그리고 참찬관 황준헌과 접촉하였다. 김홍집은 하여장과 황준헌을 전후 여섯 차례나 만나 필담을 나누었다. 하여장과 황준헌은 필담을 통해 조선과 일본의 현안 문제, 러시아의 남하 등 동북아 정세 전반을 설명했다. 그들은 조선이 미국과 수호조약을 맺어 러시아의 남하를 저지해야 한다고 역설했다. 필담만으로는 의사전달이 충분하지 않다고 판단한 하여장은 황준헌을 시켜 조선이 취해야 할 대외정책을 책으로 정리하게 하였다. 그렇게 해서 『조선책략』이라고 하는 책이 탄생했다. 김홍집은 1880년 8월에 귀국하여 『조선책략』을 고종에게 올렸다.

『조선책략』의 핵심 내용은 친중국親中國, 결일본結日本, 연미국聯美國이었다. 급변하는 동아시아의 국제 현실에서 조선이 살아남기 위해서는 중국과 친하고 일본과 결탁하며 미국과 연대해야 한다는 주장이었다. 이중에서 결일본은 1876년의 강화도조약으로 이미 성사되었다. 황준헌은 조선이 생존하기 위해서는 청나라에 더 밀착하는 한편 미국과 수호조약을 맺어야 한다고 조언했다. 이는 결국 조선이 문호를 더 개방하고 근대 서양문명을 더 적극적으로 받아들여야 한다는 주장이었다.

『조선책략』에서 황준헌은 미국을 "원래 영국의 속국이었는데, 백 년 전에 화성돈華盛頓, 와싱톤이 구라파의 학정에서 벗어나고자 나라를 독립시켰다. 그 이래로 미국은 건국이

대원군 척화비
조선 고종 때 대원군이 양인(洋人)을 배척하기 위해 경향 각지에 세웠던 석비(石碑).

념을 지켜 예의로 나라를 세워 다른 나라의 토지를 욕심내지 않고, 다른 나라의 인민도 욕심내지 않으며, 다른 나라의 정치에 억지로 간여하지도 않는다. (중략) 미국은 영국의 학정에서 벗어나고자 하여 건국되었으므로 늘 아세아와 친하고 구라파와 소원하다."고 하였다. 구라파 즉 유럽은 아시아의 적이지만 미국은 아시아의 친구라는 의미였다. 고종은 이런 미국을 이용해 러시아와 일본의 위협으로부터 벗어나고 싶어 했다.

김홍집(金弘集, 1842~1896)
조선 후기의 문신·정치가. 임오군란·갑신정변 등이 일어났을 때 나라의 일을 살폈으며, 청일전쟁 후에 갑오개혁을 단행하였다. 을미사변 후 일본의 압력에 의한 개혁을 실시하다가 난도들에게 살해되었다.

그러나 근대 서양 문명을 오랑캐 문명으로 치지도외하던 위정척사파들에게 황준헌의 주장은 한갓 요설妖說이나 사설邪說로 치부되었다. 황준헌의 의견에 따라 고종이 친중국, 결일본, 연미국을 시행하려 했을 때, 위정척사를 주장하던 경상도 양반들이 이른바 '영남만인소嶺南萬人疏[38]'를 올려 조목조목 반대했다. 그들은 '친중국'에 대하여 조선은 이미 중국과 더없이 친한데 뭘 더 친할 것이 있는가 하는 논리로 반대했다. '결일본'에 대하여는, 역사적 경험으로 볼 때 일본은 믿을 수 없는 나라이므로 연대의 대상이 될 수 없다고 일축했다. 나아가 '연미국'에 대해서는 이런 논리로 반대했다.

미국으로 말하면 우리가 원래 잘 모르던 나라입니다. 그런데 공공연히 황준헌의 부추김을 받아 우리 스스로 끌어들여서 바다를 건너고 험한 길로 미국에 가서 우리 신료들을 지치게 하고 우리나라의 재물을 썼는

데도 만일 그들이 우리나라의 허점을 알고서 우리가 힘이 약한 것을 업신여겨 따르기 어려운 청으로 강요하고 댈 수 없는 비용을 떠맡긴다면 장차 어떻게 응대할 것입니까?

위정척사파의 이런 반대를 무릅쓰고 고종은 친중국, 결일본, 연미국을 추진했다. 고종은 먼저 연미국을 실현하기 위해 미국과의 수호조약을 추진했다. 그 첫 단계로 고종은 1881년 6일에 김윤식을 영선사로 한 사절단을 청나라에 파견했다. 11월 17일 북경에 도착한 영선사 김윤식은 예부에 자문을 접수한 후 이홍장을 만나기 위해 보정으로 출발했다. 학생들을 천진기기국에서 교육시키는 문제를 협의하기 위해서였다. 하지만 이것은 표면적인 목적이었고 실제는 미국과의 수교 문제를 협의하기 위해서였다.

김윤식은 미국과의 수교에 필요한 조선 측 초안을 휴대하고 있었다. 11월 27일, 보정에 도착한 김윤식은 총 일곱 차례에 걸쳐 이홍장과 회담했다. 이홍장의 주선에 힘입어 조선과 미국 사이에 조미수호조약이 1882년(고종 19) 4월 6일에 체결되었다. 조약의 제1조는 "이후 대조선국 군주와 대미국 대통령 및 그 인민들은 각각 모두 영원히 화평하고 우의 있게 지낸다. 만약 다른 나라가 어떤 불공평한 일을 하거나 경멸하는 일을 할 경우에는 일단 확인하고 나서 반드시 서로 도와주며, 중간에서 잘 조처하여 두터운 우의를 보여준다."였다.

이것은 일본과 맺은 강화도조약의 제1조인 "조선은 자주의 나라로 일본과 평등한 권리를 가진다."와 매우 비교되는 내용이었다. 즉 강화도조약은 조선이 청나라의 속국이 아닌 자주 독립국이라는 점을 강조하였다면, 조미수호조약은 어려운 일을 당할 경우 반드시 서로 도와야 한다는 점을 강조하였다. 명시되지는 않았지만 조미수호조약은 조선이 러시아나 일본 또는 유럽 열강으로부터 불공평한 일을 당하거나 경멸하는 일을 당할 경우 반드시 미국이 도와주어야 한다는 점을 함축하고 있었다. 바로 이 점을 기대했던 고종은 조미수호조약 이후 조선이 곤경에 처할 때마다 미국에 도움을 요청했다. 하지만 결과는 매번 실망스러웠다. 미국이 무조건 조선을 도와주지는 않았기 때문이다. 미국은 철저하게 미국의 국익에 따라 움직였다.

현시점에서 보면 '영남만인소'의 내용 중에는 맞는 것도 있고 그렇지 못한 것도 있다. 미국은 조미수호조약을 체결한 이후 조선에서 여러 가지 이권을 챙겼다. 조선을 배신하고 일본과 밀약을 맺기도 했다. 그것은 위정척사파들이 '영남만인소'에서 지적한 내용, 즉 '따르기 어려운 청을 강요하기도 하고 댈 수 없는 비용을 떠맡긴다면'이라 했던 우려가 현실화 된 것이나 마찬가지였다. 하지만 미국이 다른 열강에 비해 상대적으로 조선에 우호적이었던 것 또한 사실이었다.

19세기의 위정척사파들과 관련해서 보다 중요한 사실은 그들이 예상한 조미수호조약의 결과가 아니라, 그들이 근대 서양문명을 오랑캐의 문명으로 치지도외하여 배울 것이 전혀 없는 문명이라 무시했다는 사실이다. 청일전쟁이 끝나고 1896년 4월에 고종은 민영환 특사를 러시아에 파견했다. 니콜라이 2세의 대관식을 축하하기 위해서였다. 민영환 특사는 수행원 겸 통역관 3명을 대동했다. 영어 통역에 윤치호, 중국어 통역에 김득련 그리고 러시아어 통역에 김도일이었다. 이들 중에서 중국어 통역을 담당한 김득련은 서양 사람들을 오랑캐로 생각하는 위정척사파 인물이었다. 인천을 출발한 민영환 특사 일행은 상해-요코하마-밴쿠버-뉴욕-리버플-런던-플러싱-베를린-바르샤바 등을 거쳐 모스크바에 도착했다. 그야말로 태평양과 대서양을 횡단하는 세계일주였다. 근대 서양문명을 흠뻑 맛볼 수 있는 기회였다. 하지만 김득련이 보기에 근대 서양문명은 예의범절이 전혀 없는 오랑캐문명일 뿐이었다.

> 동방예의지국의 나라 조선을 떠나 난생처음 거대한 서양 여객선에 몸을 싣고 보니 진기한 것 일색이었다. 이상한 색깔이지만 눈 하나는 시원한데, 옷이 거추장스러워 보이는 서양 아가씨들! 내가 잘생겨서일까, 아니면 '남녀칠세부동석'을 몰라서일까? 겁도 없이 남정네들의 옆자리에 앉아 깔깔거리고…. 점잖게 진지를 드시는데 웬 쇠스랑과 장도가 등장하는고? 입술을 찢기지 않으면서 접시의 물건을 입에 넣는다는 것은 참으로 고역이로다…… 희고 눈 같은 가루(설탕)가 달고 달기에 이번에도 눈 같은 것(소금)을 듬뿍 떠서 찻종지에 넣으니, 그 갈색 물(커피)은 너무나 짜서 삼킬 수도 뱉을 수도 없더라… 노르스름한 절편(치즈)은 맛뿐 아니라 향기도 고약하구나. 청중이 모인 데서 웬 신사가 목에 힘줄이 돋을 정도로 소리를 지르니(테너), 모두들 그를 우러러 보더라. 서양에서 신사노릇 하기가 저렇게 힘든가 보다! 벌거벗은 것이나 다름없는 가냘픈 소녀가 까치발을 하고 빙빙 돌며 뛰기도 하고

멎기도 하는데(발레), 가녀린 소녀를 학대하다니 서양 신사들은 참으로 짐승 같은 자들이로다.[39]

19세기 당시 서양문명을 오랑캐문명이라 멸시하던 위정척사파는 당시의 주류 지식인이었을 뿐만 전통문화의 대표자들이었다. 위정척사파의 사상적 기반이던 주자학朱子學 즉 신유학新儒學은 조선왕조 500년의 사상적 기반이기도 했다. 조선시대의 주류문화가 곧 주자학이었고, 조선시대의 전통문화가 곧 주자학이었다. 그뿐이 아니다. 주자학의 뿌리가 되는 유학儒學은 이미 삼국시대부터 한국의 정치문화와 교육문화의 바탕이 되었다. 그런 면에서 19세기의 유학은 한국의 전통문화를 대표하고 있었다.

하지만 주자학이나 유학이 늘 한국의 전통문화를 대표하던 것은 아니었다. 근본적으로 주자학이나 유학은 한국 자체에서 창출된 사상이 아니라 중국에서 수용된 사상이었다. 그러므로 근대 서양문명을 받아들이기 이전에 한국은 이미 중국의 유학을 받아들여 한국의 주류 사상으로 만들었던 경험이 있다고 할 수 있다. 그것도 원산지 중국보다 더 철저하고 극단적인 주류 사상이자 전통사상으로 만든 경험이 있다고 할 수 있다. 예컨대 조선 후기 양반들은 조선을 중국보다 더 유교화하고 스스로 '소중화小中華'로 자부하였다. 문제는 그 자부심이 너무 지나쳐 한국 고유의 전통문화도 오랑캐 문화라 비하할 뿐만 아니라 주변의 모든 문명을 오랑캐 문화라 비하했다는 사실이다. 반면 중국에 대하여는 모화사상慕華思想이라 비난받을 만큼 지나치게 경도되었다.

역사적으로 돌이켜보면, 19세기의 위정척사파들은 먼 옛날 중국과 무력대결을 불사하던 고조선과 고구려 사람들을 연상시키기도 한다. 중국과 맞서 용맹무쌍하게 싸웠던 고조선과 고구려 사람들처럼 위정척사파들은 죽음을 두려워하지 않고 서양세력과 일제에 맞서 싸웠다. 19세기의 용맹무쌍한 의병운동은 바로 위정척사파가 주도한 것이었다.

하지만 결과적으로 보면 고조선과 고구려가 중국과의 대결에서 실패했듯이 위정척사파 역시 근대 서양문명과의 대결에서 실패했다. 고조선과 고구려가 중국과의 대결에서 실패한 후 한국에서는 극단적인 중국화, 유교화가 진행되었다. 마찬가지로 위정척사파가 근대 서양문명과의 대결에서 실패한 후 한국에서는 극단적인 서구화, 세계화가 진행되었다. 다만 남북으로 분단되어 서로 다른 방식으로 진행되었다는 점이 특이하다면 특이하다고 하겠다.

해방 이후 남쪽의 대한민국은 미국을 중심으로 하는 서구 자본주의를 열렬하게 배웠다. 북쪽의 조선민주주의 인민공화국은 소련(현재의 러시아)을 중심으로 하는 서구 공산주의를 열렬하게 배웠다. 서로 방향은 다르지만 남과 북은 극단적인 서구화, 세계화를 추진했다는 점에서 비슷했다. 그 결과 한국은 현재 서구 자본주의의 심장이라 할 미국의 경쟁상대이자 모범으로 거론될 정도로 세계화 또는 미국화 되었다. 반면 '세계 공산주의의 최후 보루'를 주장하는 북한은 세계에 유래가 없는 극단적인 공산주의 국가가 되었다.

거시적으로 볼 때, 한국의 역사는 세계화를 통해 성공하고 발전했지만 바로 그 세계화 때문에 실패하고 망하기도 했다. 문제는 참혹한 실패 뒤에 극단적인 세계화가 진행되었다는 사실이다. 그같은 역사를 되풀이하지 않기 위해서는 참혹한 실패를 겪기 전에 능동적인 세계화를 추진해야 하며, 동시에 극단적인 세계화가 되지 않도록 균형을 잡을 수 있는 통찰력과 지혜가 필요하다고 하겠다.

CODE 5 종교

종교는 시대요구에 맞춰 선택되었다

순식간에 대한민국을 삼킨 기독교

1995년에 발간된 『한국종교연감』[40]에 의하면 당시 가장 많은 신자를 보유한 종교는 불교였다. 신자 수가 무려 22,710,417명이었다. 그 뒤를 이어 기독교 신자가 가장 많았다. 기독교의 개신교 신자는 15,055,609명이었고, 천주교 신자는 3,294,451명이었다. 이 둘을 합하면 18,350,060명으로 불교에 비해 430만 명 정도 적은 숫자다.

불교와 기독교를 뒤이어 민족종교 신자가 11,760,868명이었고, 유교 신자는 10,185,001명이었다. 불교, 기독교, 민족종교, 유교의 신자를 합하면 6천만 명이 훨씬 넘었다. 기타 외래종교 신자가 250만여 명, 이슬람교 신자가 3만 3천여 명 그리고 정교회 신자가 2천 명이었다. 불교, 기독교, 민족종교, 유교, 외래종교, 이슬람교, 정교회 등 7개 종교의 신자를 모두 합하면 6천5백만 명이 넘었다. 1994년 통계청 조사에서 당시 우리나라 인구가 4천4백5만 명 정도였던 점을 고려하면 신자 수가 2천만 이상 많다는 사실을 알 수 있다. 이는 그 당시 각 종교단체에서 신자 수를 부풀렸거나 아니면 한 사람이 여러 종교에 가입했기 때문에 나타난 결과라 할 수 있다.

통계상에 약간의 문제가 있다는 점을 감안해도 1995년의 『한국종교연감』은 우리나라 사람들이 매우 종교적이라는 사실을 알려준다. 아울러 한국 기독교의 놀라운 성장도 알려준다. 이는 불교와 대비해 보면 더욱 확연하게 드러난다.

우리나라의 불교는 삼국시대에 수용되었다. 『삼국사기』에 의하면 고구려 소수림왕 2년(372)에 중국의 전진前秦 왕 부견符堅이 스님 순도順道를 파견하여 불상과 불경을 보냈다. 그리고 2년 후인 소수림왕 4년(374)에는 스님 아도阿道가 고구려에 왔다. 이듬해인 소수림왕 5년(375) 2월에 왕은 스님 순도와 아도를 위해 초문사肖門寺와 이불란사伊弗蘭寺를 지어 머물게 했다. 이때부터 고구려에서 불교가 전국적으로 전파되기 시작했다. 372년부터 계산하면 2011년 현재 우리나라에 불교가 수용된 지는 장장 1,639년이나 된다.

이에 비해 기독교가 우리나라에 수용된 지는 그리 오래되지 않는다. 천주교의 경우, 임진왜란 때 그레고리오 데 세뻬데스(Gregorio de Cespedes) 신부와 후간 에이온(Foucan Eion)이라는 젊은 수사가 왜군 부대에서 미사를 집전하기 위해 1594년에 조선에 왔다는 기록이 있다. 하지만 이들은 왜군을 상대로 천주교 미사를 집전하였고 또 1년 정도밖에 머물지 않았다는 점에서 이때를 천주교 수용 시기로 보기는 어렵다.

우리나라에 천주교가 들어온 시기는 실학자들이 천주교 서적을 읽기 시작한 17세기다. 한국의 천주교는 처음에는 학문의 대상이었을 뿐 신앙의 대상은 아니었다. 그러다가 18세기 들어 권철신, 정약전, 정약용, 이기양, 이벽, 이승훈 등 남인 실학자들이 신앙공동체를 만들었다. 그때가 정조 8년(1784) 경이다. 따라서 한국에서 천주교가 종교적으로 신앙된 것은 1784년쯤에 이르러서라고 할 수 있다.

한국의 개신교는 천주교보다 훨씬 늦게 수용되었다. 19세기 들어 개신교 선교사들이 간혹 조선에 들어와 전교하려 했지만 실적은 거의 없었다. 개신교가 본격적으로 수용된 것은 1882년의 한미수호조약 이후에 1884년과 1888년에 걸쳐 알렌 선교사, 언더우드 선교사, 안펠젤러 선교사가 국내로 입국하면서부터였다.

이렇게 보면 우리나라에 불교가 수용되어 신앙되기 시작한 지는 1천6백여 년이 넘은 반면 천주교는 2백 수십여 년, 개신교는 1백 수십여 년에 지나지 않는다. 한국의 기독교는 그 짧은 기간에 불교를 제외한 여타 종교를 모두 제압하고 우리나라 제2의 종교가 된 셈이다. 더욱 놀라운 사실은 신자 수가 아닌 다른 지표로 볼 때, 사실상 우리나라의 주류 종교는 불교가 아니라 오히려 기독교라는 사실을 증명하는 내용이 많다는 점이다.

1995년에 발간된 『한국종교연감』에 따르면 당시 불교의 성직자는 25,598명이었다. 이에 비해 천주교와 개신교를 합친 기독교의 성직자는 54,569명이었다. 불교에 비해 배가 넘는 숫자다. 게다가 교당 수를 보면 불교 사찰은 12,004개인데 천주교 성당과 개신교 교회는 합이 49,248개였다. 불교에 비해 무려 네 배 이상이다.

그런데 불교 사찰은 대부분이 산에 있다. 반면 천주교의 성당이나 기독교의 교회는 대부분이 도시에 있다. 그래서 현실에서는 불교 교당보다 기독교 교당이 훨씬 많아 보인다. 도시의 야경을 보면 기독교 교당을 상징하는 십자가를 수없이 볼 수 있다. 여기에 더하여 우리나라의 국회의원이나 고위공직자들 중 기독교 신자가 매우 많다는 사실 또한 지적하지 않을 수 없다.

한국 기독교의 놀라운 성장은 세계에서도 유래를 찾기 어려울 정도다. 특히 개신교의 성장은 가히 폭풍적이라 할 만하다. 1993년에 미국 '크리스천 월드지'에서 신자 수를 기준으로 전 세계 50대 교회를 조사했는데, 그중에 한국의 개신교 교회가 23개를 차지했다. 거의 절반이었다. 더 놀라운 사실은 1위와 2위가 한국의 개신교 교회였다는 사실이다. 당시 세계 1위는 60만 신자를 보유한 서울 여의도 순복음교회였고, 2위는 10만 5천 신자를 보유한 안양 남부순복음교회였다. 그 외에 5만 6천 신자의 서울 금란감리교회가 7위, 4만 8천 신자의 인천 숭의감리교회가 9위 그리고 4만 2천 신자의 인천 주안장로교회가 10위였다.[41] 세계 10대 교회 중 무려 5개가 한국의 개신교 교회였다.

한국은 짧은 기간 안에 기독교 대국이 되었을 뿐만 아니라 세계적인 선교 대국이 되기도 하였다. 2006년을 기준으로 우리나라는 1만 4천여 명의 선교사를 파견했다. 이 수는 미국의 6만 4천여 명에 이어 세계 2위였다. 2011년 현재 미국의 인구는 3억 명이 넘는다. 그에 반해 우리나라는 5천만이 채 안 된다. 미국 인구의 6분의 1 수준에 지나지 않는 우리나라에서 1만 4천여 명의 선교사를 파견했던 것이다. 인구비례로 치면 우리나라가 파견한 선교사는 8만 4천여 명으로 미국의 6만 4천여 명보다 2만 명이나 많다. 이렇게 보면 현재 세계 최대의 선교국은 바로 우리나라이다. 미국과 우리나라를 이어 8천여 명의 영국이 3위, 7천여 명의 캐나다가 4위였다.[42]

현재 우리나라의 선교사는 중국, 몽골을 비롯한 동북아시아는 물론 동남아시아, 태평양·오세아니아, 북미, 중앙아시아, 서아시아 등 전 세계에 없는 곳이 없을 정도이다. 이런 사실들을 놓고 보면 우리나라는 기독교의 본고장인 유럽보다도 더 열렬한 기독교 국가가 되었다고 할 수 있다.

현재 한국의 기독교는 사실상 한국사회의 주류 종교로서 사회 전반에서 크나큰 영향력을 행사하고 있다. 문제는 한국의 기독교가 국가통치에까지 점점 더 많은 영향력을 행사하려 하면서 각종 분란을 야기한다는 점이다. 대표적인 사례가 2011년 2월에 있었던 이슬람 채권(수쿠크) 도입과 관련된 분란이다.

정부는 중동지역의 금융자본을 끌어들이기 위해 '수쿠크 법'을 도입하려 했다. 이슬람 율법에서는 빌려준 돈에 대해 이자를 받지 못하도록 하는데, 그 율법을 피하기 위해 도입된 법이 '수쿠크 법'이다. 이슬람에서는 차입자에게 직접 현금을 빌려주는 대신 차입자의 부동산 등을 사고 차입자는 그 부동산에 대한 월세 등의 명목으로 이자를 지급하다가 거래가 끝나면 다시 부동산을 원금으로 되사는 방식을 사용한다. 그런데 이렇게 하다보면 차입자는 부동산 거래에 따른 세금을 부담해야 한다. 그래서 부동산 거래에 대한 비용을 면제해주자는 법이 이른바 '수쿠크 법'이다.

정부가 이 법을 추진하자 기독교계에서 강하게 반발했다. 기독교계는 '수쿠크 법' 도입에 찬성하는 국회의원에 대하여는 '낙선운동도 불사하겠다.'고 하였다. 뿐만 아니라 '대통령과 현 정부와 목숨을 걸고 싸울 것' '대통령 탄핵'이라는 언급까지 했다. 결국 '수쿠크 법'은 도입되지 못했다.[43]

여기에 더하여 2011년 3월 3일 오전 서울 강남 코엑스에서 열린 제43차 국가조찬기도회에서 현직 대통령이 무릎을 꿇은 일이 있었다. 모임을 인도하던 길자연 목사가 '회개하는 마음으로 다 같이 무릎을 꿇고 합심기도를 하자.'고 돌발 제안하여 발생한 일이었다.[44] 한 개인이 아닌 현직 대통령이 공적 모임에서 무릎을 꿇고 기도하는 모습이 전파를 타자 많은 사람들이 불편함을 느꼈다. 기독교가 과도하게 국가통치에 개입하는 것은 아닌지 하는 불편함, 나아가 기독교가 아예 우리나라의 국교라고 착각하는 것은 아닌지 하는 불편함이었다. 이런 불편함이 커질수록 종교 간의 갈등과 정교政敎 간의 분란이 커질 것이다.

한국의 기독교가 짧은 기간에 이토록 성장하여 국가통치에 목소리를 높이게 된 배경에는 우리나라 사람들의 열광적인 종교성이 있을 것이다. 하지만 그것이 다는 아니다. 사회문화적 배경과 더불어 역사적 배경도 빼놓을 수 없다. 종교 역시 넓은 범위에서 볼 때 사회현상이고 역사의 반영이기 때문이다.

역사적으로 보면 이러한 기독교의 발전은 한국의 근대사에서 나타난 현상이다. 그런 면에서 한국의 기독교뿐만 아니라 한국의 근대사를 거시적으로 이해하기 위해서는 우리나라에 수용되었던 주류 종교의 역사를 되돌아볼 필요가 있다.

고대국가는 왜 불교를 수용했는가

불교는 기원전 6세기경 인도의 석가모니에 의해 시작되었다. 인도에서 시작된 불교가 중국에 수용된 때는 전한前漢 애제 원수元壽 1년 즉 기원전 2년으로 알려져 있다. 전한 때는 우리나라의 고조선시대에 해당한다. 고조선은 이미 춘추시대부터 중국의 여러 나라들과 교류했음으로 중국에 불교가 전래되었을 때 고조선 사람들이 불교를 알게 되었을 수도 있다. 하지만 고조선시대에는 불교가 전래되지 않다가 소수림왕 2년(372)에야 고구려에 불교가 수용되었고, 그 뒤를 이어 침류왕 1년(384) 백제에 불교가 수용되었다. 이때에 고구려와 백제는 국가의 명운을 걸고 전쟁을 벌이던 중이었다. 그럼 왜 전쟁 중에 불교가 수용되었을까?

그때 중국에서 사신을 보내 불교를 전해주었기 때문이라고 생각할 수 있지만 그것은 표면적인 이해이다. 불교를 꼭 수용해야만 할 내적 요인이 없었다면 설사 들어왔다고 해도 곧 사라졌을 것이기 때문이다. 고구려와 백제에 수용된 불교는 날로 번창하여 왕실에서는 물론 중앙관료와 일반 백성들 모두 불교를 믿게 되었다. 그것도 아주 짧은 시기에 불교를 믿게 되었다. 무언가 절박하게 불교를 수용해야 했던 내적 요인이 없었다면 있기 어려운 일이었다.

불교가 수용되기 전에 토착 종교가 없었던 것도 아니었다. 강력한 토착 종교가 있었다. 그럼에도 불교가 단기간에 삼국시대의 주류 종교가 된 내적 요인은 무엇일까?

고구려와 백제는 비록 신라보다 이른 시기에 불교를 수용하였지만, 그 구체적인 내용은 알려져 있지 않다. 반면 신라의 불교 수용에 대하여는 자세한 내용이 전한다. 신라가 고구려와 백제를 통합한 결과 신라에 관련된 기록이 상대적으로 많이 남았기 때문이다. 그러므로 삼국시대에 불교가 수용된 배경, 단기간에 주류 종교로 성장한 이유를 이해하기 위해서는 신라의 불교 수용을 검토하는 것이 효과적이다.

『삼국사기』에 의하면 눌지왕 때에 고구려의 묵호자가 처음 신라에 불교를 들여왔다고 한다. 417년에 즉위하여 458년까지 재위한 눌지왕은 372년 고구려에 불교가 수용된 때로부터 대략 반세기쯤 후의 왕이다. 하지만 이때는 민간 차원에서의 전파였고, 그 탓에 별로 반향이 없었다. 그것은 묵호자 이후에도 민간인 사이에 불교가 별로 전파되지 않았다는 사실, 70년 후인 법흥왕 때에 불교를 공인하려 했지만 내부 저항이 많았다는 사실에서 확인된다. 그렇다면 신라에서 불교를 거부한 내부 요인은 무엇이었을까?

첫째로 생각할 수 있는 요인은 토착종교이다. 불교가 들어오기 이전, 신라를 비롯한 삼한 사회에는 소도蘇塗라고 하는 토착종교가 있었다. 『삼국지』 '위서동이전魏書東夷傳' 마한에 이런 내용이 있다.

> 귀신을 믿기 때문에 국읍國邑에 각각 한 사람씩을 세워 천신의 제사를 주관하게 하는데, 이를 '천군天君'이라고 부른다. 또 여러 나라에는 각각 별읍別邑이 있으니 그것을 소도라고 한다. 그곳에는 큰 나무를 세우고 방울과 북을 매달아 놓고 귀신을 섬긴다. 다른 지역에서 그 지역으로 도망 온 사람은 누구든 돌려보내지 아니하므로 도적질하는 것을 좋아하게 되었다. 그들이 소도를 세운 뜻은 불교의 사찰과 같으나, 행하는 바의 좋고 나쁜 점은 서로 다르다.

『삼국지』 '위서동이전'은 중국 남북조시대에 위나라 장군 관구검이 고구려를 침략하여 획득한 정보를 바탕으로 작성되었다. 즉 "고구려가 배반하므로 또다시 약간의 군대를 파견하여 토벌하면서 지극히 먼 지방까지 추격하니 요서의 오환烏丸과 고구려의 수도 골도骨都를 넘고 옥저를 거쳐 숙신의 영역을 짓밟고 동쪽으로 큰 바다에까지 이르렀다. (중략) 드디어 여러 나라를 두루 관찰하고 그들 나라의 법령과 습속을 수집하여 나라의 크고 작음의 구별과 각국의 명칭을 상세하게 기록할 수 있었다."는 '위서동이전'의 서문이 그런 사실을 증명한다.

관구검을 따라 고구려를 침략한 중국인들은 한반도 지역의 소도를 보고 불교의 사찰을 연상하였다. 불교 사찰이 종교 성역이듯이 소도 역시 종교 성역이었기 때문이다. 단재 신채호는 소도를 '수두'의 음역이라고 생각했다. 즉 단군조선 사람들은 우주의 광명을 그

숭배의 대상으로 삼고 백두산의 수림樹林을 광명신이 잠자고 쉬는 곳이라고 믿었는데, 그 뒤에 인구가 번식하여 각지로 흩어져 분포하게 되자 각기 자기 거주지 부근에 수림을 길러서 백두산의 그것을 본떠 '수두'라고 불렀다는 것이다.[45] 요컨대 소도는 태양신이 머무는 숲의 신 또는 나무 신이라는 뜻이었다.

이렇게 보면 단군신화 역시 소도 신앙과 관련해서 이해할 수 있다. 단군신화에 의하면 환웅은 태백산 신단수 아래로 내려왔다. 그 신단수는 결국 하늘에서 내려온 환웅이 머무는 숲의 신 또는 나무 신이라 할 수 있다.

소도는 태양신이 머무는 숲의 신 또는 나무 신이기에 주로 신성한 숲에 있었다. 소도의 종류는 당시의 사회 종류만큼이나 다양했다. 작게는 씨족이나 마을 단위의 소도를 비롯하여 부족의 소도, 소국의 소도 등이 있었다. 각각의 씨족이나 마을, 부족이나 소국은 소도를 중심으로 자신들의 정체성을 유지하며 종교사회 생활을 영위했다. 따라서 소도는 부족시대의 씨족신앙 또는 토템신앙의 일종이라 할 수 있다. 소도에서 종교의례를 주도하던 천군은 바로 씨족이나 마을, 부족이나 소국을 주도하던 제사장이자 지도자였다. 소도는 종교 성지라는 면에서 불교 사찰과 같았고, 소도의 천군은 종교의례를 주관한다는 면에서 사찰의 스님과 같았다.

이런 상황에서 불교가 수용된다면 그 누구보다도 소도의 천군이 불교에 저항했을 것이라 예상할 수 있다. 실제 신라의 불교 수용 과정에서 그런 사실을 확인할 수 있다. 유명한 이차돈 설화가 대표적인 사례이다.

『삼국유사』에 의하면, 법흥왕은 즉위 후 줄곧 불교를 받아들이려 했다. 하지만 신하들이 반대하여 뜻을 이룰 수가 없었다. 왕의 뜻을 안 이차돈이 목숨을 바쳐서라도 일을 성사시키겠다고 하였다. 『삼국유사』에는 이차돈이 죽는 과정을 두 가지로 전한다. 첫째는 법흥왕이 이차돈에게 사찰을 창건하라 명령했는데, 이차돈이 이 명령을 신하들에게 알리지 않아서 목을

이차돈 순교비
신라의 승려인 이차돈은 한국 불교사상 최초의 순교자이다. 그가 죽은 뒤 일어난 기적이 조신들의 마음을 돌려 신라에 불교가 공인되었다.

베었다는 내용이다. 그렇다면 왜 이차돈은 신하들에게 왕명을 전하지 않았을까 하는 궁금증이 남는다. 그 이유는 왕명을 전해도 신하들의 반대에 부딪힐 것이라 생각했기 때문으로 추론할 수 있다. 이차돈이 죽을 때 목에서 우유가 뻗치는 기적이 일어났고, 놀란 신하들은 더 이상 사찰 창건에 반대하지 않았다고 한다. 그 결과 법흥왕 15년(528)에 불교가 공인되었다.

두 번째는 이차돈이 왕명을 사칭하고 제멋대로 사찰을 창건했기 때문에 목을 베었다는 내용이다. 즉 법흥왕은 사찰을 지으라는 명령을 내리지도 않았는데 이차돈이 마음대로 절을 지었고, 신하들이 항

의하자 법흥왕이 왕명 위조로 이차돈의 목을 쳤다는 것이다. 여기에서는 왜 이차돈이 왕명을 사칭하여 절을 지었을까 하는 의문이 드는데, 그 이유 역시 신하들의 반대 때문이라 할 수 있다.

그런데 이차돈 설화를 보면 결국 문제는 사찰 창건이었다는 것을 알 수 있다. 그렇다면 이차돈은 어디에다 사찰을 창건하고자 했을까? 또 신하들은 왜 그렇게 사찰 창건을 반대하였을까? 이와 관련해서 『삼국유사』에서는 경주의 '칠처가람七處伽藍'이라는 전설을 전한다.

> 아도화상이 19살에 어머니를 뵈니, 어머니가 말하기를, '신라는 지금까지 부처님의 법을 모르나 이후 3천여 월이 지나면 계림에 성왕이 나타나서 크게 불교를 일으킬 것이다. 계림의 서울에 일곱 군데 가람 터가 있다. 첫째는 금교金橋 동쪽 천경림天鏡林, 둘째는 삼천기三川岐, 셋째는 용궁 남쪽, 넷째는 용궁 북쪽, 다섯째는 사천沙川의 끝, 여섯째는 신유림神遊林, 일곱째는 서청전婿請田이다. 이 일곱 곳은 모두 전불前佛 시대의 가람 터로 불법이 오래 유행하던 곳이다. 네가 그곳으로 가서 불법을 전파하면 불교가 그 나라로 갈 것이다.' 하였다.[46]

신라에 불교가 수용되기도 이전인 아득한 옛날에 경주에 절이 일곱 군데나 있었다는 불교 전설이다. 일곱 군데는 숲이거나 물가로 신성한 지역이었다. 명시되지는 않았지만 그 일곱 군데는 '소도'가 분명하다. 따라서 이 내용은 경주에 불교를 전파하려면 무엇보다도 소도를 절로 바꾸는 일이 시급함을 암시하는 것이라 할 수 있다.

이차돈이 사찰을 창건하려던 곳은 칠처가람의 첫 번째로 지목된 '천경림天鏡林'이었다. 이름으로 미루어 보건대 천경림은 경주를 대표하던 소도였던 듯하다. 이차돈은 바로 그 천경림에 사찰을 창건하려 했다. 경주 지역의 천군들 그리고 천군을 따르던 신도들이 격렬하게 반발했을 것은 불문가지다.

법흥왕이나 이차돈이 하필 천경림에 사찰을 창건하려 한 이유는 그렇게 하지 않고서는 신속한 불교 수용이 불가능하기 때문이었다. 법흥왕과 이차돈은 기존의 토착종교 시설을 파괴하고 그곳에 사찰을 짓는 과격한 방법으로 불교를 수용했다. 당연히 토착종교 세력의 격렬한 반발이 있었고, 그에 따른 희생이 있었다. 이차돈의 기적이 있은 후, 법흥왕은 기어이 천경림에 흥륜사興輪寺라고 하는 신라 최초의 사찰을 창건했다. 토착 종교의 반발과 이차돈의 희생을 무릅쓰면서까지 법흥왕이 불교를 수용한 이유는 분명하다. 사상통일을 이루어 중앙권력을 강화하기 위해서였다.

법흥왕이 즉위하기 이전의 신라는 여섯 개의 부部가 결합한 연맹체 국가였다. 각각의 연맹체는 모두 시조가 하늘에서 내려왔다고 하는 전설을 가지고 있었다. 각각의 연맹체에 있는 '소도'는 그같은 시조전설을 뒷받침했다. 신라의 6부 연맹을 구성하는 각 부의 대표들은 이론상 모두가 하늘에서 내려온 시조의 후손으로 동등한 존재였다. 따라서 '소도' 신앙에만 입각해서는 연맹체를 초월하는 강력한 중앙권력이 등장하기 어려웠다.

불교를 수용한 법흥왕은 신라 왕실을 신성한 석가족으로 또 국왕은 부처의 환생으로 분식하기 시작했다. 하늘에서 내려왔다고 하는 각 부의 대표자들과 전혀 다른 존재임을 과시하기 위해서였다. 신라는 부처님의 나라 즉 불국토로 이상화되었다. 법흥왕 이후 진흥왕, 진지왕, 선덕여왕을 거치면서 신라 국왕은 곧 부처님으로 이상화되었고, 그럴수록 신라 국왕은 더 강력한 중앙권력을 장악했다.

법흥왕이 불교를 공인한 528년으로부터 37년 만인 564년에 중국 진陳나라 사신 유사劉思와 스님 명관明觀이 경주에 왔다. 그들의 눈에 비친 경주는 '사사성장寺寺星張 탑탑안행塔塔雁行'이었다. 절들은 별처럼 늘어서 있고, 탑들은 기러기 떼처럼 많았다는 뜻이다. 불교가 공인된 지 반세기도 되지 않는 그 짧은 기간에 그토록 많은 사찰과 탑들이 경주에 들어찼던 것이다. 국가와 왕실의 비호가 있었기에 가능한 일이었다.

긍정적으로 평가하면 신라는 불교를 수용함으로써 왕권을 강화했고, 그 결과 고대국가로 성장했다. 고구려와 백제 역시 마찬가지였다. 불교를 바탕으로 찬란한 고대문화가 꽃피기도 했다. 이처럼 삼국시대에 불교가 단기간에 수용되어 주류 종교로 등장한 이면에는 고대국가 건설이라고 하는 시대적 요청에 불교가 부응했기 때문이었다.

불교를 통해 고대국가를 완성한 고구려, 백제 그리고 신라는 각자의 국익을 위해 격렬한 전쟁을 벌였다. 그럴수록 불교는 더 번창했고 중앙권력은 더 강력해졌다. 법흥왕 때에 공인된 불교는 통일신라를 거쳐 고려시대까지 1천 년 가까이 국가종교, 왕실종교의 지위를 누렸다. 그러다보니 고려 말의 불교는 지나치게 보호받고 지나치게 비대화 되면서 자정능력을 상실할 정도로 타락했다. 결국 고려 말에 불교는 신진사대부들의 집중적인 비판에 직면했다.

『성종실록』에 의하면 1480년 당시 전국에 1만 개 이상의 사찰이 있었다고 한다. 구체적으로 경상도에 3천, 전라도에 2천, 충청도에 1천5백, 강원도와 황해도에 1천, 함경도와 평안도에 1천, 경기도에 1천 등이었다. 사찰에 소속된 스님의 숫자는 10만이 넘었다.[47] 당시 인구가 5백만을 헤아렸던 점을 감안하면 충격적인 비율이었다. 1480년은 조선이 건국된 지 이미 100년 가까이 지난 시점이므로 고려 말에는 이보다 더 많은 사찰과 스님이 있었을 것이다.

삼국시대와 통일신라시대 그리고 고려시대에는 그토록 많은 사찰에 소속된 토지가 모두 면세였다. 스님들은 징집되지도 않았다. 게다가 국가로부터 받는 경제적 지원도 막대했다. 대체로 정식 스님 1명에게 노비 1명과 토지 2결이 지급되었다. 고려 말의 경우 전국의 토지가 대략 100만 결 정도였으며, 스님의 총 숫자 10만 중에서 정식 스님은 절반 정도인 5만 정도로 추산된다. 이렇게 보면 당시 전국의 토지 중 10%에 해당하는 10만 결結 정도의 토지와 5만 명 정도의 노비가 사찰에 소속되었다. 총 국민 5백만에 총 경지면적 100만 결의 국가에서 사찰 1만여 개, 스님 10만여 명, 토지 10만 결, 노비 5만여 명…… 이러고도 국가가 유지될 수는 없었다.

고려 말의 신진사대부들은 국가를 살리기 위해서는 불교를 버릴 수밖에 없다고 판단했다. 그 결과 불교를 탄압하는 유교국가 조선이 탄생했다. 조선왕조는 국가에서 지정한 몇몇 사찰만 보호, 육성하고 나머지 사찰에 대해서는 지원을 끊었다. 아울러 스님이 되는 길도 크게 줄였고 사대부 부녀자들은 사찰에 가지도 못 하게 했다. 이러한 조치로 조선 말기에는 1천 수백여 개의 사찰에 1만여 정도의 스님만 남게 되었다. 고려 말에 비해 10분의 1 이하로 줄어든 숫자였다. 살아남은 사찰은 대부분 산속에 있었고 도심에 있던 사찰은 대부분 사라졌다. 국가의 지원으로 번성하던 불교는 결국 국가에 의해 급격하게 몰락하게 되었다.

성리학으로 인한 신진지식인들의 부상

한국의 성리학은 고려 말 안향에 의해 수용되었다. 안향은 불교에 비판적인 유학자였다. 그는 고려를 살리기 위해서는 불교를 대체할 새로운 종교가 필요하다고 생각했다. 이와 관련하여 다음과 같은 기록이 있다.

> 고려 충렬왕 16년인 경인년(1290)에 〈그때 안향 선생은(1243~1306) 나이 마흔여덟이었다.〉 선생은 원나라의 수도에 머무르며 주자의 저서를 손수 베꼈다. 또 공자와 주자의 초상화를 본떠 그렸다. 그때는 주자의 저서가 아직 세상에 널리 유행하지 않았는데, 안향 선생이 처음으로 그 책들을 보고 마음에 스스로 몹시 좋아하게 되었다. 안향 선생은 주자의 저서가 공자 학파의 정통임을 알고 마침내 그 저서들을 손수 베끼고 또 공자와 주자의 초상화를 본떠 그려가지고 고려로 돌아왔다. 이때부터 주자의 저서를 연구하여 넓고도 정밀한 공부의 경지에 깊이

도달하였다. 3월에는 왕을 호종하여 원나라에서 돌아왔다.[48]

이 기록에 의하면 안향은 48세에 중국의 북경에서 주자의 저서를 보고 그 내용에 크게 감명 받아 직접 베꼈을 뿐만 아니라 그것을 고려로 가지고 들어와 연구했다는 것이다. 그때가 1290년 3월이므로 공식적으로 주자의 저서를 통해 성리학이 고려에 들어온 시점은 13세기 말이 된다.

안향이 주자의 저서를 보고 첫눈에 감명 받은 이유는 그가 평상시 고려의 불교에 비판적인 반면 유학에 호의적이었기 때문이다. 안향은 36세에 국자감의 국자 사업司業에 제수되었었는데, 그때 '학궁學宮에서'라는 시를 지은 적이 있다. 그 시에서 안향은 불교가 횡횡하는 현실을 이렇게 개탄하였다.

> 곳곳에 향불 밝혀 부처에게 기도하고, 집집마다 피리소리 귀신을 섬기네. 외로운 두어 칸 공자의 사당에는 봄풀만 뜰에 가득 찾아오는 이 없구나.[49]

안향은 불교를 억누르고 유학을 진흥시킬 방도를 고민하던 중 주자의 저서를 보았다. 하지만 안향에게 그토록 큰 감명을 주었던 주자의 저서가 무엇인지는 알려지지 않았다. 안향이 『주자가례』를 보았는지의 여부도 알 수 없다. 다만 안향은 주자의 핵심사상이 들어있는 저서들을 두루 보았던 듯하다.

주자의 저서를 처음 보았던 때로부터 8년 후인 1298년에 안향은

안향(安珦, 1243~1306)
고려시대의 유학자로 한국 성리학의 시조라 불린다.

다시 원나라 수도에 갈 기회가 있었는데, 그 기회에 문묘를 방문하여 학관들과 주자의 성리학을 토론하였다. 그때 안향이 주자의 성리학을 완벽하게 설명하여 학관들이 안향을 '동방의 주자'라고 불렀다고 한다. 이로 본다면 지난 8년간 안향은 주자의 성리학에 관련된 저서들을 두루 학습한 듯하다. 따라서 안향이 원나라 수도에서 베껴서 들여온 주자의 저서는 상당한 종류에 달했을 것으로 보인다.

게다가 안향은 1303년에 원나라의 강남에 사람을 보내 『주자신서朱子新書』 등 많은 자료들을 구입해왔다. 당시 안향은 "고려에 경적이 구비되지 못한 것을 근심하던 차 강남에는 아직도 송나라 왕실의 예물이 남아 있고 또한 『주자신서』가 많다는 말을 듣고 특별히 박사 김문정 등을 강남에 보내 널리 구입해오게 했다"고 한다. 만약 안향이 1290년에 『주자가례』를 베껴서 들여오지 않았다면 분명 1303년에 구입해왔을 것이다. 따라서 『주자가례』는 빠르면 1290년, 늦어도 1303년에는 고려에 유입되었을 것이라 생각된다.

안향은 62살이던 1304년에 국자감에 '섬학전'이라는 장학재단을 마련하고 대성전이라고 하는 공자사당도 마련하였다. 수많은 자료와 넉넉한 장학금이 마련되자 '경적을 옆에 끼고 수업하는 사람이 문득 수백 명에 달하여 교실이 비좁아 다 수용할 수 없을 정도였다. 모두 경서에 통하고 옛것을 배우는 것으로 일삼았다.'고 할 정도로 국자감은 발전했다. 당시 국자감에서는 주자 성리학이 학습되었다.

국자감을 발전시킨 안향은 학생들에게 절대적인 영향력을 행사했다. 안향은 조회가 끝나면 곧바로 국자감으로 가서 학생들과 종일 토론했다고 하는데, 대부분 주자의 저서를 이용한 성리학 토론이었다. 안향은 55살이던 1297년부터 주자를 사모하여 집에다가 주자의 초상화를 모시고 아침저녁으로 참배하였을 뿐만 아니라, 자신의 호까지도 주자를 따라 회헌晦軒이라고 하였다.

안향은 불교를 대체하기 위해 성리학을 수용하고 공부했기 때문에 안향의 주자 성리학은 형이상학적이기보다는 일상생활과 직결된 생활예절 중심이었다. 예컨대 안향은 1304년에 국자감의 학생들에게 이런 훈시를 했다.

> 성인의 도는 일상생활의 윤리에 지나지 않는다. 아들이 되어서는 효도해야 하고 신하가 되어서는 충성해야 한다. 가정은 예로 다스리고 벗과는 신으로써 사귀며 자기 자신은 경으로 수양해야 한다. 또한 일을 실천하는 것은 반드시 성으로써 해야 한다. 그런데 저 불교도들은 부모를 버리고 출가하여 윤리를 업신여기고 의리를 어그러뜨리니 곧 오랑캐의 무리이다. 근래에 병화로 인하여 학교가 피폐해져 선비는 학문을 할 줄 모르고 배우는 이들은 불경을 탐독하여 어둡고 허황된 교리를 신봉하니 나는 이를 매우 슬퍼한다. 내가 일찍이 중국에서 주자의

저술을 보니 성인의 도를 밝히고 선불仙佛을 배척하여 그의 공이 공자와 짝할 만하였다. 그러니 공자의 도를 배우려고 하면 먼저 주자를 배우는 것보다 좋은 것이 없다. 여러 학생은 『주자신서』를 돌려가며 읽고 학문에 힘써서 소홀하지 말라.

물론 안향의 이런 가르침은 그가 공부한 주자의 저작에 기초했다. 예컨대 안향이 언급한 '성인의 도는 일용윤리에 지나지 않는다.'는 것은 『소학』의 첫머리에 언급되어 있는 내용 즉 '옛날 소학에서는 마당 쓸고, 응대하고, 나가고 물러나는 절도를 가르쳤으며 부모를 사랑하고 어른을 공경하며 스승을 높이고 벗을 친해하는 도리를 가르쳤으니, 이는 모두 수신제가치국평천하의 근본이다.'는 것과 유사하다. 또한 『근사록近思錄』의 '대체에 관계되는 것과 일용에 절실한 것을 함께 뽑아서 이 책을 만들었다.'는 주자의 언급이나, 『주자가례』의 사당祠堂 편에서 '이 편에 저술된 것은 모두 이른바 집에서 일용할 상례이니 하루라도 닦지 않을 수 없다.'고 한 내용과도 유사하다.

안향이 국자감에서 주자 성리학을 가르치면서 그의 영향을 받아 주자의 저작을 공부하는 사람들이 늘어났다. 안향의 제자였던 백이정(1247~1323)은 원나라 수도 북경에서 안향이 가지고 왔던 것보다 더 다양한 주자의 저작을 가지고 왔다.[50] 백이정에게서 이제현(1287~1367), 박충좌(1287~1349) 등이 공부하였다. 이들 안향, 백이정, 이제현, 박충좌 등이 주자의 저작을 통해 주자사상을 공부한 초기세대 고려인들이었다.[51] 이후 이들의 교육활동 또는 교유활동을 통해 주자학을 공부하는 사람들은 점점 더 늘어났다.

고려의 초창기 주자학자들의 영향력은 공민왕(1330~1374)의 개혁기를 거치면서 크게 증대하였다. 1351년에 즉위한 공민왕은 재위 5년째이던 1356년부터 반원 개혁정책을 대대적으로 추진했다. 12세기 중반경 원나라의 무력침공에 굴복했던 고려는 근 1세기가량 원나라의 반식민지 상태로 있었다. 그렇지만 14세기에 접어들면서 중국 전역에서 한족 농민반란군이 봉기하자 원나라의 지배력은 크게 약화되었다. 공민왕은 이 기회를 이용하여 원나라의 속박에서 벗어나고자 했던 것이다.

공민왕은 자신의 반원 개혁정책을 지지해줄 세력을 필요로 했다. 자연히 공민왕은 고려의 불교에 비판적이며 기득권 세력에도 비판적인 지식인들을 적극 등용했다. 이런 배경에서 주자학을 공부했던 신진 지식인들이 공민왕에 의해 대거 중앙정계로 진출하게 되었다. 이렇게 등장한 세력이 이른바 신진사대부였다. 신진사대부란 말 그대로 새로 등장한 사대부라는 의미였다. 이들은 사상적으로는 불교에 비판적인 주자학자였으며, 정치적으로는 친원 기득권 세력과 대립적인 사람들이었다. 이제현을 필두로 한 이색, 정몽주, 정도전 등이 신진사대부였다.

중앙으로 진출한 신진사대부들은 불교를 비판하면서 주자학에 입각한 사회개혁을 요구하기 시작했다. 예컨대 공민왕 6년(1357) 10월에 이색은 유교의 3년상을 시행하자고 요구하여 왕의 허락을 얻었다. 공민왕 9년(1360) 6월에는 백관百官들에게 3년상을 시행하라는 왕명이 공포되기도 하였다. 하지만 공민왕과 신진사대부의 개혁추진에도 불구하고 유교의례는 쉽게 뿌리내리지 못했다. 공민왕이 백관들에게 3년상 시행을 명령한 지 근 30년이 지난 시점에서도 3년상을 행하는 사람은 일만 명 중에 한 명 정도 되는 수준이었다. 그 한 명이 바로 신진사대부였다. 정몽주와 정도전과 같은 사례가 그런 경우였다. 그들은 『주자가례』의 3년상과 시묘살이 같은 상례를 실천하였다.

> "이때에(공민왕 13년, 1364) 상제가 문란하고 해이해져서 사대부는 모두 100일 만에 상복을 벗었다. 이때 정몽주는 부모의 상에 홀로 여묘廬墓를 하여 슬픔과 예법을 모두 극진히 하였다. 이에 왕이 그 마을에 정려문을 세우라 명하였다."[52]
>
> "병오년(공민왕 15, 1366) 1월에 정도전은 부친 제학공의 상을 당하였다. 산소 자리를 찾기 한 달여에 길지吉地를 얻지 못하였는데, 마침 1척 정도로 크게 눈이 왔다. 그런데 영주 지역의 선영에 홀로 한 점 눈이 없는 곳이 있어서 드디어 그곳에 장례하니 사람들이 모두 이상하게 생각했다. 12월에 또 어머니 정씨의 상을 당하였는데, 정도전은 여묘를 하여 3년상을 마쳤다. 살펴보니, 당시 사대부들은 부모상을 당하면 100일 만에 곧 상복을 벗었다. 정도전 공이 전후로 부모의 상을 당하여 여묘살이 3년을 하였는데, 공양왕의 교서에서도 또한 부모의 상에서는 3년상을 마치라고 하였다."[53]

정몽주, 정도전, 윤구생 등이 『주자가례』에 입각하여 상제례를 실행한 것은 부패한 불교를 이론적으로 비판하거나 생활의례 수준에서 성리학을 받아들였던 것에서 한 단계 진전되었음을 의미한다.

당시의 화제는 주자학의 도입이 아니라 불교에 대한 비판적인 의식이 수면 위로 올랐다는 것이다. 예컨대 안향은 '불교도들은 부모를 버리고 출가하여 윤리를 업신여기고 의리를 어그러뜨리니 곧 오랑캐의 무리이다.'고 하였는데, 안향을 비롯해 주자의 저작을 공부한 고려인들 사이에는 이런 인식이 공유, 확산되었다.

그러나 이런 추세는 어디까지나 주자학을 공부한 지식인들 사이의 문제였다. 불교가 주류 종교로 유행하던 시기에 이들의 불교비판이나 『주자가례』 예법의 실행은 소수자의 비판이나 소수자의 실천에 지나지 않았다. 게다가 이들은 고려의 실권을 장악한 유력인사들도 아니었다. 이 선구적 지식인들은 공민왕 5년(1351)부터 추진된 반원 개혁정책에 힘입어 중앙정계로 등장하여 유교개혁을 추진하기도 하였지만 공민왕 23년(1374)에 왕이 암살되면서 상황은 급격히 반전되었다.

공민왕이 암살된 후 우왕(1364~1389)을 옹립한 사람들은 친원 기득권세력이었다. 이들은 곧바로 자신들에게 위협적인 존재인 신진사대부들을 숙청하기 시작했다. 당시 신진사대부의 대표격이었던 이색, 정도전, 정몽주, 조준 등은 유배에 처해지거나 정계에서 물러나야 했다.

뿐만 아니라 친원 기득권 세력들은 혜성처럼 등장한 신흥무장 이성계(1335~1408)도 숙청하고자 하였다. 이성계는 훗날 고려를 멸망시키고 조선왕조(1392~1910)를 건국한 초대 국왕이지만 출신은 별 볼일 없었다. 이성계 장군은 고려의 북쪽 변방 출신이었을 뿐만 아니라 귀족가문도 아니었다. 그렇지만 14세기 동북아시아의 국제정세가 급변하면서 이성계 장군은 권력을 잡을 수 있는 기회를 잡았다. 14세기에 접어들면서 한국, 중국, 일본 동북아시아 삼국은 격심한 내란에 빠져들었다. 중국은 원元나라에서 명나라로 교체되는 과정에서 수많은 전쟁을 치렀으며, 일본은 남북조로 분열되어 격심한 내전을 겪었다.

14세기 말, 동북아시아의 혼란 속에서 고려는 중국과 일본 양쪽으로부터 침략을 당하였다. 중국과 일본이 혼란에 빠지면서 국내에서 주도권을 잃은 세력들이 고려로 쳐들어왔다. 이에 따라 고려는 1350년부터 1390년까지 약 40년 동안 적어도 500회 이상의 침략을 당하였다.[54] 거의 매달 한 차례 이상씩 침략을 당한 셈이었다.

이런 상황에서 고려에서는 장군들이 주도세력으로 등장하였다. 변방출신의 무명 장군이었던 이성계는 고려 말에 약 100번 이상의 전투에 참여하여 여러 차례 대승을 거둠으로써 당대 최고의 장군으로 일약 성장했다.[55] 그러나 이성계 장군은 유명해진 만큼 우왕의 견제를 받아야 했다.

1388년에 고려는 명나라와 국경문제로 긴장이 고조되었다. 이 기회를 이용해 이성계를 제거하고자 한 우왕은 이성계를 명나라 공격군의 선봉장으로 삼아 전쟁터로 보냈다. 당시 고려의 국력으로 명나라와 전쟁을 벌여 승리할 가능성이 없다고 판단한 이성계는 출정을 반대했으나 우왕은 들어주지 않았다.[56]

우왕의 강압에 못 이긴 이성계는 휘하에 병력 2만 명을 거느리고 출동했다. 그렇지만 이성계 장군은 명나라 국경선까지 갔다가 군대를 되돌려 역으로 우왕을 체포하고 실권을 잡았다. 이후 이성계는 고려 왕조에 비판적인 신진사대부들을 참모로 대거 기용하여 국가사회를 개혁하기 시작했다.

주자의 저서를 이용해 성리학을 공부한 신진사대부들 중 일부는 급진적인 노선을 걷기 시작했다. 급진적 신진사대부들은 고려 말의 혼란을 극복하기 위해서는 정치, 외교는 물론 문화와 사상에까지도 근본적인 개혁이 필요하다고 보았다. 그들이 주장하는 근본적인 개혁이란 다름 아니라 4세기에 수용된 후 1,000년 이상 국가종교로 군림해온 불교를 타도하고 새로운 사상과 이념에 입각한 국가와 사회를 건설하는 것이었다. 그들은 불교가 너무 오랫동안 국가종교로 대접받은 결과 지나치게 비대하고 부패하였다고 생각했다. 급진적 신진사대부 중에는 왕조혁명을 주장하는 사람들까지 있었다.

당시 불교단체는 면세 특권과 군면제 특권을 누리는 특권집단이었다. 부패한 관료들과 타락한 청년들은 세금포탈과 군대기피의 목적으로 불교계에 재산을 은닉하고 가짜 승려로 행세하는 일이 많았다. 불교계 스스로가 이런 부정부패를 자정하지 못함으로써 불교는 타락의 온상으로 전락했다. 그 결과 국가재정은 고갈되었고 국방력은 약화되었다. 그래서 불교에 실망한 젊은 지식인들이 새로운 사상 주자학에 경도되었으며, 그들 중의 일부가 혁명 사상가로 발전했던 것이다.

왕의 명령을 어기고 불법으로 회군한 이성계 장군과 고려왕조에 비판적인 신진사대부들은 국가개혁이라는 면에서 일치했다. 이같은 입장에서 이성계 장군과 신진사대부 사이에 적극적인 협력관계가 형성되었다. 그 결과로 탄생한 국가가 조선왕조였다.

숭유억불을 기치로 내세운 조선왕조에서는 중종 대에 이르러 불교 사찰에 대신하여 유교 서원이 세워지기 시작했다. 서원은 주로 폐사지廢寺地에 세워졌다. 조선시대 들어 도시 지역에서 사찰이 철폐되어도 사람들은 그곳에 집을 지으려 하지 않았다. 부처님이 계시던 영험한 자리라 감히 엄두가 나지 않았던 것이다. 이에 유학자들은 폐사지에 서원을 지어 유학의 우수성을 과시하고자 했다. 조선시대 최초의 서원인 백운동 서원 역시 폐사지에 세워졌다.

조선왕조는 고려왕조가 불교 사찰에 각종 특혜를 주었던 것처럼 서원에 각종 특혜를 주었다. 이에 따라 조선 8도 전역에 무수하게 많은 서원이 세워졌다. 이러한 조치는 마치 고려 말의 사찰 과잉과 같은 현상을 가져왔다. 그에 대한 반동으로 조선 말기에 이르러서는 흥선대원군에 의해 이른바 '서원철폐'가 벌어졌다.

겉으로 보면 한국사에서 불교의 수용과 주류 종교로의 등장, 지나친 비대화와 몰락은 성리학이 걷는 길과 아주 유사하다. 하지만 내막을 보면 많은 면에서 다르다. 우선 규모에서 큰 차이가 있었다. 고려 말 불교는 사찰 1만여 개, 스님 10만여 명이라는 과잉상태까지 갔었다. 이에 비해 서원은 흥선대원군이 서원을 철폐할 때에도 전국에 겨우 650개에 지나지 않았다. 사찰에 비하면 아주 적은 수였다. 그럼에도 650개의 서원이 분쟁의 온상이 되고 국가재정에 부담을 주자 흥선대원군은 48개를 제외한 모든 서원을 철폐했던 것이다.

국가의 흥망성쇠와
함께한 종교

조선이 천주교와 접하게 된 최초의 계기는 임진왜란이었다. 1592년 부산포를 급습한 왜군은 침략군을 셋으로 나누었다. 그중 한 부대의 부대장인 고니시 유키나가小西行長를 비롯하여 왜군 중에는 천주교도가 상당수 있었다.

일본의 천주교는 1549년 예수회원 프란체스꼬와 사베리오에 의해 들어왔다. 이후 일본의 천주교 교세는 꾸준히 성장하여 임진왜란이 끝나던 1600년 무렵에는 30여 만 명을 헤아리게 되었다.[57]

임진왜란이 장기화됨에 따라 고니시 유키나가는 천주교를 믿는 왜군들을 위해 일본 예수회 장장長上에게 신부 한 명을 보내줄 것을 요청하였다. 1593년 일본 예수회는 부관구장副管區長 그레고리오 데 세스뻬데스(Gregorio de Cespedes) 신부와 후간 에이온(Foucan Eion)이라는 젊은 수사를 보냈다. 세스뻬데스 신부는 1594년 초 조선에 도착하여 약 1년간 머무르면서 왜군부대에서 미사를 집전하고 세례를 주는 등 천주교 활동을 펼쳤다.

그러나 이때를 조선에 천주교가 유입된 시기로 보기는 어렵다. 세스뻬데스 신부가 조선에 머물렀던 기간도 짧았고, 포로 이외에는 조선 사람들을 접촉할 수 없었기 때문이다. 또한 천주교 신자인 왜군들의 선교 역시 전시 상황 하에서는 불가능한 일이었다.

천주교는 임진왜란 이후에 청나라에 다녀온 사신들이 가져오는 한역 서학서漢譯西學書를 통해 유입되었다. 마테오 리치利馬竇 신부를 위시하여 그의 동료 예수회원들은 1582년 이후 청나라에 천주교를 선교하기 시작하였다. 마테오 리치는 1601년에 청나라 황제의 허락하에 북경에 정착한 후 본격적으로 천주교를 선교했다. 선교사들은 유럽의 천문학과 역법을 이용하여 보다 정확하게 천문을 관측하고 계산함으로써 청나라의 흠천각에 취직할 수 있었다. 청나라에 들어간 조선 사신들은 북경의 천주당 또는 흠천각에서 서양의 천주교 선교사들과 천문학, 역법 등을 토론하면서 자연스럽게 천주교를 접하였다. 조선 사신들은 서양의 천문학과 역법 등을 자세히 알기 위해 한역 서학서를 구입하여 귀국했다.

이렇게 유입된 한문 서학서를 통해 조선 지식인들은 서양의 과학 기술과 천주교를 접하게 되었다. 처음 조선 지식인들이 관심을 가진 것은 서양의 과학 기술이었다. 그러나 일부 지식인들이 천주교에도 관심을 갖기 시작했다. 한양 주변에 살던 기호 남인들이 그들이었다.

당시 여주에는 기호 남인의 거두 성호 이익이 거주하고 있었다. 여주 이씨인 성호는 인조반정 이후 중앙 정계에서 밀려난 남인계열의 후손이었다. 대부분의 남인계열 학자들이 벼슬을 포기하고 학문 탐구에 열중하였듯이 성호 역시 학문에 몰두하였다. 성호는 유교경전은 물론이고 청나라에서 들어온 한역 서학서를 두루 탐독하였다.

성호가 읽은 한역 천주교 책은 대부분 보유론補儒論의 입장에서 저술된 것들이었다. 보유론이란 천주교의 천주와 유교의 상제上帝는 같은 존재란 의미에서 천주교가 유교를 보완해줄 수 있다는 이론이었다.

정약용〔丁若鏞, 1762~1836〕
조선 최고의 실학자이자 천주교를 받아들인 인물. 천주교 세례를 받으면서 한 때 목숨의 위협을 받지만 살아남는다. 그러나 그의 형제들은 끝까지 순교하다가 사형에 처해졌다.

보유론의 입장에서 성호는 천주교에 대하여 비판적인 입장을 가지기도 했지만 천주교의 긍정적인 부분을 인정하기도 하였다. 천주교에 대한 이같은 입장은 이후 그의 제자를 두 갈래 방향으로 갈라놓았다. 한 부류는 천주교를 수용하였지만 다른 한 부류는 천주교를 배척하였다.

성호의 제자 중에서 천주교를 수용한 부류를 성호 좌파라고 한다. 이벽, 권철신, 권일신, 정약종, 정양전, 이병휴, 이기양 등이 성호 좌파였다. 성호 좌파의 사람들 역시 처음에는 개인적으로 한역 천주교 서적을 읽거나 동문들과 서신문답으로 천주교 교리를 탐구하였다.

그러나 이들은 점차 집단적으로 조용한 장소를 찾아가 며칠씩 머물면서 천주교의 천주와 유교의 상제를 비교, 연구하는 강독회를 갖게 되었다.

정조 3년(1779)에 주어사走魚寺와 천진암天眞庵에서 권철신, 정약전, 정약용, 권상학, 이기양, 이벽 등 성호좌파 학자 10여 명이 자주 강독회를 갖게 된 결과 천주교는 신봉할 만한 가치가 있다는 결론에 도달했다. 즉 천주교의 천주와 유학의 상제가 서로 같은 존재로서 유학의 근본 가르침을 이해하기 위해서도 천주교는 탐구할 만한 가치가 있다는 결론에 도달한 것인데, 이는 철저하게 보유론적인 입장이었다. 이같은 입장에서 성호 좌파의 사람들은 공자시대의 상제·천 등의 개념과 5경伍經의 중요성을 강조하였다. 이는 주자가 주자학의 이론으로서 이기理氣와 4서3경을 강조한 것에 대한 저항이며 도전이었다. 이같은 추세에서 5경에 근거한 원시 유학 본래의 모습을 찾자는 학풍이 유행했다. 천주교에 대한 연구와 토론을 거듭하는 사이에 일부에서는 천주 신앙을 어느 정도 이해하고 그 계율을 지키는 사람들도 나타났다. 이에 따라 천주교에 대한 관심은 학문적 차원에서 신앙의 차원으로 높아졌다.

정조 7년(1783) 겨울, 조선에서 청나라에 사신을 보내게 되었는데 이승훈의 부친인 한성부의 관리 이동욱이 서장관으로 선발되었다. 이승훈은 아버지를 따라 북경에 가게 되었다. 그때 이승훈의 친구였던 이벽은 그의 북경행을 알고 그에게 천주교 신앙생활에 필요한 예배절차, 교리, 계율 등을 배워올 것을 요청하였다.

1783년 연말에 출발하여 북경에 도착한 이승훈은 천주당을 방문하여 열심히 천주교 교리를 공부했다. 그리고 귀국길에 오르기 직전에 프랑스계 예수회원 양동재에게서 베드로란 이름으로 세례를 받았다. 초기 기독교 전파에 앞장섰던 예수의 12제자인 베드로를 본받아 조선에 천주교를 전파하는 데 앞장서겠다는 의미에서였다.

정조 8년(1784) 봄 이승훈은 한양에 도착했다. 이승훈은 자신이 북경에서 가져온 천주교 교리서, 십자가, 성화聖畵 등을 이벽에게 주었다. 이벽은 서울의 외딴 곳에 집을 세내고 이승훈에게서 받은 천주교 교리서를 연구하기 시작했다. 교리와 복음 내용을 통하여 천주교를 깊이 믿게 된 이벽은 전도활동에 착수했다. 최창현, 최인길, 김범우 등 중인 출신이 이벽을 통하여 천주교 신앙을 받아들였다. 경기도 양평에 거주하는 권철신, 권일신 형제도 이벽을 통해 천주교에 입교했다. 권일신은 이승훈에게 세례를 받았는데, 세례명은 동양의 사도였던 프란치스코 사베리였다.

이승훈은 정약전, 정약용 형제에게도 세례를 주었다. 권일신은 자신의 제자 이존창, 유항검 등에게 전교했다. 이처럼 천주교는 남인 계열의 성호좌파를 중심으로 급속하게 확산되기 시작했다.

이승훈을 통하여 세례를 받고 정식 교인이 된 신자가 늘어나자 이들은 정기적으로 신앙집회를 갖기 시작했다. 한양 명례동에 거주하던 김범우의 집이 비밀집회 장소가 되었다. 이로써 조선에서 천주교 신앙공동체가 최초로 탄생하였는데, 이는 바로 한국 천주교회의 시작이었다. 이때가 정조 8년(1784) 가을 무렵이었다.

새로이 탄생한 한국 천주교회는 몇 가지에서 다른 나라의 교회창설과는 다른 특수성을 보여주었다. 첫째는, 선교사의 입국활동 없이 전통사회 지식인들이 스스로 탐구하여 천주신앙에 접근하였다는 점이다. 둘째는 학문적 검토를 통해 보유론적 천주신앙의 깨우침을 얻어 교회를 창설했다는 점이다. 셋째는 신앙과 더불어 신문화수용 의식을 지닌 양반 지식인들의 자율적인 구도활동으로 신앙공동체를 이루었다는 점이다. 넷째는 공인된 성직자도 없고 미사 제례도 없이 신도들이 자체적으로 신앙생활을 시작했으며 교회를 세웠다는 점이다.

한양의 명례동에 천주교 신앙공동체가 생긴 후 지방에서도 천주교 신앙공동체가 형성되었다. 권일신의 제자 이존창과 유항검이 세운 천주교회였다. 서울과 지방에서 천주교가 확산됨에 따라 국가에서는 이에 대한 경계심을 갖기 시작했다.

정조 9년(1785) 명례동 김범우의 집에서 은밀히 시행 중이던 신앙집회가 적발되었다. 이로써 비밀에 가려졌던 조선의 천주교회가 세상에 알려졌다. 국가에서는 회유와 탄압을 병행하여 천주교를 근절시키려 하였다. 갖가지 형을 받은 김범우는 충청도 단양으로 귀양을 가 그곳에서 세상을 떠났다. 이벽, 이승훈 등 초기 천주교회의 지도자들은 당국과 가족의 설득, 강요에 의해 천주교를 멀리하게 되었다.

그러나 이승훈은 곧바로 천주교 신앙을 되찾고 천주교 신앙공동체의 지도자 역할을 계속했다. 이승훈 등 초기 천주교 지도자들은 정조 10년(1786)에 천주교 신앙공동체를 위하여 자체적인 성직제를 도입했다. 권일신, 이승훈, 최창현, 이존창, 유항검 등 10여 명은 신부가 되어 각기 자기의 임지에서 사제로서의 역할을 수행했다. 그러나 이들은 정식으로 신부가 된 것이 아니었으므로 이를 가성직제假聖職制 즉 임시 성직제라고 하였다.

정조 18년(1794) 북경 주교가 파견한 중국인 주문모 신부를 맞은 조선의 천주교 신앙공동체는 새로운 전기를 맞았다. 주문모 신부는 최인길이 서울 북촌에 마련한 집에 은신해 있으면서 천주교를 선교했다. 그러나 주문모 신부가 서울에 들어온 지 6개월 만에 이 사실이 조정에 알려졌다. 정조 19년(1795) 6월 27일, 포졸들이 최인길의 집을 덮쳤을 때 주문모 신부는 몇몇 천주교인의 도움을 받아 피신한 후였다.

강완숙(姜完淑, 1761~1801)
조선 천주교회 초창기의 순교자로 한국 최초의 외국인 신부 중국인 주문모(周文謨)로부터 세례를 받았다. 그를 도와 왕족의 부인 등 많은 여자들을 입교시켰고 자선사업에도 힘써 신도들로부터 존경을 받았다.

피신한 주문모 신부는 여성 천주교 신자인 강완숙의 집에 은신하였다. 이후 주문모 신부는 1801년 신유사옥 때 체포되어 순교하기까지 6년간 조선 천주교회를 지도하면서 교세를 확장시켰다. 이 결과 그가 입국하던 당시 4천여 명이던 교세가 6년 후에는 1만 명 가까운 숫자로 늘어났다.

조선의 천주교회는 흥선대원군의 섭정이 끝나는 1873년까지 백년 가까이 국가로부터 혹심한 탄압을 받았다. 지역사회에서 유림으로부터의 탄압 또한 격심했다. 그러나 이러한 탄압에도 불구하고 1882년 한미수호조약이 체결되고 조선이 본격적으로 서양문명을 받아들이게 되자 천주교를 비롯하여 개신교가 조선 사회에 급속도로 확산되었다. 해방 이후 미국화가 본격화되면서는 개신교가 폭발적으로 확산되었다. 그런 면에서 현재 한국의 기독교는 한국의 근대 서구화 또는 미국화의 산물이라고 할 수 있다.

CODE 6 유학

해외 유학이 우리에게 남기는 것

대한민국에 부는
해외 유학 열풍

1999년 9월 16일에 '국외유학제한 규정'이 폐지되었다. 이 규정이 폐지되기 이전에는 국내에서 고등학교를 졸업하지 않은 해외 유학생은 18세가 되면 무조건 귀국하여 국외유학인정서 등을 병무청에 제출한 뒤 다시 출국해야 했다. '국외유학제한 규정'이 폐지됨에 따라 해외 유학 희망자는 나이에 관계없이 자유롭게 출국할 수 있게 되었다. 대학생의 경우는 25세, 대학원생은 석사과정 27세, 박사과정은 28세 이전에 졸업이 가능할 경우 재학증명서나 입학허가서, 재학사실 확인서를 재외공관에 제출하면 귀국하지 않고도 계속 공부를 할 수 있다.[58]

이 규정이 폐지되면서 우리나라에는 조기유학의 광풍이 몰아닥쳤다. 고등학생은 물론 중학생 심지어 초등학생들까지 앞다투어 해외 유학길에 올랐다. 1998년 1,562명에 불과하던 조기유학생이 2002년도에는 15,000명으로 4년 사이에 거의 10배나 늘었다. 2003년에는 2만 명을 넘었다.

조기 유학은 속칭 기러기 가족 또는 기러기 아빠를 양산했다. 어린아이들을 뒷바라지하기 위해 엄마가 해외로 따라 나갔고, 돈을 벌어야 하는 아빠는 국내에 혼자 남았다. 2004년에 출간된 국어사전에는 신조어로 기러기 아빠와 기러기 가족이 등록되기까지 했다. 기러기 아빠는 '자녀를 외국에서 공부시키기 위해 아내와 자녀를 외국에 보내놓고 국내에서 혼자 생활하는 남자'로 정의되었다.[59]

일반적으로 가족은 '부부와 그들의 자녀로 구성되는 기본적인 사회집단으로서 이들은 이익관계를 초월한 애정적인 혈연집단이며, 같은 장소에서 기거하고 취사하는 동거집단이고, 그 가족만의 고유한 가풍을 갖는 문화집단이며, 양육과 사회화를 통하여 인격형성이 이루어지는 인간발달의 근원적 집단'으로 규정된다. 기러기 가족은 이런 통념으로는 잘 설명이 되지 않는다. 기러기 가족은 '같은 장소에서 기거하고 취하는 동거집단'이 아니라 비동거 집단이다. 비동거 집단 중에서도 국제적 비동거 집단이다.

기러기 가족은 비동거 집단이기에 '양육과 사회화를 통하여 인격형성이 이루어지는 인간발달의 근원적 집단'이 되지도 않는다. 그럼에도 '부부와 그들의 자녀로 구성되는 기본적인 사회집단으로서 이들은 이익을 초월한 애정적인 혈연집단'이라는 면에서 가족이다. 이

같은 기러기 가족이 양산되는 근본 원인은 물론 '어떠한 대가를 치르더라도 내 자녀를 잘 키우겠다.'는 우리나라 부모들의 교육열이다. 그렇다면 우리나라에서는 왜 조기유학이 '내 자녀를 잘 키우기 위한 해답'으로 선택되는 것일까?

기왕의 연구에 의하면 조기유학을 떠나는 가장 큰 이유는 국내의 교육문제 때문이라고 한다. 즉 우리나라의 교육체계가 다음 세대 교육에 크게 실패하고 있다는 것이다. 다시 말해서 국제화, 세계화 시대에 오히려 국내 교육이 국제경쟁력은 물론 시민, 국민으로서의 기본 소양 교육에조차 실패하고 있으며, 기존 교육의 장점이던 훈육과 집중력, 암기에서 오는 지식의 양적 우위마저도 상실되어 창의성도 없으면서 기초훈련도 되지 않은 학생들만 양성하고 있다는 것이다.[60] 요컨대 국내 교육만 받아서는 국제경쟁력을 가질 수 없다는 뜻이다.

오늘날 우리나라에서 국제경쟁력은 사실상 영어능력으로 평가된다. 그래서 조기유학의 목표도 대부분 영어능력 향상에 있다. 조금이라도 어린 나이에 영어를 모국어로 하는 나라에서 배우는 것이 영어 교육에 효과적이라 믿기 때문이다.

조선시대 사람들이 필수교양으로 읽던 4서 3경 중 하나가 『맹자』라는 책이었다. 그 책에 이런 이야기가 있다. 어느 날인가 맹자가 송나라 사람 대불승戴不勝을 만났다. 맹자가 말하기를, "당신은 송나라 임금을 훌륭한 임금으로 만들고 싶으시오? 그렇다면 잘 들으시오. 여기 초나라 대부가 있다고 칩시다. 그가 자신의 아들에게 제나라 말을 배우게 하려면 제나라 사람을 스승으로 삼겠습니까, 아니면 초나라 사람을 스승으로 삼겠습니까?" 하였다. 대불승이 대답하기를, "제나라 사람을 스승으로 삼겠지요?" 하였다. 그러자 맹자가 말하기를, "제나라 사람 한 명을 스승으로 삼는다고 해도 나머지 초나라 사람들이 모두 초나라 말을 한다면 비록 날마다 종아리를 때리며 제나라 말을 가르쳐도 잘 안 될 것입니다. 그러나 그 아이를 제나라의 저잣거리에 데려다가 몇 년간 두면 비록 날마다 종아리를 때리며 초나라 말을 하게 해도 안 될 것입니다." 하였다.[61]

이 이야기의 근본 취지는 외국어를 배우려면 외국어를 하는 사람들에게 에둘러 싸이는 것이 가장 좋은 방법이듯이, 송나라 임금을 훌륭한 임금으로 만들려면 훌륭한 사람에게 에둘러 싸이게 하는 것이 최고 좋은 방법이라는 것이다. 맹자의 이 이야기는 조선시대 사람들에게 이론의 여지없이 당연한 진리로 받아들여졌다. 초나라 어린아이가 제나라 말을 배우기 위해서는 초나라에서 좋은 스승을 모시는 것보다 차라리 제나라 현지로 가서 배우는 것이 훨씬 좋다는데 무슨 복잡한 이론이 필요하겠는가? 조선시대 사람들처럼 현재 우리들 대부분은 어린아이가 영어를 배우기 위해서는 영어를 모국어로 하는 곳으로 가는 것이 훨씬 좋다고 생각한다. 비록 여러 가지 반대 이론이 있지만 이런 생각은 잘 바뀌지 않는다.

이런 생각과 함께 2000년대 우리나라에 조기유학의 광풍을 몰고 온 또 하나의 사건은 2006년 반기문 외교통상부장관의 유엔사무총장 당선이었다. 반기문 장관의 유엔사무총장 당선소식은 신문과 방송에 의해 속보로 전해졌다. 이 소식이 들리자 그의 고향 충주는 물론 우리나라 전체가 축제 분위기였다. 한반도의 분단국 출신이 유엔

사무총장에 당선된 것은 실로 놀라운 일이자 놀라운 경사였다. 신문에는 이런 사설이 실리기도 했다.

(전략) 유엔사무총장은 대외적으로 192개 회원국으로 이뤄진 유엔을 대표하면서 유엔의 업무를 총괄하는 사무국의 수장이다. 반 장관이 그런 자리에 앉는다는 것은 개인의 영예를 넘어 온 국민이 축하할 대한민국 외교사의 쾌거다. 대한민국은 1948년 첫 총선을 유엔 참관 하에 치러 나라를 세웠고 유엔 안보리 파병 결의에 힘입어 북한의 남침을 격퇴시키고 자유민주주의를 지켜냈다. 그런데도 동서 냉전하의 분단 상황이 남·북 모두의 유엔 가입을 가로막아 대한민국은 불과 15년 전인 1991년에 유엔에 가입했다. 지금 대한민국은 유엔 재정 기여도에서 11위, 유엔 평화유지활동(PKO)에서 10위를 차지할 만큼 유엔에서 위상이 높은 나라다. '반기문 유엔사무총장'이 세계 외교 무대에서 큰 족적을 남길 수 있도록 우리 모두가 적극적인 성원을 보내야 마땅한 일이다. 그것이 대한민국이 유엔에서 받은 혜택을 다시 세계에 되돌려주는 보은의 길이기도 하다. 그러기 위해서는 '반기문 총장'을 대한민국의 울타리를 넘어 명실상부한 세계인으로서 활약할 수 있도록 자유롭게 놓아줘야 한다. 유엔 사무총장은 테러리즘의 확산을 비롯해 갈수록 악화되는 지역·문명·종교 분쟁, AIDS를 포함한 질병과 마약문제, 환경문제, 수자원 문제까지 지구촌의 복잡한 사안을 유엔 기구는 물론 각국 지도자들과 긴밀하게 협의해 풀어나가야 하는 자리다. 부국과 빈국, 기독교권과 이슬람권, 아시아와 구미 어느 한쪽에 치우치지 않는 공정한 조정자가 돼야 하는 것이다. '반기문 유엔사무총장'이 21세기

'열린 세계주의'의 모범을 보이고 그것을 통해 한반도에 아직 남은 냉전의 잔설을 녹여 북한을 세계의 품으로 끌어낼 수 있기를 기대한다.[62]

당시 언론에 소개된 반기문 장관은 '모범생' 또는 '영어 신동'이었다. 그 사실은 영어 실력의 중요성을 다시 한 번 환기시키면서 조기유학에 대한 우리나라 사람들의 믿음을 강화시켰다. 이후 제2, 제3의 반기문을 꿈꾸는 수많은 어린이들이 해외 유학길에 올랐다. 2006년에 3만 명에 근접한 29,511명이 조기유학에 올랐다. 이후 약간씩 줄기는 했지만 2009년까지 매년 3만 명에 가까운 어린아이들이 조기유학을 위해 해외로 갔다. 이렇게 본다면 2000년대 조기유학의 열풍은 국외유학제한 규정 폐지로 촉발되었고, 반기문 장관의 유엔사무총장 당선으로 강화되었다고 하겠다.

하지만 조기유학의 열풍이 불기 이전에도 성인들의 해외 유학 열풍은 이미 존재했었다. 미국 유학의 경우, 2009년 중국 유학생들에게 밀려 2위로 내려앉기까지 한국 유학생들은 오랫동안 부동의 1위였다. 2008년 10월부터 2009년 9월까지의 미국 비이민자 입국통계에 따르면 학생비자 신분의 한국 학생은 113,519명이었다. 어린아이 약 3만 명을 제외한 8만여 명은 성인 유학생이었다. 2009년에 한국에서 미국으로 가는 해외 유학생이 줄어든 이유는 경제적인 문제도 있었지만, 미국뿐만 아니라 중국으로 영역이 확대되었기 때문이다. 2010년에 중국에서 유학하는 외국인 중에서 가장 많은 수는 단연 한국 유학생이었다.[63]

이런 해외 유학을 어떻게 평가할 수 있을까? 해외 유학을 통해 서구의 선진문화가 수용되기도 하고 세계적인 인물이 배출되기도 한다. 귀국한 유학생들이 우리나라를 발전시키기도 한다. 이런 점은 해외 유학의 긍정적인 면이다. 반면 가족이 해체되거나 유학생활에 적응하지 못하고 범죄에 빠지는 유학생들이 언론에 보도되기도 한다. 이런 점은 해외 유학의 부정적인 면이라 하겠다. 부정적인 면이 있음에도 불구하고 해외 유학의 열풍이 꺼지지 않는 이유는 그래도 해외 유학을 통해 얻는 것이 많기 때문일 것이다.

우리나라의 해외 유학 특히 미국유학 열풍은 분명 세계에서 유래를 찾아보기 힘든 특이한 사회현상이다. 이런 현상은 우리와 같은 동북아 문화권인 일본이나 중국에서도 찾아볼 수 없다. 2009년을 예로 들면 미국에서 유학 중인 한국 학생이 72,153명이었는데 비해 일본 학생은 24,842명, 중국 학생은 127,626명이었다.[64] 인구에서 우리나라보다 거의 세배에 달하는 일본의 미국 유학생이 우리나라의 미국유학생에 비해 겨우 3분의 1수준에 지나지 않았다. 중국은 우리나라보다 인구에서 거의 30배나 많지만 미국 유학생은 채 두 배도 넘지 못했다.

이렇게 우리나라에서 해외 유학 열풍 특히 미국 유학 열풍이 부는 이유를 찾아보면 우리 자체의 정치적, 사회적, 문화적 요인들에서 생각해볼 수 있다. 그런 요인들은 짧게 보면 해방 이후 근대화 과정 또는 미국화 과정에서 형성되었다. 하지만 길게 보면 삼국시대에 고대국가가 형성될 때부터 해외 유학 열풍이 있었다. 그런 점에서 우리나라의 해외 유학 열풍은 그 유래가 아주 오래된 전통이라고 할 수 있다.

탐구열과 종교적 열정으로 인한
최초의 유학

우리나라의 역사를 되돌아보면, 해외 유학은 중국 유학부터 시작되었다. 계기는 삼국시대의 불교 수용이었다. 소수림왕 2년(372)에 중국의 전진前秦 왕 부견符堅이 스님 순도順道를 파견하여 불상과 불경을 보냄으로써 고구려에 불교가 전해졌다. 백제는 침류왕 1년(384) 중국 진나라에서 온 스님 마라난타를 통해 불교를 받아들였다. 그러나 고구려와 백제에 온 순도나 마라난타의 행적은 자세히 알려지지 않고 있다. 불교 수행과 불교 전파를 목적으로 했음으로 어느 정도 머물다 다시 중국으로 갔거나 다른 곳으로 갔을 가능성이 높다.

그렇기 때문에 그들이 가져왔다는 불경은 그렇게 많은 분량이 아니었을 것이며 불상 또한 거대한 크기는 아니었을 것으로 추측할 수 있다. 그렇다면 그들을 통해 불교 사상을 전수받은 고구려와 백제는 그들이 떠난 후 어떻게 되었을까?

예상할 수 있는 것은 고구려와 백제에서 불교에 대해 더 많이 알고자 하는 탐구열이 높아졌으리라는 사실이다. 학문적 또는 종교적 열정에 빠진 사람들은 불교를 깊이 공부하기 위해 중국이나 불교 발상지 인도에까지 갈 생각을 했을 것이다. 고구려와 백제에는 이와 관련된 기록이 남아 있지 않지만, 신라와 관련된 역사기록은 상대적으로 풍부하다.

법흥왕 15년(528)에 불교가 공인된 후 신라에서도 불교에 대한 탐구열이 높아졌다. 신라의 스님 각덕은 탐구열을 이기지 못하고 중국으로 유학을 떠났다. 정확한 시점은 알 수 없지만 법흥왕 제위기간 후반이나 진흥왕 초반쯤으로 신라에서 불교가 공인된 직후였다. 각덕은 기록으로 확인되는 우리나라 최초의 중국 유학생이다. 당시 중국은 남북조시대였다.『해동고승전』에 다음과 같은 기록이 있다.

승려 각덕은 신라 사람으로서 총명하고 박식하였으며, 범인인지 성인인지 분간할 수가 없었다. 신라는 이미 불교를 받들어 행하였으므로 백성들은 다투어 귀의하고 믿었다. 스님은 뛰어난 지혜로 세상을 교화할 수 있음을 알고 말하기를, '높은 곳으로 옮기려면 반드시 골짜기에서 나와야 하고, 도를 배우려면 스승을 구하기에 힘써야 한다. 만일 편안하게 지내고 느리게 행한다면 부처님의 제자로서 부모의 은혜를 저버리고 출가한 본뜻에 어긋난다.' 하고 곧 배를 타고 중국 양나라에 들어가 불법을 구하는 데 선봉이 되었다. 다만 이것이 어느 해이었는지는 알 수 없지만, 이것이 신라 사람으로서 최초의 중국 유학이다.
드디어 고명한 스승들을 두루 찾아 섬기면서 그 가르침을 갖추어 받으니, 마치 눈자위를 가린 막을 벗긴 듯하고, 귓속의 귀지를 파내버린 듯하였다. 시작이 있고 도덕과 인망은 갈수록 높았다. 그러나 '보배를 캐는 것은 단지 나 혼자만이 쓰기 위한 것이 아니다. 마땅히 고국으로 돌아가 가난한 사람들을 널리 구제해야 한다' 하고는 진흥왕 10년(549)에 양나라 사신과 함께 부처님 사리를 가지고 본국 서울로 돌아왔다. 왕은 급히 유사에게 명하여 곧 백관으로 하여금 예를 갖추어 흥륜사 앞길에 나가 맞이하게 하였으니, 이 또한 사리가 들어온 시초이다.

옛날 강흥회康僧會는 오나라에 가서 소원성취를 기원한 지 칠 일 만에 비로소 신기한 징험을 얻었다고 한다. 각덕 스님은 마침 임금이 불교를 신봉하던 때에, 양나라의 중대한 임무를 띤 사신을 따라 본국에 돌아왔으므로 어떠한 어려움도 없었다. 또 불법으로써 신라를 두루 적시어 게으른 사람들을 모두 똑바로 세워 널리 불도에 귀의하고자 하는 뜻을 품게 하였으니, 그 공적과 이익이야말로 또 어찌 뛰어난 도가 아니겠는가?

그 뒤 진흥왕 26년(565)에 진나라에서 사신 유사劉思와 입학승 명관明觀을 보내면서 불교의 경론도 무려 2700여 권이나 보내왔다. 신라가 불법의 교화를 처음으로 폈을 때는 경전과 불상이 빠진 것이 많았지만 이때에 이르러서야 모든 것을 갖추게 되었다. 두 스님의 끝마침에 대해서는 다 자세히 듣지 못하였다.[65]

각덕과 명관이 어떤 계기로 출가했는지, 또 어떻게 중국에 유학을 갔는지는 알려지지 않았다. 다만 각덕과 명관은 개인 차원에서 유학을 간 것이 아니라 국가 차원에서 간 듯하다. '입학승'이라는 표현이 그렇고, 중국의 사신과 함께 귀국한 사실이 그렇다. 또한 사리와 불경을 가지고 돌아왔다는 사실 또한 국가 차원에서 갔을 가능성을 높여준다. 아무튼 각덕과 명관은 법흥왕 15년(528)에 불교가 공인된 직후 출가하였고, 출가 후 얼마 되지 않아 중국에서 유학했던 것만은 분명하다. 불교가 공인된 528년부터 계산하면 각덕이 귀국한 진흥왕 10년(549)은 21년 뒤이고, 명관이 귀국한 진흥왕 26년(565)은 37년 뒤이다. 두 스님이 가져왔다는 사리와 불경은 아마도 궁중에

모셔졌거나 흥륜사 또는 황룡사에 모셔졌을 가능성이 높다.

　각덕과 명관은 신라 최초의 유학생이었음에도 불구하고 가문내력이 전혀 알려져 있지 않다. 그렇게 내세울 만한 가문내력이 아니기 때문인 듯하다. 그렇지만 국가 차원에서 중국에 보냈다는 점을 생각하면 아주 무시할 만한 가문도 아니었을 듯하다. 가문내력이야 어쨌든 두 스님은 귀국할 때 대대적인 환영을 받았다. 스님 각덕이 귀국할 때, '왕은 급히 유사에게 명하여 곧 백관으로 하여금 예를 갖추어 흥륜사 앞길에 나가 맞이하게 하였다.'는 기록이 그것을 증명한다. 또한 '불법으로써 신라를 두루 적시어 게으른 사람들을 모두 똑바로 세워 널리 불도에 귀의하고자 하는 뜻을 품게 하였으니'라는 기록으로 본다면 각덕은 귀국 후 불법을 전도하는 데 앞장섰음이 분명하다. 진흥왕의 적극적인 지원을 받으며 전도했을 것이다.

　진흥왕은 재위 14년(553)에 황룡사를 창건하기 시작하여 27년(566)에 완공하였으며, 35년(574)에는 유명한 장육존상丈六尊像을 주조하여 황룡사에 모시기도 하였다. 진흥왕은 황룡사 외에도 여러 개의 사찰을 창건하였고, 말년에는 머리를 깎고 승복을 입었으며 법운法雲이라 칭하다가 세상을 떠났다고 한다. 왕이기에 차마 출가하지는 못했지만 여생을 스님처럼 살았던 것이다. 이 때문에 진흥왕 사후에 왕비 역시 출가하여 영흥사永興寺에서 여생을 마쳤다고 하는데, 영흥사는 신라 최초의 비구니 사찰이다. 진흥왕 이후 진지왕, 진평왕, 선덕여왕을 거치면서 신라 왕실의 불교 지원은 더욱 강화되었고 사찰은 점점 더 많이 세워졌다.

　신라에서 불교 수요가 높아지고 또 왕실의 지원이 강해질수록 중국에 유학하려는 스님들이 늘어난 것은 불문가지다. 실제로 스님 각덕과 명관 이후 유학승들이 대거 늘어났다. 초기의 유학승 중에서 대표적인 스님이 원광법사이다.

『해동고승전』에 의하면 원광법사는 각덕, 명관 그리고 지명智明 스님에 이은 네 번째 유학승이었다. 『삼국유사』에서는 원광법사를 박씨라 하면서 '조상의 전통이 오래 계승되었다.'고 하였다. 이런 사실로 보면

원광법사부도탑
630년(진평왕 52)에 황룡사(皇龍寺)에서 입적한 원광법사를 명활산에 장사지내고 금곡사(金谷寺)에 세운 부도탑이다. 13세에 출가하여 승려가 된 원광은 신라에서 강의한 최초의 학승이었고, 불교의 토착화에 크게 공헌하였다.

원광법사는 신라의 박씨 왕족이자 진골이었을 가능성이 높다. 13살에 출가한 원광법사는 진평왕 11년(589) 25살의 나이에 중국 남조의 하나인 진陳나라 금릉金陵, 현재의 남경으로 갔다. 장엄사莊嚴寺 민공旻公의 제자에게 설법을 듣고 심취한 원광법사는 아예 중국에서 불교 공부를 하다가 일생을 마칠 생각까지 했다. 그러나 진나라가 수나라에 멸망당하자 원광법사는 장안으로 가서 공부하다가 유학생활 11년 만인 진평왕 22년(600)에 신라로 귀국하였다. 왕은 물론 전 국민들로부터도 절대적인 존경을 받은 원광법사는 신라사람들의 생활윤리

로 유명한 『세속오계世俗伍戒』를 남겼다. 원광법사 이후 자장율사, 의상대사, 혜초 스님 등 헤아릴 수 없이 많은 유학승들이 당나라의 수도 장안으로 유학을 갔다. 바로 이 초기 유학승들이 배워온 불교를 통해 신라는 찬란한 문화를 꽃피울 수 있었다.

삼국시대 유학승과 함께 중국에서 유학한 대표적인 존재는 당나라의 숙위학생宿衛學生이었다. 숙위학생이란 숙위를 명목으로 유학하는 학생이란 뜻이다. 본래 숙위는 궁중에서 황제를 경호하는 근위병이었다. 당나라는 외국의 왕실 자제들을 숙위라는 명목으로 수도 장안에 불러들였다. 명목은 숙위이지만 사실상 인질이었다. 다만 인질은 적국에 강제로 끌려간 자유롭지 못한 존재임에 비해, 숙위는 자발적으로 갈 수 있을뿐더러 자유도 보장된 존재라는 점에서 달랐다.

당나라가 중국을 통일한 후 주변 여러 나라에서 숙위를 파견했다. 『삼국사기』에 의하면 고구려 보장왕 3년(644)에 연개소문도 당나라에 사신을 보내 50명의 숙위를 보내겠다고 했다고 한다. 하지만 당 태종은 연개소문이 국왕을 시해한 역적이라며 거절했다.

그로부터 4년 후인 신라 진덕여왕 2년(648)에 김춘추가 당나라에 가서 태종과 담판을 벌였다. 그 결과 신라와 당나라는 군사연합을 통해 백제와 고구려를 멸망시키고 그 땅을 분할하기로 합의했다. 그때 김춘추는 셋째 아들 문왕文王을 대동했다. 김춘추는 아들 문왕을 숙위로 남겨두겠다고 요청했고 당 태종은 수락했다. 이렇게 해서 문왕은 신라에서 당나라에 파견된 제1호 숙위가 되었다. 그 뒤로 신라가 멸망할 때까지 16차례에 걸쳐 숙위가 파견되었다.[66]

신라에서 당나라에 파견되는 숙위는 기본적으로 인질로서 왕족이 담당했다. 예컨대 김춘추의 셋째 아들인 문왕이 제1호 숙위였고, 둘째 아들 김인문이 제2호 숙위였다. 전임 숙위는 후임 숙위가 오면 귀국할 수 있었다. 숙위는 형식상 인질이었지만, 실제는 당나라 수도에서 선진문물을 몸소 체험하는 연수생이기도 했다. 따라서 신라는 숙위를 통해 유학과 같은 당나라의 문화를 대거 수용할 수 있었다.

신라는 숙위와 함께 숙위학생을 보내 국학에 입학해 공부하게 했다. 국학은 당나라의 최고 국립교육기관인 국자감國子監이었다.『삼국사기』에 의하면 신라에서 당나라에 국학 유학생을 받아달라고 요청한 때는 선덕여왕 9년(940)이었다. 그때 당나라 태종은 국자감 건물을 1천2백여 칸으로 늘리고 국내외에서 학생들을 받아들였다. 당시 국학에 입학한 학생 수는 3천2백여 명으로 그중에는 고구려 유학생과 백제 유학생도 있었다고 한다.

신라에서 숙위의 명목으로 당나라에 국학 유학생들을 파견하기 시작한 때는 진덕여왕 2년(648) 이후부터였다. 숙위학생은 국학에서 10년을 기한으로 공부하였다. 이들은 일종의 국비유학생으로, 유학 비용은 신라와 당나라에서 부담하였다. 숙위학생의 신분은 숙위와 마찬가지로 대부분 왕족이었다.

신라가 고구려와 백제를 멸망시킨 이후에는 발해에서도 국학 유학생을 파견했다. 그러나 그중에서도 신라의 숙위학생들이 가장 열심이었다. 숫자도 신라에서 간 유학생이 가장 많았다. 9세기쯤에 국학에서 공부하던 신라 유학생은 200여 명 가까이 되었고, 외국유학생을 대상으로 치러진 빈공과에 합격해 명성을 떨친 유학생들도 대부분 신라 출신이었다. 예컨대 신라 말의 3최로 불리던 최치원, 최언위, 최승로가 그런 경우였다.

통일기와 남북조시대에 신라의 국학유학생들은 숙위와 함께 유학을 받아들여 신라 문화를 발전시켰다. 신라 전성기의 문화를 발전시킨 주역이 바로 숙위와 숙위학생 그리고 유학승들이었다.[67] 대부분 진골 왕족 출신인 이들의 활약으로 신라 왕실은 정치, 종교, 사회면에서 강력한 지도력을 발휘할 수 있었다. 그러나 신라 하대에 접어들면서 많은 변화가 일어났다. 무엇보다도 숙위학생과 유학승의 신분이 진골에서 6두품으로 내려갔다. 진골들은 신라 내에서 왕위계승전쟁을 벌이느라 굳이 당나라로 가려 하지 않았기 때문에 그 자리

최치원(崔致遠, 857~?)
9세기 통일신라 말기의 학자. 중국 당나라에서 '토황소격문(討黃巢檄文)'으로 문장가로서 이름을 떨쳤으며, 신라로 돌아온 뒤에는 진성여왕에게 시무책을 올려 정치 개혁을 추진하였다.

를 6두품들이 대신 채웠다.

그렇게 되자 당나라의 선진문화를 경험하고 돌아온 6두품 출신 유학생들이 신라의 신분제도인 골품제에 문제를 제기하고 나섰다. 이는 진골귀족들과의 갈등으로 이어졌다. 예컨대 최치원은 12살의 어린 나이로 유학해 18살에는 빈공과에 합격함으로써 천하에 명성을 떨쳤지만, 막상 고국에 돌아와서는 진골귀족들의 방해로 뜻을 펴지 못했다. 『삼국사기』 열전에는 "최치원이 당나라에서 유학하여 보고 배운 것이 많아 귀국한 후 자신의 뜻을 펴고자 했지만 쇠락한 세상에 의심과 꺼림이 많아 용납되지 못했다."고 표현했다.

6두품 출신의 유학승들 역시 비슷한 처지였다. 우리나라 불교 조계종의 종조宗祖로 간주되는 도의道義선사는 속성이 왕王씨로서 당나라에 유학에 선종을 배웠다. 그러나 귀국 후에 도의선사는 최치원보다 더 참혹한 처지였다. '지증화상비명智證和尙碑銘'에서 최치원은 귀국 후 도의선사가 처한 상황을 이렇게 묘사했다.

> 당나라 목종穆宗 때에 도의라는 스님이 중국에 건너가 지장智藏 스님에게 배워 비등한 경지에 오르자 귀국하였다. 도의 스님은 귀국 후 처음으로 선종의 오묘한 경지를 말하였다. 그러나 교종의 사람들은 원숭이의 마음에 사로잡혀서 남쪽의 목적지 대신 북쪽으로 달리는 잘못을 비호하였고, 메추라기의 날개를 자부하면서 하늘 높이 날아가는 대붕을 비난하였으며, 이미 교종의 말을 외우는 데 도취되어 선종을 마귀의 언어라고 비웃었다. 이 때문에 도의 스님은 처마 아래에 빛을 숨기고 선경仙境 속에 자취를 감춘 채 동해의 동쪽인 서울로 갈 생각을 그만두

고 마침내 북산의 북쪽인 심산유곡으로 은둔하였다. (후략)

    신라의 진골 그리고 골품체제에 실망한 이들 유학생과 유학승들은 지방 호족들에게서 희망을 찾았다. 예컨대 선종을 배운 유학승들은 경주에서 지방으로 밀려났지만 오히려 그곳에서 지방 호족들의 후원을 받아 영향력을 키웠다. 그렇게 해서 신라 말에 선종 9산이라고 하는 새로운 불교가 기왕의 교종을 대신해서 유행하게 되었다. 선종 9산의 개창자들은 대부분이 6두품 출신의 유학승이었다. 이같은 유학승과 유학생들이 지방 호족과 연대하여 세운 나라가 바로 고려 왕조였다. 그런 면에서 신라 말 6두품 출신의 당나라 유학생과 유학승들은 한국의 중세시대를 개척한 선구자였다고 하겠다.

원치 않는
유학이 낳은 결과

    고려왕조 500년간 동북아의 패권을 장악했던 왕조는 여럿이었다. 처음에는 송나라가 중국 대륙을 제패했지만 곧이어 요나라, 금나라 그리고 원나라가 번갈아가면서 동북아의 패권을 장악했다. 고려왕조는 동북아의 패권을 장악한 왕조와 군사적, 문화적으로 밀착하지 않을 수 없었다. 특히 고려왕조가 문화적으로 밀착한 나라는 송나라와 원나라였다. 송나라는 중국의 한족漢族이 건설한 왕조로서 고려는 자발적으로 송나라의 문화를 배우고 받아들이려 했다. 반면 몽고족이 건설한 원나라 문화는 강압에 의해 억지로 배우고 받아들이게 되었다.

고려시대에 송나라 및 원나라의 문화를 수용한 주체는 신라 때와 마찬가지로 유학생과 유학승들이었다. 송나라와 원나라 역시 당나라를 본받아 외국 유학생들을 받아들였기에 가능한 일이었다. 고려에서 송나라에 파견한 유학생에 대하여는 『고려사』의 다음 기록이 참고된다.

> 고려 예종 10년(1115) 7월 21일에 이부상서 왕자지王字之와 호부시랑 문공미文公美를 송나라에 파견해 사은하고 아울러 공물을 올렸다. 또한 진사 김단金端, 견유저甄惟低, 조석趙奭, 강취정康就正, 권적權適 등 5명을 파견해 국학에 들어가게 했다. 그 표문에 이르기를, '(전략) 돌이켜보건대 우리 고려가 일찍부터 중국 문화를 사모한 것은 이미 개보開寶-송 태조 연간부터였습니다. 송나라 제6대 황제인 신종神宗 때에는 사신을 보낼 때마다 생도를 딸려 보내 중국 문화를 보고 배우게 함으로써 고려 문화를 바꾸고자 기약했습니다. 그런데 그 후 우연이 중간에 폐지되어 오래도록 생도를 보내지 못했습니다. 그 결과 전에 보고 배우던 습속이 멀어지고 널리 기억하던 공부가 절반이나 잊혔습니다. (중략) 삼가 학생 5명을 사신과 함께 파견합니다. 생각하건대, 이 학생들은 수재가 아닐뿐더러 눈으로 국학의 예를 보지 못했고 귀로 국학의 노래를 듣지 못했습니다. 그렇지만 일찍이 공자의 학문을 익숙하게 공부하기는 했습니다. 엎드려 원하건대, 황제께서는 깊은 충정을 이해하시고 전례를 미루어 특별히 이 학생들이 국학에서 공부할 수 있게 해주십시오. 그

렇게 해주신다면 이 학생들이 잘 배우고 돌아와 고려를 변화시킬 것입니다.' 하였다.[68]

위에 언급된 대로 고려는 건국 직후부터 송나라에 유학생들을 파견했다. 『고려사』에 의하면 고려에서 송나라 국학에 파견된 최초의 유학생은 김행성金行成이었다. 그는 경종 1년(976) 11월에 파견되었다. 이후 유학생 파견이 중단되었다가 예종 10년에 다시 5명의 유학생이 파견되었다.

고려시대에 송나라의 국학에서 공부한 유학생들이 얼마나 되는지는 확인되지 않는다. 그러나 예종 때의 사례로 볼 때 신라 때의 유학생에는 미치지 못하는 것으로 생각된다. 그렇지만 예종 때 5명의 유학생을 보낸 사례에서 보듯이 아주 적은 숫자는 아니었다.

송나라의 국학에서 공부한 고려 유학생들은 신라 때와 마찬가지로 송나라의 과거시험에 응시해 합격하기도 했다. 『고려사』에 의하면 김행성이 유학 1년 만에 송나라의 과거시험에 합격했다고 한다. 이어서 최한, 왕림 등 총 6명이 합격했다. 고려는 이들 유학생들을 통해 송나라의 선진문물을 수용했다.

송나라를 뒤이어 요나라와 금나라가 동북아의 패권을 장악했지만 고려는 이들 나라와는 문화교류를 거의 하지 않았다. 오히려 요나라와는 수차에 걸쳐 격심한 전쟁을 벌였고, 금나라와도 군사적 긴장관계를 유지했다. 고려는 요나라와 금나라의 군사력에 밀려 억지로 군사적, 외교적 관계를 맺었을 뿐이었다. 고려 사람들은 북방유목민이 세운 요나라와 금나라를 오랑캐 나라라 부르며 무시했다.

몽고족이 세운 원나라는 금나라를 뒤이어 동북아의 패권을 장악했다. 고종 18년(1231)부터 고려는 원나라와 전쟁을 치르기 시작했다. 이 해에 몽고군의 고려침공이 시작되었기 때문이다. 당시 몽고군은 세계 최강이었지만 고려인들은 이에 굴복하지 않았다. 오히려 고종은 1232년 6월에 강화도로 천도함으로써 장기 항전의 태세를 갖추었다. 고려 사람들은 원종 11년(1270) 개경으로 환도하기까지 40년 가까이 세계 최강의 몽고군을 상대로 불굴의 항전을 벌였다.

그러나 원나라가 전쟁 중 강화 조건의 하나로 숙위를 강요했을 때는 차마 거절하지 못했다. 고려는 개경으로 환도하기 이전에 원나라로 몇 차례에 걸쳐 숙위를 보냈다. 첫 번째로는 고종 28년(1241) 4월에 왕족과 고관대작 자제 등이 숙위로 파견되었다. 두 번째로는 고종 40년(1253) 12월에 왕족이 파견되었고, 세 번째로는 고종 46년(1259) 4월에 태자 및 고관대작 등이 파견되었다. 이들은 비록 숙위로 불렸지만 군사력을 앞세운 원나라의 강요로 파견되었기에 명실상부 인질이었다. 그들이 고국을 떠나 몽고로 끌려가면서 겪었던 고초와 애절함을 이수년李守年은 북행北行이라는 시에서 이렇게 읊었다.

오직 나라 생각뿐 집을 잊은 열다섯 사람	國耳忘家十伍人
음산 만 리 길에 황도로 향하는구나	陰山萬里指中宸
탑 가의 낡은 집은 한나라 시대를 지내온 것	塔邊古屋曾經漢
하늘 끝에 걸친 만리장성에선 진나라를 회상하네	雲末長城暗想秦
달빛 차가운 모래 벌에선 소들과 짝이 되고	月苦沙場牛作伴

바람 찬 가죽장막에서는 개들과 이웃한다네	風寒氈幕犬爲隣
양털 방석을 휘감고 잠자니 이불보다 따스하고	擁氎夜臥溫於被
쇠똥을 주어 아침을 마련하며 장작을 대신하네	拾糞朝炊當却薪
베개에 기댄 나그네의 고향 생각 얼마나 간절한고?	欹枕旅魂猶繾綣
반년 동안의 나그네 행색은 그지없이 신산하네	半年行色最酸辛
양 치는 넓은 벌판엔 풀들도 다정하건마는	牧羊野闊多情草
말을 모는 머나먼 길에 온 얼굴이 먼지라네	驅馬途長滿面塵
천고의 공신들 참으로 애석하구나	千載功臣眞可惜
일조의 고생스러움을 어찌 불평하리	一朝勞瘁豈堪嗔
은나라가 다시 세워짐은 좋은 보필에 의하였고	殷家再造由良弼
주나라가 중흥함도 난신 있기 때문이었으니	周室中興有亂臣
끝내 장한 마음을 어기지 말고	好把壯心終莫逆
모름지기 두 나라를 길이 화친케 하소서	須教兩域永相親
임금님의 수레를 피리소리로 맞으리니	笙歌擁路迎車蓋
돌아와 우리 임금께 만년 봄을 아뢰리라	歸奏吾君萬歲春

고려는 원나라의 힘에 굴복해 숙위를 파견했지만 곧 현실에 순응했다. 고종부터 충렬왕 때까지 100여 년에 걸쳐 고려는 13번이나 숙위를 파견했다. 그들은 왕족이나 고관대작으로, 당나라에 파견된 신라 숙위처럼 그들 역시 귀국할 때 원나라의 선진문물도 함께 들여왔다.

고려는 숙위와 함께 유학생과 유학승들도 파견했다. 그들은 신라 유학생들과 마찬가지로 원나라의 과거시험에 응시해 합격했으며 새로운 사상을 수용하기도 하였다. 원나라의 과거시험에 합격한 인물로는 이곡, 이인복, 이색 등이 있으며, 이들은 고려 후기에 안향의 제자들과 함께 성리학을 고려사회에 널리 퍼뜨렸다.

서양의 근대문물을 배우기 위한 일본유학

조선이 건국된 후 더 이상 중국에 유학생을 파견하는 일은 없었다. 명나라와 청나라가 외국 유학생을 받아들이지 않았기 때문이다. 이에 따라 삼국시대부터 고려시대까지 천 년에 걸쳐 유지되던 중국 유학 전통이 단절되었다.

500년 가까이 조선과 중국이 고립되어 있는 동안 서양은 산업혁명을 겪으면서 세계로 뻗어나갔다. 그들의 군사력에 청나라는 물론 일본 역시 속수무책으로 당했다. 그러자 청나라와 일본은 조선에 앞서 서양문화를 받아들이기 시작했다.

1874년 봄에 흥선대원군이 하야하자 고종은 본격적으로 개화정책을 추진했다. 고종은 청나라의 양무운동을 개화정책의 모델로 삼았다. 당시 청나라의 양무운동은 공친왕이 주도하는 '총리각국통상사무아문總理各國通商事務衙門'에서 관장하였다. 줄여서 총리아문 또는 총서總署라고도 불린 총리각국통상사무아문에는 외교를 담당하는 4개의 부서와 해양방어를 담당하는 1개의 부서가 있었다. 러시아부, 영국부, 미국부, 프랑스부가 4개의 외교담당부서였다. 러시아부는 러시아와 일본 두 나라와의 외교를 담당했다. 영국부는 영국, 오스

트리아와의 외교를 맡았다. 미국부는 미국, 독일, 페루, 이탈리아, 스웨던, 노르웨이, 벨기에, 덴마크, 포르투갈과의 외교를 담당했으며, 프랑스부는 프랑스, 네덜란드, 스페인, 브라질과의 외교를 맡았다. 해양방어를 담당한 부서는 해방부였다.

1880년 12월 20일, 고종은 통리기무아문을 설치했다. 명칭에서 알 수 있듯이 이 기구는 청나라의 총리각국통상사무아문을 모델로 하였다. 총리각국통상사무아문의 이름이 길어 총리아문으로 약칭되었듯이 통리기무아문 역시 통리아문으로 약칭되었다. 또한 총리아문에 외교와 통상 그리고 해방을 담당하는 부서가 설치된 것처럼 통리아문에도 외교와 통상 그리고 국방을 담당하는 부서가 설치되었다. 이 통리아문을 개화정책의 산실로 만들고자 했던 고종은 이동인같이 외국 사정에 밝은 개화파 인사들을 통리아문에 발탁했다. 이에 따라 1881년부터 고종의 개화정책은 통리아문을 중심으로 추진되었다. 통리아문에서는 청나라와 일본에 유학생들을 파견할 계획을 세웠다. 이로써 500년 가까이 단절되었던 외국 유학 전통이 되살아나게 되었다.

1881년 2월 26일(음력), 통리아문에서는 청나라에 영선사領選使를 파견하자고 요청했다. 기술자들을 천진에 보내 무기제조법을 배우게 하자는 취지였다. 곧바로 고종의 승인이 떨어졌다. 그날로 조용호가 영선사로 결정되었고, 수행 인원과 경비도 확정되었다. 영선사는 모든 준비가 끝나는 4월 11일에 출발하기로 결정되었다.

영선사에 앞서 고종은 신사유람단 즉 조사시찰단을 선발했다. 메이지유신 이후 일본이 성취한 발전상을 직접 시찰하여 조선의 개화정책에 참고하기 위해서였다. 그러나 조사시찰단은 공식적으로는 파견되지 못했다. 위정척사파의 반발을 우려한 고종은 시찰단원들을 동래암행어사로 발령하여 비밀리에 일본으로 가게 하였다. 1881년 1월 11일에 박정양, 조영준, 엄세영, 강문형, 심상학, 홍영식, 어윤중 등 7명이 동래암행어사로 발탁되었다. 이어서 2월 2일에는 이헌영, 민종묵, 조병직, 이원회 등 4명이 동래암행어사로 선발되었다.

고종은 이들 중에서 이원회를 통리아문의 참획관參劃官에 임명하고 통리아문의 참모관 이동인으로 하여금 수행하게 하였다. 이들에게는 군함과 총포 구입을 비밀리에 협상해보라는 밀명이 주어졌다. 하지만 출발 직전인 2월 15일에 참모관 이동인이 갑자기 실종되었다. 끝내 사건의 진모는 밝혀지지 않았지만, 당시 개화를 반대하던 측의 공작으로 추측된다. 당시 이동인은 통리아문의 실무를 주도하고 있었다. 조사시찰단 파견은 물론 영선사 파견도 이동인이 주도했다. 이동인의 배후에는 민영익과 왕비 민씨가 있었다. 12명의 시찰단원 중 홍영식과 어윤중은 민영익과 자주 어울리던 8학사의 일원이었다. 따라서 당시 조사시찰단의 핵심은 이동인, 홍영식, 어윤중 3명이었다. 이들 3명은 시찰 이외에 특별임무를 맡았는데, 어윤중과 홍영식은 미국과의 수호조약에 관련된 문제들을 조사하라는 밀명을 받았다. 또한 어윤중은 유길준, 윤치호 등 자신의 수행원들을 유학시키라는 밀명도 받았다. 이동인은 군함과 총포 구입을 협상하라는 밀명을 받았다. 이같은 특별임무 중에서도 가장 중요한 임무는 사실 군함과 총포 구입 협상이었다. 그런 상황에서 이동인의 실종은 개화정책을 추진하던 고종에게 큰 타격일 수밖에 없었다.

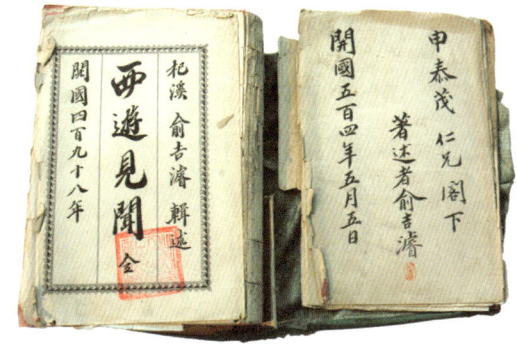

서유견문

조선 후기의 정치가 유길준이 저술한 서양 기행문. 유길준이 1881년 일본에 갔을 때부터 구상하여 준비해오다가 1885년 미국에서 돌아와 연금생활을 하면서 집필한 것이다. 서양 각국의 지리, 역사, 정치, 교육, 법률, 행정, 경제, 사회, 군사, 풍속, 과학기술, 학문 등 광범위한 분야에 걸쳐 있다.

유길준 〔兪吉濬, 1856~1914〕
한말의 개화운동가이며 최초의 국비유학생으로 미국에서 공부하였다. 말년에는 조국의 광복을 위해 교육과 계몽사업에 헌신하였다.

고종은 이동인 대신 김용원을 시찰단원으로 임명하였다. 이런 우여곡절 끝에 조사시찰단은 총 12명의 조사로 구성되었다. 3월 25일 동래에 집결한 조사시찰단은 준비를 마치고 4월 8일에 출항했다. 총 60여 명으로 구성된 조사시찰단은 12개 반으로 나뉘어 각각 일본의 내무성, 외무성, 대장성, 문부성, 육군, 해군, 세관 등을 시찰하였다. 이들의 일본 시찰은 비록 3개월의 짧은 기간이었지만 각 부문별로 정밀한 시찰 보고서가 작성됨으로써 추후 고종의 개화정책 추진에 큰 도움을 주었다. 아울러 어윤중의 수행원으로 일본에 갔다가 귀국하지 않고 남아서 공부한 유길준, 윤치호 등은 중요한 개화 인재로 성장하였다.

유길준이 어윤중을 따라 일본으로 갔을 때 그는 26살이었다. 음력

4월 28일 동경에 도착한 유길준은 14일 만에 복택유길福澤諭吉이 경영하던 경응의숙慶應義塾에 입학했다. 반면 윤치호는 중촌정직中村正直이 운영하는 동인사同人社에 입학했다. 이것이 우리나라 최초의 일본 유학이었다. 일본으로서는 유사 이래 처음 받은 외국 유학생이었다. 유길준의 일본 유학이 그만큼 역사적이었기에 당시 일본 언론에 이런 기사가 실리기까지 했다.

> 지난번 도항한 조선인 유길준(25)과 유정수(26) 2명은 비상하게 분발하여 어제 삼전三田의 경응의숙에 입학하였다. 유길준과 유정수는 조선의 사족으로 비록 관직이 없는 소년생이나 조선에서는 이미 학문 재능이 뛰어난 것으로 소문이 나 있었다고 한다. 그들이 일본인과 접하기는 부산을 출발하여 금일까지 겨우 30여 일밖에 안 되었지만 그 사이에 벌써 일본어를 배워 일상생활에 필요한 인사도 대체로 할 수 있다고 한다. 그들은 먼저 일본어를 배우고 번역서를 읽은 뒤에 서양서 등을 연구할 생각으로 열심히 수업에 힘쓰고 있다고 한다. 지금까지 경응의숙에는 일본인 부인에게서 출생한 외국인 학생들이 많이 입학하였으나 순수한 외국인이 입학한 것은 이 두 사람이 효시라고 한다.[70]

일본에서 유학하던 유길준은 1882년에 임오군란이 일어나자 귀국했다. 그리고 다음 해인 1883년 7월에 보빙사報聘使 민영익을 수행해 미국에 갔다. 그때 유길준의 나이 28살이었다. 민영익은 귀국하면서 유길준은 미국에 남아 공부할 수 있게 했다. 이렇게 해서 유길준은 우리나라 최초의 미국 유학생이 되었다.

조사시찰단이 일본으로 출발한 지 몇 달 후에 김윤식이 인솔하는 영선사가 청나라로 출발했다. 그들이 북경에 도착한 때는 1881년 11월 17일이었다. 10일 후, 보정에 도착한 김윤식은 다음 날 이홍장을 만났다. 김윤식의 『음청사』에 의하면 둘 사이에 다음과 같은 필담이 오갔다. 먼저 이홍장이 묻기를, '기술을 배우러 온 학생들의 나이는 어떻습니까?' 하였다. 김윤식이 대답하기를, '열여섯이나 열일곱에서 사십여 살까지 있어서 같지가 않습니다.' 하였다. 그러자 이홍장이 묻기를, '나이가 어찌하여 이렇게 많습니까?' 하였다. 김윤식은 대답하기를, '나이가 어려 우매한 것보다는 이미 기술을 배운 학생이 낫습니다.' 하였다.

영선사 김윤식을 따라갔던 38명의 학생들은 이홍장의 주선으로 천진기기국에서 기술교육을 받기 시작했다. 이렇게 해서 조선이 건국된 후 단절되었던 중국 유학이 500년 만에 되살아나게 되었다. 다만 삼국시대와 고려시대의 중국 유학생은 유교 또는 불교 같은 중국의 전통문화를 배우러 갔지만, 영선사를 따라간 유학생들은 서양의 근대문명을 배우러 갔다는 점에서 달랐다. 이 점은 조사시찰단을 따라간 일본 유학생도 마찬가지였다.

서양의 근대문명을 배우기 위해 청나라와 일본으로 갔던 유학생들은 우리나라 근대사만큼이나 굴곡진 인생을 살았다. 우리나라 근대사에 대한 평가가 복잡다단하듯이 그들의 삶에 대한 평가 역시 복잡다단하다. 하지만 그들이 우리나라 역사상 최초로 서양의 근대문명을 배우기 위해 해외 유학을 한 선각자들이라는 사실만큼은 분명하다고 하겠다.

2부 변천 속의 한국

CODE 7 국호 국호 속에 담긴 국가의 정체성

CODE 8 개혁세력 진보개혁은 어떻게 성공하는가

CODE 9 최고 권력자 한 나라의 왕이란 어떤 존재인가

CODE 10 헌법 정의로운 국가를 위하여

CODE 11 수도 무엇이 수도를 결정하는가

CODE 12 천재지변 인간의 이치로 천재지변을 다스리다

CODE 7 국호

국호 속에 담긴 국가의 정체성

대한민국과
조선민주주의인민공화국의 차이

2011년 현재 우리 민족은 한반도 남쪽의 대한민국과 북쪽의 조선민주주의인민공화국으로 분단되어 있다. 대한민국과 조선민주주의인민공화국의 국가 성격은 국호에 압축되어 있다. '대한민국은 민주공화국이다.'라고 선언하는 대한민국의 헌법 제1조 제1항은 대한민국의 국가 성격을 '민주공화국'으로 규정한다. 대한민국의 '민국'은 곧 '민주공화국'을 의미한다.

반면 '조선민주주의인민공화국은 전체 조선 인민의 이익을 대표하는 자주적 사회주의 국가이다.'라고 선언하는 조선민주주의인민공화국의 사회주의 헌법 제1장 제1조는 조선민주주의인민공화국의

대한민국 건국
1948년 7월 17일 법률 제1호로 정부조직법이 공포되고, 8월 15일 대한민국 정부가 수립되었다.

국가 성격을 '자주적 사회주의 국가'로 정의한다. 그런 면에서 조선민주주의인민공화국의 '민주주의인민공화국'은 바로 '자주적 사회주의 국가'를 뜻한다.

대한민국과 조선민주주의인민공화국은 국가 성격이 다를 뿐만 아니라 역사 계승의식 역시 다르다. 대한민국은 헌법 전문에서 '유구한 역사와 전통에 빛나는 대한민국은 3·1운동으로 건립된 대한민국임시정부의 법통과 불의에 항거한 4·19민주이념을 계승하고'라 하여 대한민국임시정부의 법통을 계승한다고 천명하였다. 따라서 대한민국의 대한은 바로 대한민국임시정부의 대한을 계승하는 명칭이라 할 수 있다.

반면 조선민주주의인민공화국은 사회주의 헌법 서문에서 '조선민주주의인민공화국은 위대한 수령 김일성 동지의 사상과 영도를 구현한 주체의 사회주의 조국이다.'라고 하여 김일성의 사상과 영도를 계승한다고 명시하였다. 해방 후에 김일성은 소련의 지원을 받아 1946년 8월에 북조선노동당을 창당하였고, 1949년 6월에는 남조선노동당과 합당한 조선노동당을 창당하고 위원장이 되었다. 이 조선노동당이 현재에도 조선민주주의인민공화국의 유일한 집권당이다. 이런 면에서 조선민주주의인민공화국의 조선은 김일성이 창당한 북조선노동당의 조선을 계승하는 명칭으로 이해할 수 있다.

이처럼 국호에서 드러난 국가 성격과 역사 계승의식만을 놓고 본다면 대한민국과 조선민주주의인민공화국은 전혀 다른 나라처럼 보인다. 하지만 대한민국과 조선민주주의인민공화국은 반만년 역사를 공유하는 한민족이 분명하다. 그런 사실은 비록 우리말로 표현되는 국호에서는 잘 드러나지 않지만 영어로 표현되는 국호에서는 명확하게 드러난다. 예컨대 대한민국의 영문 표기는 'REPUBLIC OF KOREA'이고 조선민주주의인민공화국의 영문 표기는 'DEMOCRATIC PEOPLE'S REPUBLIC OF KOREA'이다. 'REPUBLIC OF KOREA'에서 'REPUBLIC'은 민국을, 'KOREA'는 대한을 의미한다. 마찬가지로 'DEMOCRATIC PEOPLE'S REPUBLIC OF KOREA'에서 'DEMOCRATIC PEOPLE'S REPUBLIC'은 민주주의인민공화국을, 'KOREA'는 조선을 지칭한다. 우리말로는 국호가 한국과 조선으로 다르게 표현되지만 영어로는 'KOREA'로 동일하게 표현된 것이다. 물론 'KOREA'는 고구려 또는 고려에서 생겨난 말이다. 대한민국과 조선민주주의인민공화국이 국호의 영문표기를 'KOREA'로 동일하게 한 것은 전통시대 우리나라 역사에 등장했던 국호 중에서 서양 사람들에게 가장 널리 알려진 국호가 'KOREA'라는 사실과 함께, 고구려 또는 고려에 대한 역사계승의식이 공유될 수 있었기에 가능한 일이었다.

　미래의 통일 조국을 생각한다면 통일 조국의 성격은 물론 국호도 염두에 두지 않을 수 없다. 국호의 경우, 현재 시점에서 사용되고 있는 국호는 대한민국의 '대한', 조선민주주의인민공화국의 '조선' 그리고 영문 국호로 사용되는 '고려(KOREA)' 이렇게 세 가지이다. 대한, 조선, 고려 세 가지 중에서 어느 하나가 통일 조국의 국호로 결정될 수도 있다. 하지만 새 역사를 열어간다는 차원에서 전혀 새로운 국호를 창조할 수도 있고 아니면 우리나라의 역사에 등장했던 수많은 국호 중에서 다른 하나를 골라 쓸 수도 있을 것이다.

무엇이 왕국을 만드는가

● 　　　　단재 신채호는 우리나라 역사에 등장했던 무수한 국가와 국호를 대상으로 하여 타의 추종을 불허할 정도의 거대 담론을 구상하였다. 그는 고조선, 부여, 옥저, 동예, 삼한, 고구려, 백제, 신라, 가야, 고려, 조선 등 현재 우리에게 알려진 거의 모든 국가와 국호를 단군조선과의 관련 속에서 구상하였다. 그의 거대 담론 중에서도 단군조선을 3조선으로 본 것과 함께 3조선의 통치자를

한韓으로 본 것이 특별히 눈에 띄는 대목이다.

대부분의 경우, 고조선이라고 하면 태조 이성계가 창업한 조선과 구별되는 옛 조선 즉 단군조선, 기자조선, 위만조선을 연상한다. 하지만 고조선이 꼭 이 3조선을 의미하는 것은 아니었다. 예컨대 고려시대의 스님 일연은 『삼국유사』의 '고조선' 항목에서 '왕검조선王儉朝鮮'이라는 주석을 달아놓았다. 왕검조선은 '단군왕검의 조선' 즉 단군왕검이 다스린 조선이란 의미로 단군조선이나 같은 말이었다. 다시 말해 『삼국유사』에서 일연이 언급하는 고조선이란 왕검조선 또는 단군조선이었다.

고려를 이어 조선이 건국된 후, 조선시대 사람들은 혼란을 피하기 위해 단군조선, 기자조선, 위만조선을 한데 묶어 고조선이라 불렀다. 단재 신채호는 이같은 조선시대 사람들의 고조선 인식을 거부하고 단군조선 자체를 3조선으로 보았는데, 대체로 다음과 같은 내용이었다.[71]

기원전 24세기쯤 대제국 조선을 건국한 단군은 삼신三神 사상에 따라 전국을 세 개의 구역으로 나누고 각각 수도를 두었다. 첫 번째 수도는 상경上京 하얼빈이고 두 번째 수도는 중경中京 안시성, 세 번째 수도는 남경南京 평양이었다. 상경 하얼빈을 수도로 하는 조선은 현재 중국의 흑룡강성과 길림성 지역을 다스렸는데 신조선이라 불렸다. 중경 안시성을 수도로 하여 현재 중국의 요동과 요서 지역을 다스리던 조선은 불조선이라 불렸고, 남경 평양을 수도로 하여 한반도 지역을 다스리던 조선은 말조선이라 불렸다. 만주와 한반도에 걸쳐 있던 신조선, 불조선, 말조선이 바로 3조선이었다.

단군은 대단군이 되어 신조선을 다스렸고 나머지 두 명의 소단군이 불조선과 말조선을 다스리며 대단군을 보좌하였다. 3조선을 다스린 대단군과 소단군은 모두 한韓으로 불렸는데, 한韓이란 칸干과 통하는 말로 통치자 또는 장관이란 의미였다. 신조선의 통치자는 신한, 불조선의 통치자는 불한, 말조선의 통치자는 말한이라 불렸다. 신한, 불한, 말한을 한문으로는 진한辰韓, 변한卞韓, 마한馬韓이라고 하였다. 단재 신채호는 단군조선을 다스린 이 3명의 한을 훗날의 삼한三韓과 구별하기 위해 단군시대의 3한은 전삼한前三韓이라 하고 훗날의 3한은 후삼한後三韓이라 하였다.

단군조선이 건국되고 2천 년쯤 지난 기원전 4세기경에 중국이 전국시대로 접어들면서 불조선은 중국 연나라의 공격을 받아 위축되었고, 신조선은 북방 흉노족의 공격을 받아 위축되었다. 이에 따라 불조선과 신조선의 유민들이 대거 만주를 떠나 한반도 남쪽으로 내려와 정착하게 되었다. 이들은 위만조선과 구별하기 위하여 더 이상 조선을 국호로 사용하지 않고 기왕의 진한, 변한, 마한을 국호로 사용하기 시작했다. 요컨대 3조선의 통치자 칭호였던 진한, 변한, 마한이 후삼한의 국호로 변화되었다는 것이 단재 신채호의 생각이었다. 그렇다면 단군이 처음 나라를 세우고 그 이름을 조선이라 한 이유는 무엇일까?

보통 조선朝鮮이라는 말은 한자 뜻 그대로 '아침의 신선함' 또는 '신선한 아침의 나라' 등으로 이해되어 왔다. 이는 중국 대륙의 동쪽에 위치한 조선의 지리적, 자연적 특징에서 그 뜻을 파악한 것이었다. 예컨대 조선시대의 『신증동국여지승람』에서는 '동쪽 해 뜨는 곳에 있으므로 조선이라고 하였다.'[72]고 하였고, 조선 후기의 학자 안정복은 『동사강목東史綱目』에서 "선비산鮮卑山의 동쪽에 있기에 조선이라고 하였다. 조朝란 동쪽이라는 뜻이라."라고 해석하였다.[73]

이에 비해 단재 신채호는 조선이라는 나라 이름은 '주신珠申'이라는 만주어에서 왔다고 생각했다. '주신'은 관할 영토라는 뜻이라고 한다. 단군이 나라를 세우고 자신이 관할하는 영토인 조선을 그 이름 그대로 국호로 삼았다고 생각한 것이었다.

부여, 고구려 같은 국호도 단재 신채호는 단군조선과 관련하여 이해하였다. 예컨대 '고구려'는 '가운데'의 옛말인 '가울' 또는 '가우리'에서 왔다고 하였는데, 이 '가울' 또는 '가우리'는 단군조선의 행정구역이라는 것이다. 단재 신채호는 신조선, 불조선, 말조선은 각각 전국을 전부, 후부, 중부, 좌부, 우부로 나누어 통치했다고 생각했으며, 5부 중에서 '중부'의 원래 이름을 '가울' 또는 '가우리'로 보았다. 즉 '고구려'란 바로 단군조선의 행정구역 이름인 '가우리'에서 왔다는 것이 단재 신채호의 생각이었다. 아울러 '부여'는 '불조선'의 '불'에서 온 말이라고 하였다. '불'은 '벌판'이라고 할 때의 '벌'과 같은 뜻으로 단군조선이 애초에 압록강, 송화강 같은 강가나 냇가의 벌판에서 출현하였기에 '불' 또는 '벌'이 국호로 되었다는 의미다. 단재 신채호는 신라나 백제 역시 단군조선의 속국으로서 고대로부터 있었던 이름이고, 발해 또한 대조영 이전부터 있었던 이름이라고 생각했다.

단재 신채호가 단군조선에 대하여 구상한 거대 담론이 역사적 진실인지는 확실하지 않다. 기원전 24세기쯤 단군조선이 건국되었다

단재 신채호
일제강점기의 독립운동가·사학자·언론인.《황성신문》《대한매일신보》등에서 활약하며 내외의 민족 영웅전과 역사 논문을 발표하여 민족의식 앙양에 힘썼다.

는 사실을 인정한다고 해도, 그 시대에 정말 만주와 한반도를 포괄하는 대제국이 가능했을까 하는 의문부터 시작하여, 3조선의 행정조직이 정말 5부였을까, 고구려가 정말 '가울' 또는 '가우리'라는 말에서 왔을까,[74] 신라나 백제는 정말 단군조선의 속국이었을까 등등의 의문이 제기될 수 있다.

하지만 그럼에도 불구하고 단재 신채호의 단군조선 인식이 상당한 호소력을 갖고 있는 것 또한 사실이다. 무엇보다도 삼국시대로 대표되는 고대사를 단군조선과 직접 연계시킴으로써 한국의 상고사와 고대사를 계기적으로 이해할 수 있게 하였다는 사실만으로도 크나큰 호소력이 있다. 아울러 이두식 풀이를 이용해 단군조선과 관련된 나라 이름들을 풀이했다는 사실 또한 상당한 설득력을 갖는다. 예컨대 '부여'는 '벌판'이라는 말에서 왔으며, 단군조선은 원초적으로 강가나 냇가의 벌판에서 출현하였다고 생각한 것 등이 그것이다.

현재 우리는 '국國'이라고 하는 중국의 한문을 '나라'라고 풀이한다. 이는 중국의 '국'이라는 한문 글자를 우리 조상들이 '나라'로 이해하였다는 의미이다. 즉 우리 조상들이 역사의 어느 단계에서인가 중국의 한문글자 '국'에 해당하는 정치체政治體를 조직하고 그것을 '나라'라고 불렀던 것이다.

'나라'는 '나'와 '라'가 합쳐진 말이라고 한다. 『삼국사기』의 초기 기록에는 나那, 라羅 등의 용어가 자주 등장한다. 예컨대 고구려 관나貫那의 '나', 신라 서라徐羅의 '라', 가라伽羅의 '라' 등이 그것이다. 이렇게 '나' 또는 '라' 등으로 발음되는 단어의 의미는 기본적으로 '내' '불' '벌'이다. '내'는 물론 냇가이다. 반면 '불'은 불타는 불이라고 할 때의 불, '벌'은 넓은 벌판이라고 할 때의 벌을 뜻한다.[75] 이는 우리 조상들이 냇가의 벌판에서 최초의 나라를 세웠던 역사적 경험에서 나타난 것이라 할 수 있다.

예컨대 신라의 원래 이름인 사라斯羅 또는 사로斯盧에서 사斯는 '새'라고 하는 우리말을 한문으로 표시한 것이라고 한다. 우리말의 '새'에는 몇 가지의 뜻이 있다. 첫째는 새롭다고 할 때의 '새'이고, 둘째는 날아다니는 새라고 할 때의 '새'이며, 셋째는 쇳덩어리라고 할 때의 '새' 그리고 넷째는 '샛바람'이라고 할 때 즉 동쪽이라는 의미에서의 '새' 등이다. 물론 사라 또는 사로에서 '라'나 '로'는 넓은 벌판이라고 할 때의 벌이다.

따라서 사라 또는 사로의 본래 의미는 '새로운 벌판' '새의 벌판' '쇠의 벌판' '동쪽의 벌판' 등으로 해석될 수 있다. 사라를 건설한 사람들은 자신들이 정착한 곳을 '새로운 벌' '새의 벌' '쇠의 벌' '동쪽의 벌'이라는 의미에서 사라 또는 사로라고 불렀던 것이다. 이중에서 '새로운 벌판'이라는 의미의 신라新羅가 나라 이름으로 굳어지게 되었다.

이같은 사실은 인류의 역사 전개와도 잘 맞아떨어진다. 인류의 역사에서 사람들의 정착과 밀집은 농경문화와 직결되었다. 농경문화 이전 단계에서는 먹을 것을 찾아 끝없이 헤매야 했다. 바로 구석기와 중석기 시대의 수렵이나 채집과 같은 단계였다.

그러나 신석기 시대에 들어 농경문화가 발달하면서 사람들은 먹을 것을 찾아 헤매지 않고 한곳에 정착할 수 있게 되었다. 농경을 위해서는 물과 넓은 벌판이 필요하므로 사람들은 물가의 넓은 벌판에 정착하게 되었다. 여기에 청동기, 철기 등의 도구가 출현하면서 농경문화는 더욱 발전하고 사람들의 정착과 밀집도 더욱 확대되었다. 취락聚落, 촌락村落, 부락部落, 읍락邑落 등이 바로 농경문화의 발전에 따라 사람들이 정착, 밀집한 곳이었다. 이런 취락, 촌락, 부락, 읍락 등을 중심으로 출현한 원초적인 정치체가 이른바 '나' 또는 '라'였다. 역사의 진전에 따라 '나'와 '라'는 서로 간의 정복이나 통합을 거쳐 '나라'로 발전하였고,[76] 그 나라에 다시 왕이 출현함으로써 왕국이 등장하였다. '나라'가 등장하고 또 '왕국'이 출현하면 당연히 국호도 나타나게 된다.

왕국이 출현한 후 실로 오랫동안 우리나라의 역사에서는 왕국시대가 지속되었다. 줄잡아 삼국시대부터 고려, 조선시대까지 약 2천 년간이 왕국시대였다. 고려시대는 비록 대내적으로는 제국帝國이었지만 대외적으로는 엄연히 왕국이었다. 이에 비해 조선은 대외적으로도 또 대내적으로도 왕국이었다.

우리나라의 역사에 등장했던 수많은 나라 중에서 대한제국이 등장하기 이전의 나라들은 모두 왕국王國이었다. 예컨대 고구려, 백제, 신라, 가야, 발해, 고려, 조선의 경우에는 '왕국'이라는 이름을 더하여 고구려 왕국, 백제 왕국, 신라 왕국, 가야 왕국, 발해 왕국, 고려 왕국, 조선 왕국이었다. 이는 대한제국이 등장하기 이전 우리나라 역사가 오랜 세월 왕국으로 이어졌음을 의미한다. 그렇게 왕국으로 이어지다가 대한제국 때에 '제국帝國'이 되었고, 대한민국 때에 '민국民國'이 되었다.

나라 이름 다음에 붙는 왕국, 제국, 민국은 그냥 붙는 것이 아니라 나라의 특징과 성격을 규정짓는 용어이다. 왕국은 왕의 나라, 제국은 황제의 나라, 민국은 국민의 나라라는 뜻이다. 즉 왕국, 제국, 민국은 나라의 주인이 누구인지를 표현하는 용어이다. 왕국, 제국, 민국이 등장한 순서로 본다면 우리나라 역사에서 민국 이전에 제국이 있었고, 제국 이전에 왕국이 있었다. 그러면 왕국 이전에는 어땠을까? 나라가 있으면 꼭 왕이 있었을까?

신라 왕국의 경우를 들어 생각해보자. 신라 왕국의 모태는 경주평야에서 성장한 사로국斯盧國이다. 그런데 사로국을 사로 왕국이라고 부르지는 않는다. 그 이유는 사로국의 특징과 성격이 왕국이라고 하기에 적합하지 않기 때문이다. 신라 왕국은 왕국이 되기 이전 오랜 세월을 사로국으로 존재하다가 왕이 등장하면서 신라 왕국으로 질적 변화를 하였다. 마찬가지로 제국에서는 황제가, 민국에서는 국민이 등장하였던 것이다.

그러므로 우리나라 역사의 전개 과정으로 본다면 '국' 즉 '나라'라고 하는 존재가 어느 시점에서인가 출현한 후, 역사의 진전에 따라

'왕' '황제' '국민'이 등장하게 되면서 이전과는 질적으로 다른 나라 즉 왕국, 제국 그리고 민국으로 변화하였다고 하겠다. 그같은 변화는 나라의 변화이기도 하고 역사적 전환이기도 하였다. 예컨대 사로국에 왕이 출현하면서 신라 왕국이 되는 상황을 『삼국사기』에서는 이렇게 증언하고 있다.

> 지증왕 4년(503) 겨울 10월에 여러 신하가 아뢰기를, '박혁거세 시조께서 나라를 세우신 이래 나라이름이 정해지지 않아 혹은 사라斯羅라고도 하고, 혹은 사로斯盧라고도 하며, 또는 신라新羅라고도 불렀습니다. 신들의 생각으로는 신新은 덕업이 날로 새로워진다는 뜻이고 나羅는 사방을 망라한다는 뜻이므로 이를 국호로 삼는 것이 마땅하다고 여겨집니다. 또 살펴보건대 예로부터 국가를 가지고 통치하던 사람은 모두 제帝나 왕王을 칭하였는데, 우리 박혁거세 시조께서 나라를 세운 지 지금 22대에 이르기까지 단지 방언方言으로 칭하고 존호尊號를 정하지 못하였습니다. 이제 여러 신하가 한 마음으로 삼가 신라 국왕이라는 칭호를 올리옵니다.' 하니, 왕이 이에 따랐다.(『삼국사기』 권 4, 신라본기 4, 지증 마립간)

사로국 사람들은 서력으로 503년 이전의 사라, 사로, 신라 등 다양한 이름으로 불리던 나라이름을 '신라'로 확정하고 아울러 당시의 권력자 지증 마립간에게 '국왕'이라는 존호를 올렸다는 것이다. 이는 달리 말하면 그 이전까지 신라에는 국왕이 없었다는 것이며, 따라서 그 이전의 나라는 왕국이라고 부르기에 적합하지 않았다는 뜻이 된다. 그래서 국왕이 없던 시기의 사라국, 사로국, 신라국과 왕이 등장한 이후의 신라 왕국은 같은 나라이면서도 특징과 성격이 전혀 다른 나라라고 할 수 있다.

국호로 드러나는
국가의 성격

● 고조선 이후 우리나라의 역사에 등장하는 나라는 이전의 나라 이름을 사용하는 경우가 많았다. 예를 들어 후삼국시대의 후백제, 후고구려 그리고 훗날의 고려와 조선, 대한제국은 모두 역사상에 등장하였던 국호를 다시 채용하였다. 그런데 이런 국호는 국가 스스로 결정하는 경우도 있었지만, 중국 황제에게 의뢰하여 결정하는 경우도 있었다. 예컨대 앞에서 살펴본 신라나 고구려, 백제가 스스로 결정한 국호다. 고려도 다음의 『고려사』에 나타난 대로 태조 왕건이 국호를 결정하여 선포하였다.

> 6월 병진에 태조 왕건이 포정전(布政殿)에서 즉위하고 국호를 고려라 하였다. 개원(開元)하여 연호를 천수(天授)라 하였다.(『고려사』 권 1, 세가 1, 태조 1년(918) 6월)

고려라는 국호는 삼국시대의 고구려를 계승한다는 생각에서 사용하였다. 국호를 자체적으로 선포한 고려는 그만큼 자주적인 나라라 할 수 있었다. 심지어 고려의 통치자는 대내적으로 황제라 칭하기도 하였다. 그렇지만 공식적으로 고려의 통치자는 중국의 황제로부터 '고려 국왕'에 책봉되었다. 따라서 고려는 대외적으로 '고려 왕국'이었다. 이 고려 왕국은 500년간 지속되다가 조선의 건국 세력들에게 멸망당했다.

조선은 고려와 달리 중국 황제에게 의뢰하여 결정된 국호였다. 고려의 국호가 자체적으로 결정되었던 사실과 비교하면 조선은 그만큼 비자주적인 나라였다고도 할 수 있다. 하지만 조선의 건국 세력들이 비자주적이어서 중국 황제에게 의뢰하여 국호를 결정한 것만은 아니었다. 그렇게 된 데에는 몇 가지 사정이 있었다.

우선 고려의 태조 왕건이나 조선의 태조 이성계는 전왕을 축출하고 왕위에 올랐다는 점에서는 동일하였지만, 그 내용과 과정에서 차이가 많았다. 가장 중요한 차이는 태조 왕건에 의해 축출된 궁예는 왕건에게 합세한 군사력에 의해 쫓겨났지만, 태조 이성계에게 밀려난 공양왕은 군사력이 아니라 공식적으로는 대비에게 폐위되었다는 사실이다. 군사력으로 궁예를 몰아낸 태조 왕건은 왕위 즉위와 국호 결정을 주체적으로 추진할 수 있었다. 이에 비해 태조 이성계는 군사력으로 공양왕을 축출한 것이 아니라 대비의 권위를 이용해 공양왕을 축출하였으므로 즉위 및 국호를 주체적으로 결정하기가 어려웠다. 예컨대 태조 이성계는 공양왕을 폐위한 대비에 의해 '감록국사監錄國事'라는 직책에 임명되었다가 왕위에 올랐다. '감록국사'란 정식 왕이라기보다는 임시로 국사를 감독한다는 의미였다. 그리고 그런 자리에 태조 이성계를 임명한 사람도 대비였다는 사실에서 형

태조 이성계
공양왕을 양위시키고 새 왕조의 태조가 되었다. 이듬해 국호를 조선(朝鮮)이라 정하고 1394년(태조 3) 도읍을 한양으로 옮겼다. 그러나 그 과정이 주체적이지 못하고 중국의 허가를 받아야 했다.

식적으로 이성계는 스스로 왕위에 오른 것이 아니라 공양왕의 선위禪位와 대비의 권고에 의해 왕위에 오른 것이 되었다. 이는 물론 태조 이성계의 왕위 찬탈을 호도하려는 책략이었지만, 바로 그 책략 때문에 태조 이성계는 즉위와 국호 결정을 주체적으로 추진하지 못하고 다른 사람에게 계속 의지하게 되었던 것이다.

태조 이성계는 왕위에 올라서도 스스로 새 나라의 왕이 아니라 '권지고려국사權知高麗國事'로 행세하였다. 예컨대 태조 이성계는 자신의 즉위 사실을 알리기 위해 명나라에 보내는 외교 문서에서 자신을 '권지고려국사'라고 칭하였다. 이런 논리라면 태조 이성계는 신왕조가 아니라 계속하여 고려의 왕이라는 말이나 다를 것이 없었다. 물론 그것은 태조 이성계나 조선건국 주체세력의 바람이 아니었다. 그들은 오히려 명나라에서 새로운 나라의 국호 문제를 먼저 제기해 줄 것을 기다렸다.

 태조 이성계가 스스로 왕위에 오르고 나라 이름을 결정한다면 그것은 고려의 왕위를 찬탈하였다는 사실을 공포하는 것이나 같은 의미였으므로, 형식적으로 태조 이성계의 국왕 즉위는 공양왕의 선위와 대비의 권고에 의한 것으로 하였다. 마찬가지로 태조 이성계와 조선건국 주체세력은 국호 결정도 명나라의 지시에 의한 것으로 함으로써 찬탈 혐의에서 벗어나고자 하였다. 그들은 명나라에서 국호 문제를 먼저 제기하도록 상황을 만들어갔다.

 명나라는 태조 이성계의 즉위 사실을 알리는 외교 문서를 통해 고려 왕조가 멸망하였다는 사실을 알았다. 그런데 그 외교 문서에 태조 이성계가 '권지고려국사'로 표현되어 있었으므로, 고려를 멸망시킨 신왕조가 새로운 국호를 채용하였는지 여부를 알 수 없었다. 당연히 명나라는 신왕조의 국호가 무엇인지 궁금해하였다. 태조 이성계와 조선건국 주체세력의 기대대로 명나라는 국호 문제를 먼저 제기하였다. 이와 관련하여 실록에는 다음과 같은 기록이 있다.

> 고려의 통치자는 명령을 자유로이 할 것이다. 고려의 통치자가 진실로 하늘의 뜻을 따르고 사람의 마음에 합하여 동이東夷의 백성을 편안하게 하고, 또 변방에서 분쟁을 일으키지 않는다면, 사신이 양국 간에 왕래할 것이다. 이는 진실로 그 나라의 복일 것이다. 이 외교 문서가 도

착하는 날에 고려에서는 국호를 무엇으로 고칠 것인지를 빨리 달려 와서 보고할 것이다.(『태조실록』 권 2, 태조 1년(1392) 11월 갑진)

명나라의 외교 문서를 접수한 태조 이성계는 신하들에게 국호 문제를 논의하게 하였다. 그 결과 조선朝鮮과 화령和寧이라는 두 가지가 추천되었다. 조선은 고조선을 염두에 둔 국호였고, 화령은 태조 이성계의 근거지인 화령을 염두에 둔 것이었다. 태조 이성계는 이 두 가지를 명나라 황제에게 보내 그중에서 골라줄 것을 요청하였다. 1393년(태조 2) 2월 15일 명나라에서 국호를 결정한 외교문서를 보냈는데, 그 내용은 다음과 같았다.

동이東夷의 국호에 다만 조선의 칭호가 아름답고, 또 이것이 전래한 지가 오래되었으니, 그 명칭을 근본 하여 본받을 것이며, 하늘을 본받아 백성을 다스려서 후사後嗣를 영구히 번성하게 하라.(『태조실록』 권 3, 태조 2년(1393) 2월 경인)

조선과 화령 중에서 조선을 신왕조의 국호로 결정하였다는 내용이다. 이에 따라 고려를 멸망시킨 신왕조의 공식 국호는 조선이 되었다. 조선의 통치자는 중국 황제로부터 '조선 국왕'으로 임명되었으므로 조선도 왕국이었다.

이처럼 겉으로 보면 조선의 국호는 명나라 황제가 결정하였다. 그러나 사실상 조선의 국호는 내적인 필요에 의해 자체적으로 결정되었다고도 할 수 있다. 그러나 그렇다고 해도 국호까지 명나라 황제에게 의뢰하였던 조선은 고려에 비해 비자주적이었던 것이 사실이다.

국호 속에 담긴 민족의 열망

조선 왕국은 19세기에 들어 서구 열강의 위협을 받게 되었다. 1876년(고종 13) 강화도조약 이후 일본, 러시아, 미국, 독일 등 수많은 열강이 조선을 압박하였다. 이 과정에서 고종의 왕비 민씨가 경복궁에서 일본 낭인들에게 살해당하는 을미사변이 발생하였고, 고종이 러시아 공사관으로 피신하는 아관파천까지 있었다.

고종은 1896년(고종 33) 2월 11일에 러시아 공사관으로 파천하면서 왕태후 홍씨(헌종의 두 번째 왕비 효정왕후孝定王后)와 태자비 민씨(순종의 첫 번째 태자비 순명왕후純明王后)를 러시아 공사관에 가까운 경운궁으로 옮기게 하였다. 고종은 장차 경운궁에 이어移御하여 그곳에서 제국을 선포할 계획이었다.

아관파천 기간 중 고종은 경운궁으로의 이어 및 제국 선포를 위해 차근차근 준비하였다. 경운궁을 수리하도록 명령하는 한편, 경복궁에 있던 명성왕후의 혼백과 유골도 경운궁으로 옮겨왔다. 아울러 고종은 『독립신문』 창간과 독립문 건립을 후원하였는데, 이는 장차 제국 선포를 위한 여론을 환기시키기 위해서였다.[77] 이런 준비과정을 거쳐 1897년(고종 34) 2월 20일에 고종은 러시아 공사관에서 경운궁으로 환궁하였다.

고종이 환궁한 이후 황제 즉위를 요청하는 여론이 높아졌고 상소문들도 올라왔다. 당시 고종의 황제 즉위는 고종의 의지도 있었지만 대신과 지식인의 광범위한 지지를 받았다. 고종의 입장에서는 일제에 의해 추락한 왕권을 회복하고자 하는 의지가 강하였으며, 대신들과 지식인들 입장에서는 '황제가 없으면 독립도 없다.'는 인식이 강하였다. 당시의 지식인들은 '왕이란 칭호는 황제보다 낮으며, 역사적으로 볼 때 조선인들은 왕을 황제의 종속적인 존재로 여겨왔으므로 황제 즉위는 우리의 군주가 누구에게든 독립적이며 아무에게도 낮은 존재가 아니라는 사실을 확인시켜줄 최선의 수단'으로 간주하였다. 이밖에 명성왕후 시해에 항의하는 반일 여론이 황제 즉위 여론을 크게 불러일으키기도 하였다.[78]

이같은 여론에 힘입어 고종은 1897년 10월 12일 환구단에서 황제 즉위식을 거행하였다. 환구단에서 황제 즉위식을 거행하기 직전에 고종은 대신들을 만난 자리에서 국호를 새롭게 하겠다는 뜻을 피력하였다. 『대례의궤(大禮儀軌)』에 의하면 고종이 국호를 개정하려던 이유는 다음과 같았다.

> 임금이 말하기를, '경들과 의논하여 결정하고 싶은 것이 있다. 지금 정사를 모두 새롭게 시작하는 때이니, 모든 예법도 다 새로워져야 한다. 이제부터 환구단에 첫 제사를 지내려 하는 때에, 당연히 나라의 이름을 새로 정해야 할 것이다. 대신들의 의견은 어떠한가?' 하였다. (중략)

임금이 말하기를, '우리나라는 삼한의 땅으로서 나라의 초기에 천명을 받고 삼한을 통합하여 하나의 나라로 만들었다. 지금 국호를 대한(大韓)이라고 한다고 해서 안 될 것이 없다. 또한 일찍이 여러 나라의 문자를 매번 보건대 조선이라고 하지 않고 한(韓)이라고 하였다. 이것은 한(韓)으로 된다는 옛날의 징표로서 오늘날을 기다린 것이니 천하에 공포하지 않아도 천하가 모두 다 대한이라는 국호를 알 것이다.' 하였다.[79]

고종은 그 옛날 천명을 받아 삼한을 하나의 나라로 통일하였던 때처럼, 새로 천명을 받아 황제에 오르는 시점에서 국호를 대한으로 고침으로써 당시 이리저리 갈라진 국론을 대통합하여 새로운 도약의 전기로 삼고자 하였다. 고종의 제안에 대신들도 모두 찬성함으로써 국호는 조선에서 대한으로 바뀌었다. 국호를 대한으로 바꾸던 그 시점에서 고종은 황제였으므로 대한은 왕국이 아니라 제국이었다. 이처럼 대한제국이라고 하는 국호는 조선 왕국의 위기 속에서 나라를 일신하여 새로운 통합과 도약의 전기로 삼고자 하는 열망에 힘입어 고종의 황제 즉위와 함께 탄생하였다.

그러나 대한제국은 1910년 8월 22일(양력)에 '한일합병조약'이 체결됨으로써 역사의 뒤편으로 사라졌다. '한일합병조약'은 조선총독부의 초대 총독이 되는 육군대신 데라우치에 의해 주도되었다. 1910년 7월 23일에 한국에 도착한 데라우치는 헌병경찰을 동원하여 일체의 정치적 집회나 연설회를 금하고 이를 어기는 경우 가차 없이 검속, 투옥하는 공포분위기를 조성하였다. 이런 분위기 속에서 데라우치는 8월 16일에 총리대신 이완용을 통감 관저로 불러 한일병합을 위한 담판을 개시하였다. 데라우치가 제시한 한일합병안은 별다른 수정 없이 8월 18일자로 내각회의를 통과하였다. 8월 22일에는 비록 형식적이기는 하였지만 한일합병을 논의하기 위한 어전회의가 창덕궁에서 개최되었다. 어전회의 후 순종 황제가 이완용을 전권위원으로 임명함으로써 같은 날 이완용과 데라우치 사이에 병합조약이 조인되었다. 당시 궁내부의 일본인 사무관이었던 곤도 시로스케에 의하면 8월 22일의 어전회의는 다음과 같았다고 한다.

> 당시 궁중의 모습은 매우 평온하고 조용한 가운데, 단 한 차례 어전회의가 열렸을 뿐이었다. 그때 어전회의에 참석한 사람은 총리대신 이완용, 내부대신 박제순, 농상공부 대신 조중응, 탁지부 대신 고영희, 법부대신 이재곤 외에 〈학부대신 이용직은 불만을 품고 나오지 않았다.〉 왕족을 대표하여 이희공李熹公, 고종의 형 전하, 원로를 대표하여 김윤식, 전하의 측근으로는 궁내대신 민병석, 시종원경 윤덕영, 시종무관 이병무 등이 자리에 있었다. 별실에는 왕비의 부친인 해풍부원군 윤택영 후작과 총독부에서 특별히 파견된 참여관 고쿠부 쇼타로와 고미야 차관이 어전회의의 모습을 지켜보기 위해 기다리고 있었다.
> 어전회의는 오후 2시가 좀 지난 시간에 창덕궁의 대조전大造殿 흥복헌興福軒에서 열렸다. 본래 우리와 같은 사무관은 어전회의 내용에 대해 알 수 있는 입장이 아니었으나, 다만 내 경우에는 명령을 받고 내전으로 나아가 국새와 옥새를 보관하고 있는 금고에 이변이 없도록 조용히 감시하라는 특수한 임무에 따라 안쪽 방에서 대기하고 있었다. 그런데 운 좋게도 그 앞쪽 복도가 대조전으로 가는 통로여서 출입하는 대관들

의 모습을 볼 수 있었다. 그들은 긴장한 모습이라기보다는 오히려 한 나라의 운명이 여기서 결정되고 마는구나 하는 몹시도 슬픔이 가득 감도는 느낌을 갖게 하였다. 어전회의는 약 한 시간 만에 끝났으며, 마침내 왕 전하께서 이완용 총리에게 한일병합협약 체결 전권위원장全權委員狀을 내리셨다.

내가 당시 가까이 있던 사람에게 들은 바로는 전하께서 직접 발의하시고 엄숙하게 이완용 총리에게 병합 단행의 칙명을 내리셨으며 이 총리는 삼가 받들며 단 한마디 '예.' 하고 대답하며 명령을 받들었다고 한다. 또 어떤 사람의 말에 의하면 '나라가 망하고 임금이 치욕을 당하니 신하에게는 죽음만이 있을 뿐'이라며 한탄하고 분개하였다고 한다. 또 어떤 자의 말에 의하면 미국이 하와이를 병합한 예를 들며 황제가 폐위당하고 한 나라가 폐망하는 그 말로를 보며 눈물지었다고도 한다. 이에 반해 전하께서는 이미 대세를 달관하신 것인지 조금도 주저함 없이 결단을 내리시고 이를 번복할 의사가 없으셨으므로, 조선 500년의 마지막에 나라와 백성을 구하기 위해 미증유의 이 중대 안건을 평화로운 분위기 속에서 한 시간의 어전회의를 통해 결정하신 다음 폐회를 선언하셨고 곧 각 신료들은 어전을 물러났다.(『대한제국황실비사』 곤도 시로스케 지음, 이연숙 옮김, 이마고, 2007)

이날 조인된 '한일병합조약'은 8월 29일에 공포되었다. 이 조약은 총 8조로 이루어졌는데, '한국 황제폐하는 한국 정부에 관한 일체의 통치권을 완전하고도 영구히 일본국 황제폐하에게 양여한다' '일본국 황제폐하는 이 양여를 수락하고 한국 전부를 일본제국에 병합하는 것을 허락한다.' '일본국 황제폐하는 한국 황제폐하, 태황제폐하, 황태자전하 및 후비后妃, 후예後裔에게 각기 지위에 상당한 존칭, 위엄 및 명예를 향유하게 하고 또 이를 보유하는 데 충분한 세비歲費를 공급할 것을 약속한다' 등의 내용이 들어 있었다.

이런 내용들은 1910년 8월 29일에 공포된 메이지 천황의 조서詔書를 통해 공식화되었다. 메이지 천황의 조서가 발표되던 날 여러 개의 칙령이 같이 공포되었다. 그중 칙령 318호는 '한국의 국호는 고쳐서 지금부터 조선이라 칭한다.'는 내용이었고, 칙령 319호는 '조선에 조선총독부를 설치한다.'는 내용이었다. 이 칙령에 의해 대한제국은 1910년 8월 29일자로 사려졌고 그날부터 식민지 조선이 되었다. 식민지 조선의 공식적인 통치 권력은 고종도 아니고 순종도 아닌 조선총독부였다.

대한제국의 멸망 이후 우리 민족은 곧바로 조국 광복을 위한 독립 투쟁을 전개하였다. 광복 운동은 1919년 3·1운동을 계기로 국가 재건 운동으로 발전하였다. 3·1운동 당시 우리 민족은 전 세계를 대상으로 독립선언을 하였다. 이에 따라 정부를 조직해야 할 필요성이 높아졌다. 이 결과 3·1운동 이후 노령露領의 대한국민회의정부大韓民國會議政府, 기호畿湖의 대한민간정부大韓民間政府, 한성漢城의 조선민국임시정부朝鮮民國臨時政府, 상해의 대한민국임시정부大韓民國臨時政府, 평안도의 신한민국정부新韓民國政府, 한성의 임시정부臨時政府 등 6개의 임시정부가 등장하였다.[80]

당시 6개의 임시정부 중에서 한韓을 국호로 내건 임시정부는 대한국민회의정부, 대한민간정부, 대한민국임시정부, 신한민국정부 등 4

개였고, 조선朝鮮을 국호로 내건 임시정부는 조선민국임시정부 하나 뿐이었다. 이는 당시의 독립운동가들 사이에서 국호를 한韓으로 해야 한다는 의견이 주류였음을 보여준다. 육당 최남선에 의하면 독립운동가들은 일본의 새 제도를 모르는 체하고 옛 나라를 그대로 지키고자 한韓을 국호로 하였다고 하는데,[81] 이는 대한제국을 대체한 조선총독부의 조선을 무시하려는 의미도 있다고 한다. 그같은 상황을 상해 임시정부를 통해 살펴보면 다음과 같다. 3·1운동 직후 수립된 상해 임시정부는 곧바로 국호를 결정하고 임시정부 조직과 임시헌장臨時憲章을 제정하였다. 임시 정부의 국호인 '대한민국'은 다음과 같은 과정을 거쳐 결정되었다.

> 1919년 4월 11일에 국호, 관제, 국무원國務院에 관한 문제를 토의하자는 현순玄楯의 동의動議와 조소앙趙素昻의 재청再請이 가결되어 토의에 들어갔다. 먼저 국호를 대한민국이라 칭하자는 신석우申錫雨의 동의와 이영근李英根의 재청이 가결되었다.[82]

상해 임시정부의 국호인 '대한민국'은 이전의 국호였던 '대한제국'에서 '제국'만 '민국'으로 바꾼 것이었다. 따라서 국호 자체만 보면 대한민국은 대한제국의 '대한'을 그대로 임시정부의 국호로 계승하되, '제국'을 '민국'으로 변경한 것뿐이었다.

그러면 제국에서 민국으로의 변화는 어떤 의미가 있는 것일까? 대한제국의 주권자는 '대한국국제大韓國國制'에 규정된 대로 '무한한 군권君權을 지니는' 황제였다. 그러나 대한민국 임시정부의 주권자는 임시 헌장에서 '대한민국은 민주공화제民主共和制로 함'이라고 천명한 그대로 황제가 아니라 모든 국민이었다. 이처럼 대한민국이라는 국호는 대한제국의 역사성을 계승하면서 동시에 수천 년 지속되어온 군주제를 민주제로 전환시켰음을 선언한 것이었다.

그러므로 대한제국의 멸망은 우리 민족에게 일제 강점기의 시작이라는 암울한 역사를 의미하지만 동시에 군주제의 종말과 민주주의 도입이라는 측면도 갖고 있다. 특히 3·1운동 이후 전 민족의 독립 염원 속에서 탄생한 상하이임시정부가 공식적으로 군주제를 부정하고 민주 공화제를 천명함으로써 우리 민족은 명실상부하게 민주주의의 길로 들어서게 되었다.

광복 이후 대한민국은 국호와 헌법의 골격에서 상하이임시정부를 계승하였다. 광복 이후 3년 동안 미군정기美軍政期를 거친 후 우리나라의 골격을 짠 것은 제헌의회였다. 제헌의회는 헌법을 제정하기 위한 국회로 이 제헌의회에서 국호는 물론 권력의 구조도 결정하였다.

1948년 5월 10일의 총선거를 통해 구성된 제헌의회에서는 국호를 결정하고 헌법을 제정하기 위한 실무위원으로 헌법기초위원회憲法基礎委員會를 조직하였다. 헌법기초위원회는 이청천, 조봉암, 서상일 등 30명의 제헌의회 의원으로 구성되었다. 이 밖에 헌법기초위원회를 지원하기 위해 유진오 등 전문가 10명이 전문위원으로 참가하였다. 당시 헌법기초위원회에서 거론된 국호는 대한민국, 고려공화국, 조선공화국, 한국 등이었다. 대한민국이라는 국호는 제헌의회의 의장 이승만과 이청천 계열에서 지지하였는데, 임시정부의 정통성을 계승해야 한다는 취지에서였다. 이에 비해 한국 민주당 계열에서는 고려공화국이라는 국호를 선호하였다.

　1948년 6월 7일에 헌법기초위원회는 국호 문제를 놓고 격론을 벌였다. 각자의 주장이 팽팽히 맞서 결국 표결에 들어갔다. 결과는 대한민국 17표, 고려공화국 7표, 조선공화국 2표, 한국 1표였다. 마침내 30명의 위원 중에 과반이 넘는 17명의 찬성을 얻은 대한민국이 국호로 결정되었다.

　이처럼 대한민국이라고 하는 국호는 광복 후 새 나라를 세우기 위한 열망 속에서 일제강점기에 독립운동의 구심점이었던 대한민국 임시정부의 정통성을 계승한다는 의식에서 채택되었다.

CODE 8 개혁세력

진보개혁은 어떻게 성공하는가

대한민국에서 성공한
진보세력

● 대한민국의 역대 대통령 중에서 자신의 취임사에 '혁명'이라는 단어를 가장 많이 쓴 대통령은 김대중 대통령이다. 무려 12번이나 썼다. 그 다음은 9번을 쓴 박정희 대통령이다. 취임사로만 보면 김대중 대통령이 가장 혁명적이고 그 다음이 박정희 대통령이다.

1961년 5월 16일의 군사정변을 통해 권력을 장악한 박정희 장군은 1963년 12월 17일에 대한민국 제5대 대통령에 취임했다. 그날 오후 중앙청 광장에서 개최된 취임식에서 박정희 대통령은 장장 5천1백여 자에 이르는 취임사를 발표했다. "단군 성조가 천혜의 이 강토 위에 국기를 닦으신 지 반만년, 면면히 이어온 역사와 전통 위에 이제 새 공화국을 바로 세우면서, 나는 국헌을 준수하고 나의 신명을 조국과 민족 앞에 바칠 것을 맹세하면서 겨레가 쌓은 이 성단에 서게 되었습니다."는 말로 시작되는 이 취임사에는 '4월 혁명' '5월 혁명' '4·19와 5·16의 혁명이념' '범국민적 혁명대열' '정신적 혁명' '두 차례의 혁명' 등 총 9번에 걸쳐 '혁명'이라는 단어가 등장하였다.

김대중 대통령은 1998년 2월 25일에 대한민국 제15대 대통령에 취임했다. 취임식은 당일 오전 10시에 국회의사당에서 개최되었다. 김대중 대통령의 취임사는 7천5백여 자로 박정희 대통령의 취임사보다 훨씬 길었다. "존경하고 사랑하는 국민 여러분!"이라는 말로 시작한 취임사는 "오늘 저는 대한민국 제15대 대통령에 취임하게 되었습니다. 정부 수립 50년 만에 처음 이루어진 여야 간 정권교체를 여러분과 함께 기뻐하면서 온갖 시련과 장벽을 넘어 진정한 '국민의 정부'를 탄생시킨 국민 여러분들께 찬양과 감사의 말씀을 드리는 바입니다."라는 말로 이어졌는데, 이 취임사에는 '새로운 혁명' '인간혁명' '농업혁명' '도시혁명' '사상혁명' '산업혁명' '5대혁명' '정보화혁명' '정신혁명' 등 총 12번에 걸쳐 '혁명'이라는 단어가 등장했다.

박정희 대통령과 김대중 대통령의 취임사는 '혁명'이라는 단어가 여러 번 등장했다는 면에서 유사하지만, 그 의미와 쓰임새는 매우 달랐다. 박정희 대통령은 주로 4·19와 5·16을 대상으로 혁명이라는 말을 썼다. 총 9번 사용된 혁명 중에서 7번이 4·19와 5·16을 대상으로 했다. 나머지 두 번은 '범국민적 혁명대열'과 '정신적 혁명'이다.

이런 사실로 볼 때, 박정희 대통령이 취임사에서 혁명이라는 단어를 여러 번 쓴 이유는 자신의 5·16 군사정변을 정당화하기 위해서였다고 하겠다.

김대중 대통령의 취임사에 등장하는 혁명은 시공간적 범위가 매우 넓고 컸다. 인류의 등장인 '인간혁명'부터 시작하여 '농업혁명' '도시혁명' '사상혁명' '산업혁명' '정보화혁명'까지의 '5대혁명'은 바로 인류의 출현부터 당시까지의 인류역사를 '혁명사관'으로 요약한 것이었다. 그 이외 '새로운 혁명' '정신혁명'은 현재와 미래의 혁명을 염두에 두고 쓴 것이 분명했다. 이렇게 보면 김대중 대통령이 취임사에서 혁명이라는 단어를 여러 번 쓴 이유는 역사적 진보성과 의미를 강조하기 위해서였다고 하겠다.

김대중 대통령의 취임사에는 '총체적인 개혁' '정치개혁' '대기업과 합의한 5대개혁' '우리경제를 개혁' '기업의 자기개혁' '경제개혁' '교육개혁' 등 개혁이라는 말이 8번 등장한다. 역대 대통령들의 취임사 중에서 가장 많은 수치이다. 개혁이라는 말이 4번 등장하는 제16대 노무현 대통령의 취임사가 그 다음이다. 반면 박정희 대통령의 취임사에는 개혁이라는 단어가 한 번도 등장하지 않는다. 제17대 이명박 대통령의 취임사에서는 딱 한 차례 '교육개혁'이 쓰였을 뿐이다.

취임사에 빈번하게 등장했던 '혁명' 또는 '개혁'이란 단어 그대로 김대중 대통령과 노무현 대통령은 대한민국 현대사에서 진보 개혁세력의 상징이었다. 뿐만 아니라 정권까지 잡았다는 면에서 김대중 대통령과 노무현 대통령은 진보 개혁세력 중에서 가장 성공적인 진보 개혁세력이었다. 그렇다면 진보 또는 개혁이란 무엇인가?

'혁명' 또는 '개혁'이란 뭔가를 고치고 바꾼다는 뜻이다. 반대말은 보존하고 지킨다는 의미의 보수다. 정치적인 의미로 본다면 '혁명' 또는 '개혁'은 현실 사회를 고치고 바꾸려는 것이고, '보수'는 현실 사회를 보존하고 지키려는 것이다. 따라서 현실사 회를 고치고 바꾸려는 정치세력은 개혁세력이라 할 수 있고, 반대의 정치세력은 보수세력이라 할 수 있다.

개혁세력이 현실사회를 고치고 바꾸려는 이유는 현실 사회가 잘못되었다고 생각하기 때문이다. 그들은 현실 사회보다 훨씬 더 좋고 훨씬 더 바람직한 사회를 꿈꾼다. 그래서 그들은 현실 사회의 가치관과 생활환경을 바꾸려 하며 그런 자신들을 개혁세력 또는 진보세력으로 규정한다.

반면에 보수세력은 현실 사회의 가치관과 생활환경으로도 훨씬 좋고 바람직한 사회가 가능하다고 생각한다. 스스로 한국의 정통 보수를 자임하는 김석철 교수는 '우리 한반도를 지탱해왔던 큰 힘과 흐름을 부정하지 않고 받아들이면서 모든 것을 긍정적으로 보는 사람들'이 바로 한국의 보수라고 규정한다.[83]

현실 사회의 가치관과 생활환경을 긍정한다는 면에서 보수 세력의 가치관과 상황 인식은 비교적 단순하고 명쾌하다. 현실 사회의 주류 가치관이 곧 보수세력의 가치관이고 현실 사회의 주류 질서가 곧 보수세력의 상황인식이기 때문이다. 그들은 현실 사회의 주류 가치관과 주류 질서를 보존하고 지키려 한다.

반면 진보세력의 가치관과 상황 인식은 복잡다단하다. 현실 사회보다 훨씬 더 좋고 바람직한 사회라고 하는 것이 사람마다 다를 수 있기 때문이다. 그래서 바람직한 사회의 생활환경과 실현 방법을 놓고 논쟁하고 분열한다. 스스로 진보 개혁세력을 자처하는 유시민 국민참여당 대표는 한국의 진보주의를 이렇게 규정한다.

> 진보주의와 보수주의는 모두 사유습성과 생활방식, 제도의 변화에 대응하는 정신적 태도를 가리키는 말이라고 할 수 있다. 진보주의는 생활환경의 변화가 요구하는 새로운 사유습성과 생활방식, 그에 따르는 제도의 조정 필요성을 능동적으로 받아들이고 실천하려는 정신적 태도이다. 보수주의는 새로운 사유습성을 거부하고 변화에 저항하려는 정신적 태도를 가리킨다. 보수주의의 핵심은 '존재하는 것은 무엇이든 옳다.'는 말로 요약할 수 있다. 그러나 진화의 법칙을 인간의 제도에 적용하면 '존재하는 것은 무엇이든 틀렸다.'로 해야 마땅하다.
> (중략) 진보주의자는 일상적 실천을 위한 활동의 목표와 구체적 행동방침을 원한다. 그런 것을 이끌어낼 수 있는 규범적 진보 개념을 요구한다. 이것은 물론 정당하고 합리적인 요구이다. 그런데 안타깝게도 바로 이곳에서 진보의 분열이 시작된다. 무엇이 진보인지 그 내용과 실현 방법에 관한 규범적 판단을 내리는 순간 논쟁과 대립이 시작된다. 정통과 이단, 레알 진보와 가짜 진보, 명품 진보와 짝퉁 진보, 원조 진보와 사이비 진보를 나누는 논쟁이다. 이것은 새로운 사유습성을 창조하는 진보주의자들의 피할 수 없는 운명이다. 그러면 과연 진보주의자들이 생각하는 진보는 무엇일까? 대표적인 견해를 몇 가지 살펴보자. 가장 좁은 의미의 진보는 자본주의를 극복하는 것이다. 가장 넓은 의미의 진보는 인간 능력의 지속적 발전을 이루는 것이다. 둘 사이 어

디엔가, 인간을 자유롭게 만드는 것이 진보라는 견해가 있다.[84]

위의 규정대로 현재 대한민국에는 무수한 진보가 존재한다. 그들 중에는 자본주의 극복 즉 사회주의 혁명을 진정한 진보라 생각하는 사람도 있고, 인간 능력의 지속적 발전이라고 하는 매우 추상적인 개념으로 진보를 이해하는 사람도 있다. 이렇게 다양한 대한민국의 진보 중에서 김대중 대통령과 노무현 대통령이 최고 권력을 잡아 성공했다. '국민의 정부'를 내세운 김대중 대통령은 취임사에서 '참여민주주의의 실현'과 '냉전적 남북관계의 청산'을 강조하였고, '참여정부'를 제창한 노무현 대통령은 '더불어 사는 균형발전'과 '호혜와 평등의 한미관계'를 강조하였다.

이 네 가지 의제는 해방 후 지금까지 대한민국을 지탱해오던 핵심적인 가치관과 생활환경을 고치고 바꾸겠다는 선언이었다. 수십 년 간 지속된 군부독재를 고치고 바꾸겠다는 선언이 '참여민주주의 실현'이었고, 냉전체제에 입각한 남북의 대결관계를 고치고 바꾸겠다는 선언이 '냉전적 남북관계의 청산'이었다. 또한 중앙집권과 수도권 집중이라는 아주 오래된 현실을 고치고 바꾸겠다는 선언이 '더불어 사는 균형발전'이었다면 미국에 종속적으로 편중된 외교관계를 고치고 바꾸겠다는 선언이 '호혜와 평등의 한미관계'였다. 이 같은 진보 의제가 국민 다수의 동의를 얻음으로써 김대중 대통령과 노무현 대통령은 집권할 수 있었다.

하지만 한국의 보수주의자들은 김대중 대통령과 노무현 대통령의 진보 의제를 불안해했다. 그들은 '참여민주주의 실현'은 정부의 권위를 약화시킬 것이고, '냉전적 남북관계의 청산'은 북한에 대한 정신적 무장해제로 이어질 것이며, '더불어 사는 균형발전'은 행정 혼란과 분란을 일으킬 것이고, '호혜와 평등의 한미관계'는 외교적 고립을 초래할 것이라 우려했다. 그렇게 된다면 결국 대한민국은 망하게 되지 않겠는가? 한국의 보수주의자들은 이 정도로까지 현재의 가치관과 생활환경을 고치지 않고도 대한민국을 좋은 나라로 만들 수 있다고 주장했다. 이 같은 보수주의자들의 주장에 많은 국민들이 동의함으로써 이른바 진보정권은 집권 10년 만에 물러났다.

진보세력 또는 개혁세력은 현실 사회를 개혁하고 진보시킬 수 있는 다양한 목표와 실현방안을 제시할 수 있다. 성공하기 위해서는 물론 목표와 실현 방안 자체가 훌륭해야 한다. 하지만 그보다 더 중요한 것은 실현 가능성이 있어야 한다. 민주사회에서는 주권자인 국민들의 동의를 얻어야 성공할 수 있다.

우리나라의 역사를 돌이켜볼 때, 과거에 성공했던 개혁세력들은 대한민국의 성공한 진보세력과 유사한 면이 적지 않다. 그들이 꿈꾼 그 사회에 수많은 사람들이 호응했고 상당 부분은 현실화되었다.

중국의 상앙에게서 배우는 개혁의 원칙

중국의 상앙은 전국시대의 법가法家를 대표하는 사상가이자 정치가이다. 그는 위衛나라 출신인데 당시 진秦

나라의 효공이 현명하다는 소문을 들었다. 진나라에 간 상앙은 환관을 매수해 효공에게 줄을 댔다. 효공과의 첫 번째 만남에서 상앙은 오제伍帝의 정치에 대하여 유세했다. 당시 오제는 하늘의 신과 같은 존재로, 오제의 정치를 실현하기 위해서는 제왕 자신이 신과 같은 존재가 되어야 했다.

그 이야기를 듣던 효공은 하품을 하며 졸았다. 상앙이 물러간 후, 효공은 그를 소개해준 환관을 불러 크게 역정을 냈다. 왜 저런 황당무계한 사람을 소개했느냐는 질책이었다. 환관으로부터 이 이야기를 들은 상앙은 효공을 한 번만 더 만나게 해달라고 했다. 두 번째 만남에서 상앙은 왕도王道 정치에 대하여 유세했다. 효공은 역시 관심을 보이지 않았고 환관에게 역정을 냈다.

상앙은 환관을 설득해 다시 한 번 효공을 만났다. 이번에는 춘추시대의 오패伍霸에 대하여 유세했다. 그러자 효공이 상당한 관심을 보였다. 이 만남 후에 효공은 '상앙은 더불어 이야기할 만한 사람'이라고 했다. 환관으로부터 소식을 들은 상앙은 '효공께서 원하는 것이 무엇인지 이제 알겠습니다. 한 번만 더 만나게 해주십시오.' 하고 부탁했다. 네 번째 만남에서 효공은 상앙의 이야기에 푹 빠져들었다. 조금이라도 더 자세히 듣기 위해 상앙 쪽으로 몸이 쏠리고 무릎걸음으로 다가가고 있는 것도 깨닫지 못할 지경이었다. 그 후로 효공은 자주 상앙을 불렀고 절대적인 신임을 보였다.

네 번째 만남에서 상앙은 효공에게 변법變法을 통한 부국강병을 유세했다. 상앙은 기왕의 제도와 관행을 대대적으로 개혁함으로써 부국강병을 성취할 수 있고 나아가 춘추시대의 5패처럼 천하를 제패할 수 있다고 주장했다. 당시 효공은 내심 변법을 통한 부국강병을 원하고 있었다. 하지만 기득권층의 반발이 두려워 은인자중하며 기회를 엿보고 있는 중이었다. 기왕의 세 번 만남을 통해 상앙은 효공의 내심이 무엇인지 완벽하게 읽어냈던 셈이다. 효공의 절대적인 신임을 획득한 상앙은 20여 년간 진나라의 재상으로 있으면서 변법을 통한 부국강병을 이끌었다. 그렇게 성취된 부국강병의 기반 위에서 진시황의 중국 통일이 가능했다.

상앙의 변법은 오늘날의 개념으로 바꾸어 개혁운동 또는 진보운동이라 해도 손색이 없다. 그렇다면 상앙의 변법이 성공할 수 있었던 요인은 무엇일까? 첫째는 상앙의 개혁이념이 매우 유연하였다는 것이다. 상앙은 처음 오제의 정치를 이야기하다가 포기했고 그 다음 왕도정치를 이야기하다 포기했다. 이념적으로만 보면 오제의 정치와 왕도정치가 가장 이상적인 정치였다. 하지만 이것이 현실에 맞지 않다고 판단한 상앙은 오제의 정치와 왕도정치를 포기하고 부국강병을 통한 패도정치를 제시했다. 이것은 전국시대를 끝장낼 수 있는 매우 현실적인 대안이었다. 전쟁과 분열을 극복할 수 있는 당시의 시대 상황에 잘 맞는 변법이었다. 둘째는 변법을 달성하기 위한 실현방안 역시 훌륭했기 때문이었다. 왕조시대에 개혁을 하려면 우선 군주의 신임을 얻어야 했다. 상앙은 뛰어난 언변으로 군주의 신임을 획득했다.

하지만 이보다 더 중요한 성공 요인이 있었다. 당시의 기득권자들 즉 보수주의자들을 설득한 것, 그리고 백성들의 신뢰를 확보한 것이 그것이었다. 변법에 반대하는 보수주의자들을 상앙이 어떻게 설득하였는지에 대하여 『사기』의 '상군열전'에는 다음과 같은 기록이 있다.

효공은 상앙을 등용한 후 변법을 하려 했지만 혹 천하 사람들이 비난할까 두려워했다. 그러자 상앙이 효공에게 말하기를, '의심을 갖고 행동하면 공명이 따르지 않고, 의심을 갖고 일하면 성공할 수 없습니다. 또한 다른 사람들보다 뛰어난 행동을 하는 사람은 원래 세상 사람들의 비난을 받게 마련이며, 남들이 모르는 지혜를 가진 사람 역시 다른 사람들로부터 오만하다는 말을 듣게 마련입니다. 어리석은 자는 이미 이루어진 일도 모르지만, 지혜로운 자는 시작되기 전의 일을 봅니다. 백성은 일을 시작할 때에는 더불어 논의할 수 없지만 일이 성공하면 함께 즐길 수 있습니다. 가장 높은 덕을 강구하는 자는 세상과 타협하지 않으며, 큰 공을 이루는 자는 뭇사람과 논의하지 않습니다. 그러므로 성인은 나라를 강하게 할 수 있다면 옛것을 본뜨지 않고, 백성을 이롭게 할 수 있다면 옛날의 제도도 따르지 않습니다.' 하였다. 효공이 대답하기를, '좋은 말입니다.' 하였다. 그러자 감룡甘龍이 말하기를, '그렇지 않습니다. 성인은 백성의 풍속을 고치지 않고도 교화시키며, 지혜로운 자는 법을 고치지 않고도 다스립니다. 백성의 풍속에 따라 교화시키면 애쓰지 않고도 공을 이룰 수 있고, 이미 시행되고 있는 법에 따라 다스리면 관리도 익숙하고 백성도 편안할 것입니다.' 하였다. 상앙이 말하기를, '감룡의 말한 것은 세속의 말입니다. 평범한 사람들은 옛 풍속에 안주하고 학자들은 자기가 배운 것에만 몰두합니다. 이 두 부류의 사람은 관직에 있으면서 법을 지키게 할 수는 있지만 법 이외의 것을 더불어 논할 수는 없습니다. 하, 은, 주 삼대는 예악 제도가 서로 달랐지만 천하에 왕 노릇하였고, 춘추오패 역시 제도가 서로 달랐지만 모두 천하의 우두머리가 되었습니다. 지혜로운 자는 법을 만들고, 어리석은 자는 법에 통제되며, 현명한 자는 법을 고치고, 불초한 자는 법에 얽매입니다.' 하였다. 그러자 두지杜摯가 말하기를, '이익이 백 배가 되지 않는다면 변법하지 말아야 하고, 효과가 열 배가 되지 않는다면 그릇을 바꾸지 말아야 합니다. 옛것을 본받으면 허물이 없으며 예법을 따르면 사악함이 없습니다.' 하였다. 상앙이 말하기를, '세상을 다스리는 데는 한 가지 방도만 있는 것이 아니므로 편리하다면 옛날 법을 본받을 필요가 없습니다. 그러므로 은나라 탕왕과 주나라 무왕은 옛것을 따르지 않았지만 제왕이 되었고, 하나라의 걸왕과 은나라의 주왕은 예법을 따랐지만 멸망했습니다. 옛것을 반대한다고 해서 비난할 것도 아니고 예법을 따른다고 해서 칭찬할 것도 아닙니다.' 하였다.[85]

  위에 등장하는 상앙 그리고 감룡과 두지는 오늘날 진보주의자와 보수주의자 하고 다를 것이 없다. 상앙은 현실 사회의 가치관과 생활환경을 바꾸려 하고 감룡과 두지는 지키려 한다. 그런 면에서 상앙은 당시의 진보주의자를 대표하고 감룡과 두지는 보수주의자를 대표한다. 예컨대 '옛것을 본받으면 허물이 없으며 예법을 따르면 사악함이 없습니다.'라고 말하는 감룡과 두지의 가치관과 현실 인식은 오늘날의 보수주의자와 하나도 다를 것이 없다. 감룡과 두지는 현실 개혁을 하려면 이익이 백 배는 되어야 한다고 주장한다. 요컨대 그들은 미래 청사진이 확실하지 않은 한 절대 변법에 찬성할 수 없다는 주장이었다. 감룡과 두지의 생각이 당시의 주류 여론이었기에 효공도 쉽게 변법에 착수하지 못했던 것이다.

따라서 상앙이 변법에 성공하려면 감룡과 두지로 대표되는 보수주의자들의 불안감을 털어내야 했다. 그렇지 않다면 변법은 보수주의들과의 사상투쟁과 권력투쟁으로 변질될 것이 뻔했다. 상앙은 거대한 청사진을 제시함으로써 보수주의자들의 불안감을 씻고자 했다. '은나라 탕왕과 주나라 무왕은 옛것을 따르지 않았지만 제왕이 되었고, 하나라의 걸왕과 은나라의 주왕은 예법을 따랐지만 멸망했습니다.'라는 언급은 현 시점에서 변법하지 않으면 진나라는 멸망한다는 경고임과 동시에 지금 변법하면 진나라가 천하를 제패할 수 있다는 청사진이었다. 상앙이 제시한 청사진에 효공은 물론 감룡과 두지 역시 설득 당했다.

왕과 보수주의자들의 지지를 얻어낸 후 상앙이 가장 신경 쓴 부분은 백성들의 신뢰를 확보하는 일이었다. 백성들이 믿고 따라주지 않는다면 변법은 성공할 수 없기 때문이다. 그와 관련하여 『사기』의 '상군열전'에 다음과 같은 이야기가 전한다. 상앙은 변법을 시작한 후 혹 백성들이 믿지 않을까 염려했다. 그래서 저잣거리에다 큰 나무를 세워놓고 "이 나무를 북쪽 문으로 옮겨놓는 자에게는 십금十金을 주겠다."고 공시했다. 하지만 백성들은 그 말을 믿지 않았고 아무도 나무를 옮기려고 하지 않았다. 이에 상앙은 "이것을 옮기는 자에게는 오십금伍十金을 주겠다."고 공시했다. 그러자 어떤 사람이 나무를 옮겼다. 상앙은 즉시 그에게 오십금을 지급했다. 이렇게 신뢰를 확보한 후에야 상앙은 새로운 법령을 시행했다. 하지만 우려대로 갑

작스런 변법에 백성들은 불편해했다. 변법 시행 1년 만에 새 법령이 불편하다고 도성에까지 올라와 항의하는 자가 1천 명을 헤아릴 정도였다.

이때 태자가 법령을 어기는 사건이 발생했다. 상앙은 왕에게 "법령이 제대로 시행되지 못하는 이유는 윗사람이 지키지 않아서입니다."라고 말하면서 태자를 사형시키려 했다. 하지만 차기 왕이 될 태자를 사형시킬 수는 없었다. 그래서 태자의 스승을 대신 사형시켰다. 그러자 다음 날부터 모든 진나라 백성들이 새로운 법령을 지켰다. 변법 10년이 되자 진나라 백성들은 매우 만족스러워하였다. 그들은 길에 물건이 떨어져 있어도 주워 가지 않으며, 산에는 도적이 없고, 집집마다 풍족하고, 사람마다 마음이 넉넉했다. 백성들은 나라를 위한 싸움에는 용감하고 사사로운 싸움에는 겁을 먹었다. 도시나 시골이 모두 잘 다스려졌다.

상앙의 변법은 동양의 군주제 하에서 어떻게 해야 체제 내 개혁이 성공할 수 있었는지에 대한 모범답안으로 남았다. 그 첫째는 개혁 추진자의 유연하면서도 확고한 개혁 이념이다. 다음은 최고 권력자인 왕 그리고 기득권층인 보수주의자들도 설득할 수 있을 정도의 개혁 청사진이다. 마지막으로 원칙적으로 개혁을 추진함으로써 백성들의 신뢰를 확보하는 일이다. 이 세 가지가 갖추어졌을 때, 동양의 군주제 하에서 체제 내 개혁은 성공적으로 추진될 수 있었다. 이는 중국뿐 아니라 우리나라의 역사에서도 마찬가지였다.

개혁세력이 건설한
중세국가

● 한국의 고대국가는 골품체제로 유명한 통일신라로 대표된다. 통일신라는 고구려, 백제와의 경쟁에서 최종 승리하였기에 국가의 형성과정은 물론 국가의 운영원리에 관련된 역사기록이 풍부하게 남아 있다. 그래서 한국의 고대국가에 관해 세밀하게 알기 위해서는 신라의 골품제를 살펴보는 것이 유익하다.

신라의 골품제는 법흥왕 때인 6세기 때부터 성립되기 시작했다.[86] 골품제가 성립되기 이전에 신라는 6부部라고 하는 여섯 개의 정치체政治體가 연맹한 형태였다. 이 같은 연맹체제는 유래가 아주 오래되었다. 청동기시대에 접어들면서 전쟁이 격화되었고, 살아남기 위해서는 비슷한 세력을 가진 씨족 또는 부족들이 인접 씨족이나 부족들과 연맹을 맺음으로써 자신들을 지켜야 했다. 연맹조직을 얼마나 효율적으로 운영하느냐에 따라 씨족 또는 부족의 운명이 결정되었다.

연맹이 효율적으로 운영되려면 연맹을 주도하는 하나의 주체가 있어야 한다. 하지만 연맹에 참여하는 각 주체는 자신들의 기득권을 쉽게 포기하려 하지 않았다. 그래서 연맹 초기에는 각각의 참여주체가 권리와 의무를 공평하게 행사했다. 신라 초기에 박씨, 석씨, 김씨가 번갈아가면서 연맹을 이끌었다고 하는 내용이 그런 상황을 반영한다. 하지만 시간이 지나면서 연명 주체 간에 우열이 생기고 전쟁이 격화되면서 연맹 안에서 강력한 주도 세력이 등장했다. 신라에서는 김씨가 주도권을 잡으면서 연맹장의 자리를 세습했다.

신라는 지증왕대를 거치면서 고구려, 백제, 가야와의 경쟁이 더욱 격심해졌다. 전쟁을 효과적으로 치르고 국력을 결집하기 위해서는 강력한 중심이 필요했다. 이는 강력한 세습 왕권의 등장으로 구체화되었다.

하지만 강력한 세습 왕권의 등장은 필연적으로 6부 연맹이라고 하는 기왕의 체제와 충돌할 수밖에 없었다. 본질적으로 6부 연맹은 6부가 동등한 권리와 의무를 갖는 체제였다. 6부의 대표자들은 대등한 발언권을 행사하는 대등한 존재였다. 그러나 강력한 세습 왕권이 등장하면서 6부의 대표자들은 더 이상 대등한 존재가 될 수 없었다. 왕을 배출한 부의 대표자와 나머지 부의 대표자들은 군신관계로 재편되었다. 골품제는 바로 이 같은 상황에서 출현했다.

강력한 세습 왕권을 장악한 왕은 권력기반을 확보하기 위해 자신의 친족들과 함께 국가의 상층부를 장악했다. 그들이 곧 성골이자 진골인 왕족이었다. 그리고 나머지 부의 대표자들을 무마하기 위해 국가의 최고 귀족인 6두품으로 재편했다. 기타 사람들은 세력여하에 따라 5두품, 4두품 그리고 평민으로 재편했다. 내부투쟁을 막기 위해 진골왕족, 6두품, 5두품, 4두품에게 차등적으로 권력 영역을 배분하고 침범하지 못하게 했다. 예컨대 6두품은 진골왕족의 권력 영역을 넘볼 수 없게 했고, 5두품은 6두품의 권력 영역을 침범하지 못하게 했다.

신라의 골품제는 당시 상황에서는 최선의 선택이었다. 격렬한 전쟁이 빈발하던 당시 국력을 결집하기 위한 중심 권력은 시대적 요청이었다. 문제는 연맹 내부의 갈등을 어떤 방식으로 최소하면서 중심 권력을 창출하는가에 있었다. 신라 사람들은 현실적인 세력을 기준으로 세력 여하에 따라 권력을 분배함으로써 중심 권력의 창출에 따른 갈등을 최소화했다. 이렇게 탄생한 골품제가 효율적으로 운영됨으로써 신라는 고대국가로 성장했고 고구려, 백제와의 경쟁에서도 승리할 수 있었다. 이런 면에서 한국의 고대국가는 전쟁 속에서 탄생했다고 할 수 있다.

신라에서 골품제가 탄생하는 과정을 승패의 관점에서 보면 최후 승리자는 중심 권력을 장악한 진골왕족이었다. 반면 최대 패배자는 중심 권력에서 배제된 6두품이었다. 골품체제 이전에 6두품은 자기가 대표하는 부에서는 왕과 같은 존재였다. 하지만 골품체제에서는 기왕의 권력을 모두 빼앗기고 진골왕족의 신하로 추락했다. 6두품은 더 이상 왕이 될 희망도, 최고 관료가 될 희망도 없었다. 그럼에도 불구하고 6두품이 그런 상황을 수용한 이유는 당시의 상황에서는 그것이 최선이었기 때문이다.

물론 골품체제가 성립될 때 모든 6두품이 찬성한 것은 아니었다. 일부는 반발하고 저항했다.『삼국사기』에 의하면 골품제가 본격적으로 자리를 잡아가던 시기인 진평왕 때에 이런 일이 있었다.

설계두薛罽頭는 신라의 명문 자손이다. 그는 일찍 친구 4명과 더불어 한 자리에서 술을 마시면서 각자 포부를 말한 적이 있었다. 그때 설계두가 말하기를, '신라는 인재를 등용할 때 골품을 따져 그 족속이 아니면 비록 큰 재주와 큰 공로가 있어도 능히 그 범위를 벗어날 수 없다. 나는 차라리 중국으로 들어가서 세상에 드문 지략을 날려 비상한 공을 세우고 스스로 영화의 길을 닦아 천자의 측근이 되겠다.' 하였다. 진평왕 38년(621)에 설계두는 몰래 바다에서 배를 잡아타고 당으로 들어갔다. (후략)[87]

설계두는 설총 그리고 설총의 아버지로 유명한 원효대사와 같은 씨족으로 6두품이었다. '신라의 명문 자손이다.'는 기록은 바로 그것을 의미한다. 골품제에 절망한 설계두가 신라를 떠나 당나라에 들어가 공명을 떨친다는 것이 위 이야기의 줄거리이다.

설계두는 비록 골품제에 불만을 품었지만 그것을 전복시키려 하기보다는 그냥 떠나버렸다. 불만스럽기는 해도 당시 상황에서 골품체제를 전복시킬 수는 없다고 생각했기 때문일 것이다. 설계두의 삶으로 볼 때, 그가 만약 골품체제를 전복시킬 수 있었다고 믿었다면 체제전복 운동에 뛰어들고도 남았을 것이다. 하지만 설계두가 그렇게 하지 못한 것은 골품체제가 성립되던 시기에 다른 뾰족한 대안이 없었기 때문이라고 할 수 있다. 당시 골품제는 신라에서 최선의 체제였던 것이다.

하지만 200여 년쯤 흐른 후 골품제는 구체제의 상징이 되었다. 진골왕족은 왕위쟁탈을 벌이면서 동족상잔에 몰두했다. 중앙 권력이 흔들리면서 전국에서 반란이 일어났다. 이런 상황에서 6두품 출신의 지식인들이 골품제도 비판에 앞장섰다. 일부는 아예 호족 세력과 연대하여 체제전복에 나서기도 하였다. 통일신라 말의 이른바 3최 즉 최치원, 최승우, 최언위는 바로 그런 상황을 대표하였다.

최치원, 최승우 그리고 최언위는 6두품 출신이자 당나라 유학 출신이었다. 뿐만 아니라 모두 당나라의 빈공과에 합격한 수재들이었다. 당시의 상황으로 본다면 동아시아를 뒤흔들던 세계적인 인재들이었다. 하지만 그런 그들도 신라 안에서는 한갓 6두품일 뿐이었고 좌절한 지식인일 뿐이었다. 그들이 체제 내 개혁이나 체제전복을 추구한 것은 당연한 일이었다.

최치원은 12살에 당나라에 유학해 18살에 빈공과에 합격한 수재 중의 수재였다. 유학 16년 만인 28살에 귀국한 최치원은 왕의 측근이 되었다. 『삼국사기』에 의하면 진성여왕 8년(894) 2월에 최치원이 시무時務 10조를 올리자 여왕이 가납하고 최치원을 아찬으로 삼았다고 한다. 골품체제에서 아찬은 6두품이 올라갈 수 있는 최고 관등이었다.

최치원이 올린 시무 10조의 내용은 현재 전하지 않는다. 하지만 그 내용이 골품체제를 개혁하려는 것이었음은 의심의 여지가 없다. 골품체제 개혁은 결국 진골왕족의 기득권을 폐지하는 것이 핵심일 수밖에 없다. 그러므로 최치원의 개혁시도는 진골왕족들로부터 격심한 반발을 샀을 것이 분명하다. "최치원은 당나라에 가서 배워 아는 것이 많았음으로 귀국 후 자기의 뜻을 널리 펴보려고 하였으나, 세상이 어지러운 때문인지 그를 의심하고 꺼리는 사람이 많아 그 뜻이 능히 용납되지 않으므로 외직으로 나가 대산군 태수가 되었다."는 『삼국사기』 '최치원전'의 기록이 있다. 좌절한 최치원은 속세를 떠나 산으로 들어갔다. 마치 설계두와 비슷한 처신이었다.

반면 최승우와 최언위는 아예 골품체제를 전복하고자 했다. 당나라에서 귀국한 최승우는 견훤의 참모가 되었다가 다시 왕건의 참모가 되었다. 최언위 역시 왕건의 참모가 되었다. 이들 6두품 지식인들이 왕건과 연대하여 고려왕조를 창업한 주역이었다.

고려는 이전의 신라와 전혀 다른 국가체제를 갖추었다. 가장 중요한 차이는 왕족들이 국가권력에서 완전히 배제되었다는 것이다. 기왕의 진골왕족들이 갖고 있던 기득권이 완전히 폐지되고 유능한 관료에게 돌아갔다. 이 같은 고려의 국가체제가 바로 신라의 골품제를 해체하고 성립된 중세 국가체제다. 한국의 중세 국가체제는 조선왕조까지 천 년이나 지속되었다.

신라의 골품제가 와해되는 과정에는 체제 내의 개혁 시도와 체제 전복 시도가 모두 있었다. 처음에는 체재 내의 개혁 시도가 있었다. 만약 그 개혁이 성공했다면 신라의 진골왕족들이 얼마만이라도 더 기득권을 유지하지 않았을까? 하지만 진골왕족들은 체제 내 개혁을 반대하다가 혁명을 당하였고 결국 모든 것을 잃었다.

양반들의 허위의식과 위선을 꼬집은 연암 박지원

연암 박지원(1737~1805)은 성호 이익(1681~1763)과 함께 조선 후기를 대표하는 개혁사상가이다. 연암은 노론 출신이었고 성호는 남인 출신이었다. 그들의 개혁사상 중 상당 부분은 그 시대의 당론과 대결하는 과정에서 형성되었다.

연암 박지원은 젊었을 때 노론 골수파로서 그 누구 못지않게 당론을 추종했다. 그는 선천적인 노론 골수파이자 당론 추종자였다. 이른바 선조宣祖의 유교칠신遺敎七臣 중 한 명인 박동량이 그의 6대 조상이었다. 유교칠신이란 선조가 승하하면서 비밀 유언으로 영창대군을 부탁했다고 하는 일곱 명의 서인 중진이었다. 유교칠신은 광해군이 즉위한 후 영창대군을 살해하는 과정에서 숙청당하였다. 이에 대한 반작용으로 서인들이 반정을 일으켜 광해군을 축출한 사건이 이른바 인조반정이다.

당연한 일이지만 박동량의 후손들은 서인의 골수였다. 그것도 왕실과 밀착된 서인의 핵심이었다. 박동량의 큰아들 박미는 선조의 딸 정안옹주와 혼인한 부마였다. 박미의 5대 후손이 되는 연암은 넓게 보면 선조의 외손이었다. 이런 이유에서 그는 『돈녕보첩』이라고 하는 왕실족보에도 이름이 올라 있다.

인조반정 이후 중앙 정계를 장악한 서인은 주도권을 놓고 서로 분열되었다. 표면적인 계기는 송시열과 그의 제자 윤증의 갈등이었다. 윤증이 아버지 윤선거의 묘갈명을 스승 송시열에게 부탁했는데, 송시열은 성의 없이 썼을 뿐만 아니라 은근히 비난하는 말까지 넣었다. 윤선거가 병자호란 때 강화도 전투에서 죽지 않고 살아난 일은 대의명분에 어긋난다는 질책이었다. 송시열은 현실보다는 대의명분을 중시하는 인물이었기 때문이다.

그러나 당시의 상황과 현실을 무시한 채 대의명분만 내세우는 송시열에게 윤증은 불만을 토로했고, 이를 계기로 둘 사이는 점차 멀어졌다. 송시열은 충청도 회덕에 살았고 윤증은 이산에 살았기에 둘 사이의 갈등을 '회니시비懷尼是非'라고 한다. 이 회니시비에서 송시열을 두둔한 사람들이 노론老論이었고, 반대로 윤증을 옹호한 사람들이 소론少論이었다. '늙은 사람들의 논의'라는 말 그대로 노론에는 원로급 서인들이 많았던 반면, '젊은 사람들의 논의'라는 말처럼 소론에는 소장파들이 많았다. 그때 서인의 골수였던 박동량의 후손들은 당연히 노론이었다.

'회니시비' 단계에서 노론은 윤증에 대하여 스승의 은혜를 원수로 갚은 배신자라 비난했다. 이에 비해 소론은 송시열에 대하여 불가능한 명분을 강요하는 위선자라고 맞받았다. 그 당시 노론과 소론 사이에는 다분히 감정적인 비난이 난무했지만 서로 간에 살육은 없었다. 그런데 경종대에 이르러 살육을 주고받기에 이르렀다. 노론은 경종에게 불치의 병이 있다는 이유로 연잉군을 세제世弟에 책봉하고 대리청정까지 밀어붙였다. 이 같은 노론의 행위를 소론은 역모로 단정했다.

이 일로 노론과 소론이 충돌하여 이른바 임인옥壬寅獄이라고 하는 참극이 발생했다. 임인년인 경종 2년(1722)에 소론이 노론 170여 명을 역적으로 몰아 죽이거나 귀양 보낸 사건이 임인옥이다. 하지만 노론의 도움을 받은 연잉군 즉 영조가 즉위하자 상황은 역전되었다. 노론은 임인옥을 조작된 옥사라 주장하며 소론에게 가혹한 정치 보복을 가했다. 노론은 소론을 배신자들의 집단이자 정치조작의 집단으로 매도했다. 소론은 노론을 위선자들의 집단이자 역적의 집단으로 비난했다.

인조반정 이후에는 이른바 4색 당파 중 북인이 몰락하고 노론, 소론, 남인의 3개 당파가 주류였다. 노론, 소론, 남인은 숙종과 경종 대

박지원(朴趾源, 1737~1805)
청나라의 문물을 배워야 한다는 이른바 북학파(北學派)의 영수로 이용후생의 실학을 강조하였다. 특히 자유기발한 문체를 구사하여 여러 편의 한문소설(漢文小說)을 발표, 당시의 양반계층 타락상을 고발하고 근대사회를 예견하는 새로운 인간상을 창조함으로써 많은 파문을 일으켰다.

에 격심한 당쟁을 겪으면서 서로 간에 살육을 주고받았다. 각 당파는 자신들의 논의를 정론正論으로 미화하였고 상대 당파의 논의를 사론邪論으로 매도했다. 노론은 무조건 송시열을 미화한 반면 무조건 윤증을 매도했다. 노론의 후손들은 조상 대대로 전해 내려온 이런 당론에서 벗어날 수 없었다. 만약 노론의 후손이 송시열을 비난하거나 또는 윤증을 옹호하면 그것은 당론을 어기는 일일 뿐만 아니라 조상들을 욕보이는 일이기도 했다. 당파뿐만 아니라 가문에서 쫓겨날 각오를 하지 않고서는 감히 당론에 대항할 엄두를 내지 못했다.

연암 가문은 탕평정책에도 반대하던 강경 노론이었다. 강경 노론은 배신자들의 집단이자 정치조작의 집단인 소론 출신은 아무리 사람됨과 재능이 뛰어나도 어울릴 상대가 아니라고 주장했다. 연암이 존경해 마지않던 친할아버지 박필균은 소론을 공격하는 데 누구보다 앞장서서 노론의 맹장이라 불렀다.

연암은 31살 되던 해에 부친상을 당하였다. 그때까지만 해도 그는 가문의 전통 그대로 강경 노론이었다. 31살 이전에 연암 박지원은 송시열을 열렬히 추종했다. 송시열이 소리 높이 주창한 친명배청과 복수설치도 열렬히 찬성했다. 연암은 29살 때, 송시열과 관련된 초구기貂裘記라는 글을 지었는데 거기에 이런 시를 덧붙였다.

우리의 선왕이신 효종 대왕에게	唯我先王
또한 위로 임금님이 계셨으니	亦維有君
위대한 명나라의 천자님이 바로	大明天子
우리 효종 대왕의 임금님이셨네	我君之君
효종 대왕에게 신하가 있었으니	先王有臣
이름은 시열이요 자는 영보라네	時烈英甫
명나라의 천자님께 충성하기를	忠于天子
자기 임금께 충성하듯 하셨다네	如忠其主
효종 대왕에게 원수가 있었으니	先王有仇
만주 건주의 여진 오랑캐라네	維彼建州
어찌 우리나라만의 원수이랴?	豈獨我私
위대한 명나라에게도 원수라네	大邦之讐
효종 대왕께서 복수설치 하려고	王欲報之
대로 송시열 선생과 도모하며	大老與謀

힘쓸지어다 라고 말씀하시고는	王曰懋哉
초구를 하사한다고 말씀하셨네	賜汝貂裘
(중략)	
우리는 위대한 명나라의 유민이요	明之遺民
효종 대왕께서는 성인이시라네	先王聖人

(박지원, 『연암집』 권 3, 공작관문고, 초구기)

  위에 나오는 초구란 효종이 '연경 지역은 추위가 일찍 오지만 이것으로 바람과 눈을 막을 수 있습니다.' 하며 송시열에게 주었다는 가죽옷이었다. 초구에는 청나라를 북벌하려는 효종의 강렬한 의지가 담겨 있었다. 효종의 북벌 추진을 이론적으로 뒷받침해준 사람이 송시열이었다. 송시열이 주창한 친명배청 이론과 복수설치 이론이 북벌론의 핵심이었다.

  초구기에서는 평범하기 그지없는 노론 일반의 당론이 잘 드러난다. 현실성 없는 친명배청과 복수설치를 명분으로 북벌을 주장하고, 그 북벌을 명분으로 권력 장악을 정당화하는 노론의 당론과 전혀 다를 것이 없기 때문이다. 초구기를 지을 때만 해도 연암은 북벌론으로 대표되는 노론의 당론을 충실히 추종하고 있었다.

  하지만 연암은 부친의 3년상을 치른 이후부터 노론 당론에서 벗어나기 시작했다. 사실은 벗어나는 정도가 아니라 북벌론의 허구성과 비현실성을 신랄하게 폭로했다. 연암은 북벌론 대신 북학론을 들고 나왔다. 정조 4년(1780)에 44살의 나이로 청나라를 다녀온 후 저술한 『열하일기』 '허생전'에서 연암은 북벌의 비책을 듣고자 찾아온 이완 대장에게 이렇게 대꾸하도록 했다.

> (전략) 허생은 '무릇 대의를 온 천하에 외치고자 하면서 천하의 호걸을 먼저 사귀지 않고서는 성공한 적이 없었다. 남의 나라를 치고자 하면서 간첩을 쓰지 않고 성공한 적도 없었다. 만주의 여진족이 갑자기 천하의 주인이 되어 아직은 중국과 친하지 못하다고 생각하던 판에 조선이 다른 나라보다 솔선해서 항복하였으니, 청나라에서는 우리나라를 믿을 것이다. 그러니 그들에게 이렇게 청하라. '우리 자제들을 귀국에 보내어 학문도 배우고 벼슬도 하여 옛날 당나라와 원나라 시절처럼 해주고, 장사치들이 드나드는 것도 막지 말아주시오.' 그러면 저들은 분명 우리가 친절하게 해주는 것을 기뻐하여 허락할 것이다. 그러면 나라 안의 자제들을 가려 뽑아서 머리를 깎고 되놈의 옷을 입혀 지식층은 가서 빈공과賓貢科에 응시하고 서민들은 멀리 강남에 가서 장사치로 스며들게 하라. 그들의 허실을 엿보고 그들의 호걸과 교제를 맺어야 천하의 일을 도모할 수 있고 나라의 부끄럼을 씻을 수 있다. 그 후에 명나라 황제의 후손을 찾아 임금으로 세우거나, 그렇게 할 수 없다면 천하의 제후들을 거느리고 한 사람을 하늘에 추천해서 임금으로 세우면 된다. 그렇게 해서 잘되면 우리나라는 대국의 스승 노릇을 할 것이요, 못되어도 천자의 존경을 받는 나라는 무난하지 않겠는가?' 하였다.(박지원, 『열하일기』, '옥갑야화玉匣夜話', 허생전)

이완 대장은 송시열과 함께 효종대의 북벌을 상징하던 인물이었다. 송시열이 이론적으로 북벌을 뒷받침했다면 이완 대장은 군사력으로 북벌을 뒷받침했다. 그 이완 대장이 북벌의 비책을 물으러 왔는데, 허생은 북벌과는 정반대로 북학을 이야기했다. 당연히 이완 대장은 '요즘 사대부들은 모두 예법을 지키는 판이어서 누가 과감하게 머리를 깎고 되놈의 옷을 입겠습니까?' 하고 되물었다.

그러자 허생은 목소리를 높여 '이놈, 소위 사대부란 도대체 어떤 놈들이냐? 오랑캐의 땅에 태어나서 제멋대로 사대부라고 뽐내니 어찌 앙큼하지 않은가?'라고 일갈했다. 더 나아가 허생은 '너희들은 대명大明을 위해 원수를 갚겠다고 하면서도 그까짓 상투 하나를 아낀단 말이냐? 장차 말달리기, 칼 치기, 창 찌르기, 활 당기기, 돌팔매질 등을 해야 하는데 그 넓은 옷소매를 고치지 않고 제 딴에 그걸 예법이라고 한단 말이냐?'라고 쏘아붙였다. 결국 허생은 '신임 받는 신하가 겨우 이 정도란 말이냐?' 하며 칼을 찾아 찌르려 하였고, 깜짝 놀란 이완 대장은 들창으로 뛰어나와 달음박질쳐 도망쳤다가 이튿날 다시 와보니 허생은 벌써 집을 비우고 어디론가 사라졌다는 것으로 이야기는 마무리된다.

허생이 칼을 들어 찌르려던 이완 대장의 실체는 사실 북벌론의 허위의식과 비현실성이었다. 그 북벌론은 다름 아니라 송시열이 주창한 노론의 당론이었다. 송시열이 북벌을 주장했을 때는 병자호란의 참혹한 기억이 생생하던 때였다. 청나라를 오랑캐라 무시하고 조선을 소중화의 나라로 미화하는 일이 비록 현실적으로 비합리적이라 해도 당시에는 상처 입은 민족 자존심을 위로하는 긍정적인 역할을 했다. 그런데 그 논리가 백여 년이 넘도록 지속된다는 데 문제의 심각성이 있었다. 청나라는 동아시아를 넘어 세계 최강대국이 되었는데도 노론은 여전히 청나라를 오랑캐로 무시하고 조선을 소중화로 미화했다. 연암은 그같은 노론의 허위의식과 비현실성을 칼로 찌르려 했던 것이다.

하지만 그가 찌르려던 노론 당론은 사실상 연암 자신이기도 했다. 젊은 시절 그는 노론의 당론을 묵수했다. 뿐이랴? 그의 가문은 대대로 노론의 당론을 묵수했다. 그 당론을 칼로 찌른다는 것은 결국 젊은 시절의 자신을, 엄연히 현존하는 자신의 가문을 그리고 과거의 조상들과 송시열을 찌르는 것이나 마찬가지였다.

오늘날 연암이 위대한 개혁사상가로 알려진 이유는 바로 조상대대로 묵수하던 당론을 칼로 찌르려 한 그 정신과 행동에 있다. 당시 대부분의 양반들은 감히 조상들로부터 전해 받은 당론을 칼로 찌를 엄두를 내지 못했다. 배신자란 지탄을 받을까 두려웠고 기득권을 잃을까 무서웠기 때문이다.

노론 출신의 연암을 말하자면 가문 배경이라는 면에서 누구보다 유리했다. 학문적 재능 또한 월등하여 34살에 연암은 소과시험에 응시하여서 장원까지 했다. 영조가 그 사실을 알고 칭찬까지 했다. 대과시험에 응시했다면 합격은 따논 당상이었다. 연암은 노론 출신이었기에 충분히 대과시험에 합격할 수 있었고 또 노론 당론을 묵수했다면 정승 판서 역시 충분히 될 수 있었다.

그런데 연암은 보장된 미래를 스스로 내던졌다. 부친의 3년상이 끝난 35살 이후로 모든 과거시험을 포기했다. 그리고는 북학을 내세워 북벌의 허구성과 비현실성을 신랄하게 폭로했다. 그는 왜 이런 선택을 했을까?

남다른 현실감각과 비판의식을 지닌 연암은 젊었을 때부터 양반들의 허위의식과 위선을 예리하게 느끼고 있었다. 그는 나이가 들면서 양반들의 허위의식과 위선의 뿌리가 다름 아니라 북벌론으로 대표되는 노론 당론이었음을 깨달았다. 그 허위의식과 위선의 중심에 바로 젊은 날의 본인이 있었고 그의 가문과 송시열이 있었다.

연암은 20대부터 자신의 미래를 놓고 크게 고민했었다. 눈에 보이는 허위의식과 위선을 무시하고 입신출세의 길을 갈 것인가, 아니면 허위의식과 위선을 깨기 위해 입신출세를 포기할 것인가? 입신출세를 택하기에는 그의 현실감각과 비판의식이 너무 강렬했다. 그렇다고 완전히 포기하기에는 그의 기득권이 너무 컸다. 연암은 이러지도 저러지도 못 하며 방황했다. 밥도 제대로 먹지 못하고 잠도 제대로 자지 못 할 정도로 괴로워했다. 그렇게 10여 년을 고민했다. 그 사이 할아버지 박필균과 아버지 박사유가 세상을 떠났다. 연암은 아버지의 3년상이 완전히 끝나던 35살이 되어서야 진로를 결정할 수 있었다. 그는 입신출세를 포기하고 비판자의 길을 택했다.

그러나 연암은 노골적인 비판자가 되지는 못했다. 그는 풍자와 야유를 이용하여 양반들의 허위의식과 위선을 폭로했다. 그 이상을 하기에 연암은 선천적으로 너무 많은 기득권을 타고났다. 그래서 연암은 마치 이완 대장을 칼로 찌르려던 허생이 결과적으로는 진짜 찌르지 못 하고 도리어 세상에서 사라졌던 것처럼 풍자와 야유로 양반들의 허위의식과 위선을 비판했지만 그 이상을 하지는 못했다.

현실적으로 볼 때 비판자로서 연암의 일생은 불우했다. 우선 지독한 가난에 시달려야 했다. 권력으로부터 탄압도 당했다. 노론 친구에게 배신자라 욕을 먹었다. 여진 오랑캐에 물들었다는 중상모략도 뒤따랐다. 그러나 그보다도 더욱 연암을 힘들게 한 것은 상실감과 울분이었다. 그는 보장된 입신출세를 포기하고 비판자의 길을 선택했지만 현실을 별로 바꾸지 못했다. 풍자와 야유로 양반들의 허위의식과 위선을 아무리 찔러봐야 바뀌는 것은 없었다. 20년 가까이 비판자로 살던 연암은 50세 이후에 천거를 받아 벼슬길에 나갔다. 스스로 버렸던 입신출세를 늘그막에 다시 붙잡은 셈이었다. 관료로서 연암의 최고 벼슬은 군수였다. 현실적인 입신출세로 본다면 참혹한 실패였다.

그러나 연암은 비판자로 살던 30대와 40대인 20여 년간 진실을 만끽했다. 대부분의 양반들이 당론에 눈이 멀어 현실을 보지 못하였지만 그는 현실을 보고 깨달았다. 진실에 눈이 밝은 몇몇 선각자들과 깊은 교유를 나누기도 했다. 진실을 깨닫고 함께 나눈다는 기쁨이 그나마 연암을 20여 년간이나 비판자로 살 수 있게 하지 않았을까 싶다. 결정적으로 연암은 비판자로서 『양반전』『허생전』『호질』『열하일기』 등 불후의 명작들을 남겨 역사적 인물이 되었다. 그가 주창했던 북학론은 비록 당대에는 별로 빛을 보지 못했지만 근대 개화파에 의해 되살아났다. 그런 면에서 연암은 비록 현실적인 입신출세에는 실패했지만 개혁사상가로서는 역사적인 성공을 거둔 셈이었다.

당쟁 문제를 해결하고자 한
성호 이익

조선시대 대표 개혁가인 성호 이익은 연암과는 또 다른 측면에서 당론과 대결하여 역사적 인물이 되었다. 연암에게는 당론 그 자체보다는 당론에 내재된 허위의식과 위선이 본질적인 문제였던 반면, 성호는 당론 그 자체를 본질적인 문제로 삼아 따져봄으로써 불후의 논설들을 남길 수 있었다.

남인 출신인 성호는 당쟁으로 크나큰 희생을 치른 사람이었다. 성호는 당쟁에 휩쓸린 아버지가 유배된 곳에서 태어났다. 성호가 태어난 다음 해에 그의 아버지는 유배지에서 숨을 거두었으며, 훗날 그의 형 또한 당쟁에 휩쓸려 곤장을 맞고 죽었다. 충격을 받은 성호는 벼슬을 포기하고 평생 학문에만 몰두했다.

성호는 당쟁을 멈추게 할 방법을 찾기 위해 당쟁의 원인을 탐구했다. 그는 자문했다. 명색이 유학자인 양반들이 왜 화합하고 소통하지 못한 채 서로 죽고 죽이는 당쟁에 매달릴까? 공자의 사상을 공유하는 양반들이 왜 자기 당파의 주장은 무조건 공론으로 미화하고 상대 당파의 주장은 무조건 당론으로 매도할까? 성호가 찾아낸 원인은 의외로 간단했다. 당시의 양반정치가 마치 옥송처럼 되었기 때문이라는 것이었다.

옥송은 재판장에서 이익을 다투는 소송이었다. 돈, 권력, 명예 등 현실적인 이익을 놓고 서로 자신이 갖겠다고 다투는 것이 옥송이었다. 타협 없이 이긴 쪽이 다 갖고 진 쪽은 감옥에 가야 하는 것이 옥송이었다.

성호는 당쟁에 임하는 양반들이 마치 옥송에 임하는 사람들 같다고 생각했다. 옥송에 임하는 사람들이 소장을 준비하듯 당쟁에 임하는 양반들은 당론을 구실로 삼았다. 당론을 가지고 양반들은 당쟁에 뛰어들었다. 당쟁에서 이긴 쪽은 모든 것을 다 얻었고, 그렇게 얻은 것을 지키기 위해 또다시 당쟁에 몰두했다. 반대로 당쟁에서 진 쪽은 잃은 것을 되찾기 위해 당쟁에 몰두했다. 이긴 쪽과 진 쪽 모두가 당쟁에 몰두하다 보니 당론은 점점 더 복잡해졌다. 그럴수록 당론을 이용해 당쟁 자체를 부추기고 악용하는 양반들이 세상의 명예와 권력을 차지했다. 인격을 연마하고 실력을 닦은 사람들보다는 당쟁에 몰두하는 사람들이 세상을 좌우했다. 현실적으로 당론과 당쟁은 출세의 지름길이요, 치부의 지름길이기도 했다.

당론과 당쟁의 원인을 옥송이라 파악한 성호는 그 해결책으로 몇 가지를 제시했다. 우선 당쟁에 임하는 양반들이 자신들의 정치 행태가 옥송과 같다는 사실을 자각해야 한다고 생각했다. 문제점을 수긍해야 해결책을 제시할 수 있기 때문이다. 성호는 옥송과 같은 당론과 당쟁의 해결책을 『주역』 송괘訟卦의 상구上九 효사爻辭에서 찾아냈다. 상구의 효사는 '옥송에서 이겨 큰 상을 여러 번 받아도 한순간에 잃어버릴 수 있다.或錫之鞶帶 終朝三褫之 이긴 쪽은 너무 이기려고만 하지 말고, 진 쪽은 일거에 모든 것을 만회하려 하지 말아야 한다'는 내용이었다. 이긴 쪽과 진 쪽이 조금씩 양보하고 타협하라는 교훈이었다.

그러나 이런 교훈은 교훈 자체로는 훌륭할지 모르지만 크나큰 이해가 걸린 당사자들에게는 절박한 호소력을 가지지 못했다. 그러자

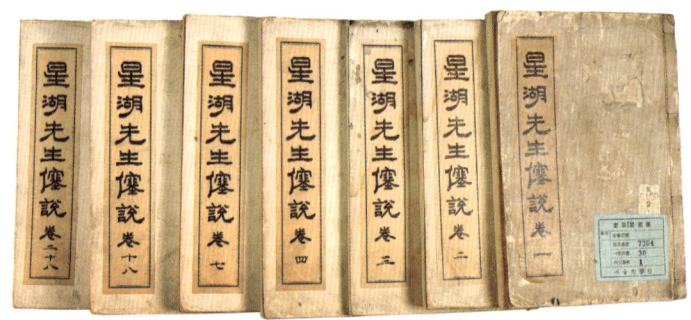

성호사설〔星湖僿說〕
조선 후기의 학자 성호 이익의 대표적 저술. 내용별로 구분하여 싣는 백과사전적인 책으로서, 서양의 새로운 지식을 적극적으로 수용하여 사물과 당시의 세태 및 학문의 태도에 대하여 개방적인 자세로 파악한 실학서이다.

　성호는 나름대로 현실적인 대안들을 제시했다. 양반이 관직과 정치 이외의 다른 직업에도 떳떳하게 종사할 수 있도록 사회를 개혁하자는 주장이었다. 조선시대 양반은 관직과 정치를 독점했지만 그렇기에 다른 직업에 종사할 수 없었다. 양반이 늘어날수록 관직 경쟁은 치열해졌고, 그 경쟁에서 낙오된 양반은 과거 낭인 아니면 정치 백수로 추락했다. 달리 활로가 없는 과거 낭인과 정치 백수들은 마치 일확천금을 노리는 사람들처럼 당론과 당쟁에 몰두했다. 양반이 관직과 정치 이외의 직업에도 떳떳하게 종사할 수 있다면 과거 낭인과 정치 백수가 줄어들고 당쟁도 진정되리라 예상할 수 있었다. 하지만 이 또한 요원한 일이었다.

　성호가 마지막으로 희망을 둔 곳은 주권자 국왕이었다. 오늘날의 주권자인 국민들도 당론 및 당쟁과 관련된 성호 이익의 다음 생각을 한번쯤 음미해봄 직하지 않을까 싶다.

지금 당론과 당쟁으로 말미암아 귀하게 된 자들은 어찌 옥송으로써 벼슬을 얻은 자들이 아니겠는가? 왕도란 편당도 없고 반측反側도 없이 오직 공公 하나로 포괄된다. 공의 반대가 사私이다. 사는 오직 자기만 이익 되게 하는 것이다. 이익 중에서 큰 것은 재물과 벼슬이다. (중략) 임금이 재물과 벼슬에 청렴결백한 자를 채용하면 부정부패를 저지르는 자들이 그칠 것이요, 재물과 벼슬만 추구하는 자는 내쳐서 벼슬도 재물도 다 얻지 못하게 하면 그 또한 무슨 마음으로 죽음을 무릅쓰고 무익한 옥송을 하겠는가? 이렇게 하지 않으면서 겉으로만 당론과 당쟁을 종식시키려 하다가는 결과적으로 당론과 당쟁을 부채질하게 된다.(이익, 『성호사설』 권 7, 인사문, 당론)

CODE 9 최고 권력자

한 나라의 왕이란 어떤 존재인가

미국의 대통령이 백리새천덕으로

● 2011년 현재 시점에서 대한민국의 최고 권력자는 누구일까? 법적으로만 보면 국민이다. 헌법 제1조 제2항에서 '대한민국의 주권은 국민에게 있고, 모든 권력은 국민으로부터 나온다.'고 규정되어 있기 때문이다.

하지만 대한민국의 국민은 일상적으로 주권을 행사하는 것이 아니다. 대의제를 통해 간접적으로 주권을 행사하기 때문이다. 국민의 위임을 받은 최고 권력자는 물론 대통령이다. 헌법에 의하면 대통령은 국가의 원수이며, 외국에 대하여 국가를 대표하는 존재로서 행정권, 국군 통수권, 계엄 선포권, 공무원 임면권, 사면권 등등 수많은 권력을 행사할 수 있다. 대통령의 권력은 아래와 같은 취임 선서문이 헌법에 명문화될 정도로 막강하다.

> 나는 헌법을 준수하고 국가를 보위하며 조국의 평화적 통일과 국민의 자유와 복리의 증진 및 민족문화의 창달에 노력하여 대통령으로의 직책을 성실히 수행할 것을 국민 앞에 엄숙히 선서합니다.[88]

대통령이란 말이 현재의 우리들에게는 매우 친숙하지만 우리나라 역사상 대통령이란 말이 공식적으로 사용되기 시작한 것은 그리 오래되지 않는다. 우리나라의 공식기록 상, 대통령이란 말이 처음으로 등장한 것은 신사유람단의 보고서에서다.

1876년 고종이 일본으로 비밀리에 보낸 신사유람단 즉 조사사찰단은 일본의 내무성, 외무성, 대장성, 문무성, 육군, 해군, 세관 등을 시찰하고 정밀한 보고서를 작성했다. 조사시찰단원 중 세관을 담당한 이헌영은 귀국 후 『일사집략日槎集略』이라는 보고서를 제출했는데, 이 보고서의 6월 10일자 기록에 "신문을 보니 미국米國 대통령 (大統領, 대통령은 국왕을 가리키는 말이다.)이 총격을 받고 해를 당했다고 한다."는 내용이 있다. 이후 조선에서는 고종을 위시하여 많은 사람들이 대통령이란 말을 쓰기 시작했다. 예컨대 『승정원일기』에 의하면, 1884년 5월 9일에 고종은 미국을 다녀온 전권대신 민영익을 창덕궁에서 만나 다음과 같은 대화를 주고받았다.

고종 : 먼 길을 잘 다녀왔는가?

민영익 : 덕분에 무사히 다녀왔습니다.

고종 : 미국美國 대통령을 몇 번이나 만나보았는가?

민영익 : 들어갔을 때 한 번 보았고 떠날 때 또 보았으니, 모두 두 번 보았습니다.

고종 : 대통령을 어디에서 보았는가?

민영익: 그 당시 워싱턴華城頓에 있지 않았기에 뉴욕紐約에 가서 보았습니다. (중략)

고종 : 대통령이 이번에 바뀌었다고 하던가?

민영익 : 신이 나오기 전에 미처 듣지 못하였습니다. 그런데 대통령은 3년을 임기로 삼고 있지만, 만약 대중이 바란다면 또한 연임하는 예가 있습니다. 대통령이 바뀌면 그 이하 여러 관리들이 모두 바뀐다고 합니다.

고종 : 그러나 의원議院은 바뀌지 않는다고 들었다. 근래 프랑스도 역시 대통령제를 한다고 하던가?

민영익 : 그렇습니다.

고종 : 여러 나라를 보았는데, 혹시 그중에는 군주君主도 있었는가?

민영익 : 본 적은 없습니다. 그러나 영국에 도착했을 때 그 군주는 다른 곳에 갔었고, 안내해주는 사람이 있어서 한 번 군주가 사는 궁궐을 보기는 하였습니다.

고종 : 영국의 군주는 여왕인가?

민영익 : 영국의 제도는 피붙이를 군주로 삼습니다. 그러므로 만약 남자가 없고 여자만 있으면 여자를 군주로 삼기도 합니다.

이런 내용을 통해 볼 때, 현재 우리가 쓰는 대통령이란 용어는 일본을 통해 들어왔음을 알 수 있다. 대통령이란 용어는 일본 사람들이 미국의 PRESIDENT를 번역한 것이다. 잘 알려진 대로 1853년 6월 3일에 미국의 페리 제독이 4척의 군함을 이끌고 도쿄 앞바다에 입항했다. 페리 제독은 일본과 수호통상을 요구하는 미국 대통령의 국서를 휴대하고 있었다. 에도막부에서는 그 국서를 다음과 같이 번역하여 고메이 천황에게 보고하였다.

아미리가亞美理駕 대합중국大合衆國 대통령大統領 성姓 비모斐謨 명名 미날달美辣達은 일본국 대군주大君主 전하 평안平安에게 알립니다. (후략)[89]

위의 번역문 중에서 아미리가亞美理駕는 AMERICA의 번역어이고, 대합중국大合衆國은 THE UNITED STATES의 번역어이며, 대통령大統領은 PRESIDENT의 번역어이다. 또한 대통령의 성으로 표현된 비모斐謨는 미국의 13대 대통령인 '밀러드 필모어'의 FILLMORE를 번역한 것이고, 명으로 표현된 미날달美辣達은 MILLARD를 번역한 것이다.

이 번역어들을 보면 당시 일본 사람들은 페리가 휴대한 영문 국서를 뜻 또는 발음으로 번역하였음을 알 수 있다. 예컨대 아미리가亞美理駕는 AMERICA를 발음으로 번역한 것이고, 대통령大統領은 PRESIDENT를 뜻으로 번역한 것이었다.

이런 방식은 우리나라 역시 마찬가지였다. 우리나라는 1882년 4월에 미국과 수호통상조약을 체결하였다. 조약은 조선의 왕 고종을 대신한 신헌과 미국의 대통령 아서(Chester A. Arther)를 대신한 슈펠트(Robert Wilson Shufeldt)의 명의로 체결되었다. 조약문은 한문과 영문으로 각각 번역되었다. 한문으로 번역된 조약문에는 대아미리가 大亞美理駕, 합중국合衆國, 대미국大美國, 백리새천덕伯理璽天德 등이 등장한다. 물론 대아미리가大亞美理駕는 AMERICA의 번역어이고, 합중국合衆國은 THE UNITED STATES의 번역어이다. 또한 대미국大美國은 대아미리가합중국大亞美理駕合衆國의 축약어이고, 백리새천덕伯理璽天德은 PRESIDENT를 발음으로 번역한 것이다.

현재 우리가 쓰는 대통령이란 용어는 19세기 말에 미국의 PRESIDENT가 '대통령' 또는 '백리새천덕' 등으로 번역되어 사용되다가 대통령이란 용어로 통일되어 지금에 이른 것이라 할 수 있다. 우리나라가 받아들인 대통령이란 용어의 기반은 당연히 미국의 정치적 민주주의였다. 지금 우리에게 너무나도 익숙한 대통령이라고 하는 최고 권력자는 물론 민주주의라고 하는 정치제도 역시 장구한 우리나라의 역사로 본다면 겨우 100여 년 전에 수용되었을 뿐이었다. 우리나라 역사의 대부분은 대통령이 아닌 다른 최고 권력자가 주도하였다.

제사장에서 점차
세속적인 권력자로

우리나라 최초의 국가는 고조선으로 알려져 있다. 고조선이란 국호는 고려시대의 스님 일연(1206~1289)이 쓴 『삼국유사三國遺事』에 처음 등장한다. 일연은 고조선 다음에 위만

조선衛滿朝鮮을 실었다. 이로 보건대 일연은 위만조선보다 더 오래된 조선이란 의미에서 고조선이란 칭호를 사용하였음이 분명하다. 일연은 고조선 아래에 '왕검조선王儉朝鮮'이라는 주석을 달아놓았다. 다음의 기록에서 보듯이, 왕검조선은 '단군왕검의 조선'이란 의미로 단군조선과 같은 말이다.

> 고조선(왕검조선). 『위서魏書』에 이르기를, '지금으로부터 2천여 년 전에 단군왕검檀君王儉이 아사달阿斯達에 도읍을 세우고 개국開國하여 조선이라고 하였다. 그 시기는 중국 요堯 임금과 같은 때이다.'라고 하였다. 『고기古記』에 이르기를, '옛날에 환인桓因의 서자庶子 환웅桓雄이 자주 천하에 뜻을 두고 인간세상을 탐내었다. 아버지 환인이 아들의 뜻을 알고 삼위태백三危太白을 내려다보니 홍익인간 할 만하였다. 이에 천부인天符印 3개를 주어 인간세상을 다스리게 하였다. 환웅이 무리 3천을 이끌고 태백산 정상의 신단수神壇樹 아래에 내려가 그곳을 신시神市라고 하였다. 이분을 환웅천왕桓雄天王이라고 하였다. 환웅천왕은 풍백風伯, 우사雨師, 운사雲師를 거느리고 곡식, 수명, 질병, 형벌, 선악 등 무릇 인간세상의 360여 가지 일을 주관하며 재세이화在世理化하였다. 그 때에 호랑이 한 마리와 곰 한 마리가 같은 동굴에서 살며 늘 신웅神雄에게 기도하여 사람이 되고자 하였다. 신웅神雄이 신령한 쑥 한 심지와 마늘 스무 개를 주면서, 너희가 그것을 먹고 100일 동안 햇빛을 보지 않는다면 사람이 될 것이라고 하였다. 곰과 호랑이가 쑥과 마늘을 얻어 먹었다. 기忌한 지 삼칠 일 만에 곰은 여자 몸을 얻었지만, 호랑이는 기忌하지 못하여 여자 몸을 얻지 못했다. 웅녀는 혼인할 배필이 없으므로

매번 신단수 아래에서 아이 갖기를 기도하였다. 환웅이 잠깐 사람으로 변화하여 혼인하고 아들을 낳으니 단군왕검檀君王儉이라고 하였다. 단군왕검은 요임금의 즉위 50년인 경인庚寅, B.C 2311에 평양성에 도읍하고 처음으로 조선이라고 칭하였다.'[90]

일연은 왕검조선의 통치자를 '단군왕검'이라고 하였다. 단군조선이 우리나라 최초의 국가이므로, 단군왕검은 우리나라 최초의 통치자라 할 수 있다. 그렇다면 단군왕검이란 무슨 뜻일까?

결론적으로 말한다면 '단군왕검'은 물론 '단군'이라는 용어가 정확히 무엇을 의미하는지 알기 어렵다. '단군왕검'을 놓고 그야말로 백인백색이라 할 정도로 의견이 분분하기 때문이다. 심지어 '단군'의 정확한 표기가 단군檀君인지 아니면 단군壇君인지도 분명하지 않다. 나무 목木이 들어가는 단군檀君은 '박달나무'와 관련하여 해석할 수 있고, 흙 토土가 들어가는 단군壇君은 '제단祭壇'과 관련하여 해석할 수 있으므로 같은 '단군'이라는 말을 가지고도 합의된 의미를 도출하기가 어렵다.

비록 그렇기는 하지만, 단군이 '제사장祭司長'과 '정치 지도자'의 뜻을 갖는다는 사실 즉 '제정일치祭政一致 시대'의 통치자를 의미한다는 면에서는 대체로 의견 통일이 이루어지고 있다. 오늘날에도 무당을 '당굴'이라 부르고 삼한시대에 소도蘇塗의 종교의례를 주관하던 존재를 천군天君이라 불렀듯이, 왕검조선의 종교의례를 주관하던 존재를 '단군'이라 불렀다는 것이다. 이런 판단이 가능한 이유는 우리나라 역사에서 처음으로 등장하는 통치자는 정치 지도자로서보다는 종교 지도자로서의 역할이 중요하였다는 사실에 근거한다.

예컨대 신라의 역사에서 왕이 등장하기 이전의 통치자 호칭이었던 거서간居西干, 차차웅次次雄도 종교 지도자로서의 성격이 강하였다.『삼국사기』에 의하면 신라의 건국 시조인 박혁거세朴赫居世를 거서간이라고 하였는데, 그 의미는 다음과 같다고 한다.

단군왕검 영정
한민족의 시조로 받드는 고조선의 첫 임금.《삼국유사(三國遺史)》에 천제(天帝)인 환인의 손자이며 환웅의 아들로 아사달에 도읍을 정하고 단군조선을 개국하였다고 전한다.

신라 시조의 성은 박씨이고 이름은 혁거세이다. 전한前漢 효선제孝宣帝 오봉五鳳 원년 갑자(기원전 57) 4월 병진 일에 (또는 정월 15일이라도 하였다.) 즉위하여 거서간이라 일컬었다. 이때 나이는 13세였고 나라 이름을 서라벌徐羅伐이라 하였다. (중략) 고허촌高墟村의 우두머리 소벌공蘇伐公이 양산 기슭을 바라보니 나정蘿井 옆의 숲 사이에서 말이 무릎을 꿇고 앉아 울고 있으므로 가서 보니 문득 말은 보이지 않고 다만 큰 알만 있었다. 그것을 쪼개니 어린아이가 나왔으므로 거두어서 길렀다. 나이가 10여 세에 이르자 남달리 뛰어나고 숙성하였다. 6부 사람들은 그 출생이 신비하고 기이하

였으므로 그를 받들어 존경하였는데, 이때 이르러 그를 임금으로 삼았
다. 진한辰韓 사람들은 박瓠을 박朴이라 일컬었는데, 처음에 큰 알이 마
치 박과 같았던 까닭에 박을 성으로 삼았다. 거서간은 진한의 말로 왕
을 뜻한다. 혹은 존귀한 사람을 부르는 호칭이라고도 하였다.[91]

박혁거세는 신비하게 탄생하였으므로 서라벌의 통치자가 될 수 있었으며, 그를 부르는 호칭으로 쓴 거서간은 '존귀한 사람'을 의미한다고 하였다. 이 존귀한 사람은 정치권력을 소유해서 존귀한 것이 아니라 혁거세의 경우처럼 '신비한 탄생' 같은 초월적, 종교적 측면에서 존귀한 것이었다. 이는 거서간 다음에 신라 통치자의 호칭으로 등장하는 '차차웅'에 대한 다음의 설명에서도 잘 드러난다.

남해 차차웅南解次次雄이 왕위에 올랐다. 차차웅은 혹 자충慈充이라고도
하였다. 김대문이 말하기를, '차차웅은 방언方言에서 무당을 일컫는 말
이다. 무당은 귀신을 섬기고 제사를 받드는 까닭에 세상 사람들이 그
를 두려워하고 공경하여 마침내 존장자尊長者를 일컬어 자충이라 하였
다.'고 하였다.[92]

차차웅은 곧 무당이라는 의미였다. 신라 사람들이 차차웅을 통치자로 모시는 이유는 차차웅이 '귀신을 섬기고 제사를 받들기 때문.'이라고 하였다. '귀신을 섬기고 제사를 받든다'는 것은 곧 차차웅이 '제사장'이었다는 의미이다. 이러한 자료는 국가가 처음 출현하던 시기의 통치자는 종교 지도자와 정치 지도자의 역할을 겸하였으며,

그중에서도 더 중요한 것은 종교 지도자로서의 역할이었다는 점을 보여준다. 거서간, 차차웅 이외에도 신라에서 통치자를 호칭하는 용어로 이사금尼師今과 마립간麻立干이 있었다. 이중에서 이사금의 유래와 의미는 『삼국사기』에 의하면 다음과 같다.

> 유리 이사금儒理尼師今이 왕위에 올랐다. 유리는 남해 차차웅의 태자이고 어머니는 운제부인雲帝夫人이며 왕비는 일지 갈문왕日知葛文王의 딸이다. 혹은 왕비의 성은 박씨이고 허루왕許婁王의 딸이라고도 한다. 이에 앞서 남해가 죽자 유리가 마땅히 왕위에 올라야 하였는데, 대보大輔인 탈해가 본래 덕망이 있었던 까닭에 왕위를 미루어 사양하였다. 탈해가 말하기를, '임금의 자리는 용렬한 사람이 감당할 수 있는 것이 아닙니다. 제가 듣건대 성스럽고 지혜로운 사람은 치아가 많다고 하니 떡을 깨물어서 시험해봅시다.'라고 하였다. 이에 떡을 깨물어 시험하게 되었는데, 그 결과 유리의 잇금齒理이 많았으므로 좌우의 신하와 더불어 그를 받들어 세우고 이사금이라 불렀다.[93]

이사금이라는 용어는 직접적으로는 잇금 즉 치아齒牙의 수를 지칭하며, 그것은 '성스럽고 지혜로운 사람'을 상징하는 것이었다. 단순히 의미만으로 본다면 차차웅이 '귀신을 섬기고 제사를 받드는' 제사장으로서의 성격이 강하였다면, 이사금은 '성스럽고 지혜로운' 세속적 통치자의 모습이 강조되고 있음을 알 수 있다. 이러한 변화는 마립간이라고는 호칭에서 더욱 두드러지게 나타난다. 『삼국사기』에서는 눌지 마립간을 신라 최초의 마립간으로 기록하였는데, 김대문은 마립간의 의미를 다음과 같이 설명하였다.

> 김대문이 말하기를, '마립麻立은 방언에서 말뚝을 일컫는 말이다. 말뚝은 곧 시조試操: 말뚝표를 말하는 것으로서 그것은 위계位階에 따라 설치되었다. 그러므로 왕의 말뚝은 주主가 되고 신하의 말뚝은 그 아래에 배열되었기 때문에 이로 말미암아 마립간을 왕의 명칭으로 삼았다.'고 하였다.[94]

이 설명만 가지고 마립간의 정확한 의미를 알 수는 없지만, 마립간이 신하들보다 상위의 위계를 나타낸다는 것은 분명하다. 즉 마립간이라는 칭호는 위계질서位階秩序를 근본으로 하는 세속적 통치자

박혁거세릉
박혁거세는 신라의 시조(재위 BC 57~AD 4)로, 고조선의 유민이 지금의 경상도 지방 산곡간에 흩어져 살면서 형성한 여섯 마을의 왕으로 국호를 서라벌이라 했다.

의 성격을 강하게 나타내는 것이다. 결국 신라 역사에 등장하였던 통치자의 호칭들 즉 거서간, 차차웅, 이사금, 마립간은 신라의 역사가 진전됨에 따라 통치자의 성격이 최초 제사장에서 점차 세속적 권력자로 변화해가는 모습을 설명한다고 하겠다. 이런 추세는 마침내 503년(지증왕 4)에 신라 통치자의 호칭이 국왕으로 바뀌면서 고대 왕국이 출현하는 것으로 귀결되었다.

최고 권력자 왕의
두 가지 의미

국왕은 '국의 왕'이라는 뜻이다. 우리나라 역사의 전개 과정에서 어느 시점에서인가 국에 왕이 등장하면서 '국왕'이라는 말이 쓰였다. 현재 남아 있는 공식 기록으로 볼 때 중국에 알려진 우리나라 최초의 왕은 고조선의 준왕準王이었다. 준왕이 왕을 칭하게 된 것과 관련하여 중국의 역사책인 『삼국지三國志』에는 다음과 같은 기록이 있다.

> 조선후朝鮮侯 준準이 명칭을 참람되게 써서 왕이라고 칭하였다가, 연燕나라의 망명인 위만衛滿에게 공격당하여 나라를 빼앗겼다. 『위략魏略』에 이르기를, '옛날 기자箕子의 후손인 조선후는 주周나라가 쇠약해지자 연나라가 스스로 높여서 왕이 되어 동쪽으로 노략질하려는 것을 보고, 조선후도 또한 스스로 왕이라고 칭하였다.(후략)'고 하였다.[95]

고조선을 뒤이어 부여, 고구려, 백제, 신라, 가야 등에서도 국왕이 출현하였다. 이렇게 국왕이 등장한 이후 20세기에 이르러 민주제 국가가 건국될 때까지 우리나라 역사는 '국왕'을 최고 권력자로 하는 군주제 국가가 수천 년 동안 지속되었다. 그렇다면 고대 왕국의 지배자 국왕 즉 왕이란 무슨 뜻일까? 또 왜 왕王 자가 고대 왕국의 지배자를 뜻하는 글자로 사용되었을까? 그같은 의문을 해결하려면 왕이라고 하는 글자로 형성되는 과정을 살펴보아야 한다.

왕은 중국의 한문 문자로 본래 '도끼'의 상형문자라고 한다. 도끼는 왕이라고 하는 권력자가 출현하기 이전인 선사시대에 발명된 도구다. 석기시대에 돌도끼가 발명된 이래로 청동기시대와 철기시대를 거쳐 현재까지도 도끼는 유용한 도구로 이용되고 있다. 그 도끼가 왕의 상형문자가 된 이유는 그 기능에 있다.

도끼는 기본적으로 무엇인가를 자르거나 가르기 위한 도구이다. 예컨대 나무를 베어 넘기거나 장작을 팰 때 도끼를 이용한다. 아울러 도끼는 무기이기도 하였다. 전투 중에 적을 살상하거나 또는 형장에서 사람의 사지를 절단하거나 머리를 부수는 데도 도끼를 썼다. 이렇게 나무를 패거나 사람을 살상하는 데 쓰이는 도끼는 두 부분으로 구성되어 있다. 재료에 따라 돌이나 금속으로 달라지기는 하지만 도끼 자체와 도끼 자루가 그것이다. 도끼 자체의 부분은 다시 대상물을 패거나 자르는 도끼의 날과 그 반대쪽의 도끼머리 그리고 중간에 도끼자루를 끼우는 구멍 등 세 부분으로 구성된다. 이 세 부분의 모습을 본떠 만든 한자가 바로 왕王이라는 글자이다.

선사시대에 도끼가 발명되면서 도끼를 소유한 사람은 강력한 힘을 갖게 되었다. 이에 따라 도끼 자체가 권력자의 힘과 권위를 상징하게 되었다. 예컨대 신석기시대의 무덤에서 발견되는 돌도끼는 그것을 소유하였던 사람의 힘과 권위를 상징한다. 도끼를 사용하여 나무를 베어 넘기거나 전쟁을 수행하는 주체는 주로 남성이었다. 즉 도끼는 선사시대 이래로 남성노동 내지 전쟁활동을 상징하였다. 청동기 이후 전쟁이 격화되면서 도끼를 든 남성 권력자들이 역사의 전면으로 등장하자, 도끼는 그 시대의 권력자를 상징하게 되었다. 예컨대 국가의 통치자인 왕을 위시하여 전쟁을 수행하는 사士, 가족의 장인 부父 등이 모두 도끼의 상형문자인데, 이것은 그 시대에 도끼를 든 남성들이 국가와 가족의 권력자로 등장하였음을 의미한다. 이처럼 도끼는 권력자의 등장 및 권력의 본질을 그대로 드러내는 도구로서 왕을 상징하게 되었다.

중국의 역사에서 왕은 춘추전국시대까지 최고의 권력자를 나타내는 호칭이었다. 하지만 진시황 이후에 '황제'가 최고의 권력자를 지칭하는 용어가 되면서, '왕'은 황제 아래의 제후 왕을 의미하는 용어로 사용되었다. 중국은 주변국과의 국제 관계에서도 황제와 제후 왕의 관계를 적용하여 형식적으로 주변국의 통치자들을 '왕'으로 책봉하였다. 이런 국제 질서를 중국적 세계질서라 한다.

우리나라 역사에 처음으로 등장한 왕들은 절대 권력자라는 의미로 사용되었다. 하지만 중국과의 관계가 진전되면서 우리나라는 중국적 세계질서 속으로 편입되었다. 삼국시대 이래로 우리나라 역사에 등장하는 왕들은 몇몇 예외적인 경우를 제외하면 대부분 중국 황제의 책봉을 받았다. 그뿐 아니라 왕권을 상징하는 옥새도 중국 황제로부터 받았다. 그 결과 우리나라 역사에 등장하는 왕은 '절대 권력자로서의 왕'이라는 의미뿐만 아니라 중국 황제의 책봉을 받은 '제후 왕'이라는 의미도 갖게 되었다. 그같은 전형을 조선의 왕에게서 찾아볼 수 있다.

태조 이성계는 처음 고려 공양왕의 선위를 받는 형식으로 왕위에 올랐기 때문에 칭호도 '조선 국왕'이 아니라 '권지고려국사'였다. 조선 국왕이라는 칭호는 신왕조의 국호가 조선으로 결정된 이후에나 사용할 수 있었다. 태조 이성계가 조선 국왕이라는 칭호를 중국과의 대외관계에서 공식적으로 사용하려면 중국 황제가 인정한 고명誥命과 인장印章이 필요하였다. 고명이란 중국 황제가 태조 이성계를 조선 국왕으로 책봉한다는 임명장이고, 인장은 조선 국왕이라는 글자가 새겨진 도장 즉 옥새였다. 이 고명과 인장을 받아야만 명실 공히 국제적으로 공인받은 조선 국왕이 될 수 있었다.

태조 이성계는 신왕조의 국호가 조선으로 결정된 후 고려 국왕이라 새겨진 인장을 명나라에 반환하였지만 아직 조선 국왕이라 새겨진 인장을 받지는 못한 상태였다. 당연히 중국에 보내는 외교 문서에 조선 국왕이라 새겨진 인장을 찍을 수 없었다. 이에 태조 이성계는 1393년(태조 2) 2월 15일에 명나라에 사신을 보내 고명과 인장을 보내줄 것을 요청하였다. 그런데 뜻밖에도 그 외교문서가 조선과 명나라 사이에 크나큰 외교 분란을 가져오고 말았다. 고명과 인장을 요청하는 외교문서는 당시의 실력자 정도전이 작성하였다. 그런데 명나라 황제 홍무제洪武帝는 이 문서에 쓰인 몇몇 표현을 무례하다고 하면서 고명과 인장 요청을 거절하였다. 그뿐 아니라 외교문서를 쓴 당사자를 명나라로 보내라고 강요하기까지 하였다. 그러나 태조 이성계가 정도전을 보내지 않고 도리어 요동 정벌을 추진하자 두 나라 사이에 전운이 감돌았다.

이런 와중에 조선에서 제1차 왕자의 난이 일어나 정도전이 살해되고 정종이 즉위하였다. 명나라에서도 홍무제가 세상을 떠나고 건문제建文帝가 즉위하였다. 상황이 변하자 정종은 건문제에게 다시 고명과 다시 인장을 요청하는 사신을 보냈고, 건문제는 이를 수락하였다. 하지만 조선에서 제2차 왕자의 난이 발발하여 태종이 즉위하자 건문제는 이미 수락하였던 고명과 인장을 취소하였다. 결국에는 태종이 다시 고명과 인장을 요청하여 허락받았는데, 그 고명과 인장이 1401년(태종 1) 6월 12일에 도착하였다. 이때 받은 인장은 사각의 형태로 되어 있었으며, 전문篆文으로 '조선국왕금인朝鮮國王金印'이라는 여섯 자가 새겨져 있었다. 이 금인이 조선 국왕을 상징하는 옥새였다.

그런데 이번에는 명나라에서 영락제永樂帝가 건문제를 축출하고 황제에 즉위하는 정변이 발생하였다. 태종은 곧바로 하륜을 보내 영락제의 즉위를 축하하였는데, 하륜은 영락제에게 또다시 고명과 인장을 요청하였다. 이에 영락제가 다시 고명과 인장을 보냈는데, 이것을 태종이 받은 때는 1403년(태종 3) 4월 8일이었다. 그때 받은 인장에는 '조선국왕지인朝鮮國王之印'이라는 여섯 자가 새겨져 있었다. 태종은 이전에 건문제가 보냈던 고명과 인장은 명나라로 반환하였다. 따라서 조선 전기 왕권을 상징하던 옥새는 이때에 받은 금인으로서, 국왕의 도장 중에서도 가장 중요한 도장이 바로 이 금인이다.

조선국왕금인
태종은 명나라로부터 조선국왕(朝鮮國王)의 금인(金印)을 받아 정식으로 왕(王)에 책봉되었다. 금인은 국왕의 도장 중에서도 가장 중요한 도장으로 사용되었다.

　조선시대 국왕에게는 수많은 도장이 있었다. 공적으로 사용하는 도장은 물론 사적으로 쓰는 도장도 있었다. 이중에서 공적인 국왕의 도장을 보寶라고 하였다. 예컨대 교서나 교명에 사용하는 도장은 시명지보施命之寶라 하였고, 일본과의 외교 문서에 사용하는 도장은 이덕보以德寶라 하였으며, 과거 시험에 사용하는 도장은 과거지보科擧之寶라 하였고, 유서諭書에 사용하는 도장은 유서지보諭書之寶라고 하는 식이었다. 이에 비해 중국에서 받은 금인은 대보大寶 또는 옥새玉璽라고 하였는데, 그만큼 중요한 도장이라는 뜻이었다. 이 금인은 중국에 보내는 외교 문서에 사용될 뿐만 아니라 후계 왕이 즉위할 때 즉위식에서 사용되기도 하였다.

　이처럼 조선시대의 왕은 '절대 권력자 왕'을 의미하기도 하였지만 또 한편으로는 '제후 왕'을 의미하기도 하였다. 그런 왕의 권위를 상징하는 것이 '조선국왕지인'이라 새겨진 옥새였다. 왕국의 최고 통치자를 지칭하던 왕이라는 호칭은 대한제국이 등장하면서 '황제'로 바뀌었다. 이러한 변화는 형식상 중국의 황제에게 책봉되던 조선 왕국에서 더 이상 중국 황제의 책봉을 필요로 하지 않는 주권 독립국가 대한제국이 되었음을 의미하였다.

독립의 염원이 깃든
황제 즉위식

1897년(광무 1) 10월 12일, 고종은 환구단에서 황제 즉위식을 거행함으로써 황제에 올랐다. 이로써 우리나라는 역사상 처음으로 대내외적으로 공인받는 황제의 나라가 되었다. 황제국의 주권자는 '황제'였으므로 '왕'이라고 하는 용어는 더 이상 최고 권력자를 지칭하지 않게 되었다. 그 대신 왕 또는 친왕親王은 봉작명으로 바뀌었다. 예컨대 고종의 일곱째 아들 이은李垠을 영왕英王 또는 영친왕英親王이라 한 것처럼 황제의 아들 또는 황제의 형제들에게 수여되는 작위의 명칭이 되었다.

그런데 엄밀하게 말하면 고종 황제는 왕으로 있다가 곧바로 황제가 된 것이 아니었다. '대군주大君主'라고 하는 중간 단계를 거쳐 황제가 되었다. 그런 의미에서 최고 권력자를 지칭하는 용어는 왕에서 대군주로, 대군주에서 황제로 변하였다고 하겠다. 고종이 왕에서 대군주로 바뀐 것은 일본 제국주의의 영향력 아래에서였다.

일제는 1894년(고종 31)의 동학농민봉기를 기화로 군대를 파견하고 경복궁을 점령하였는데, 이런 상황에서 일제는 조선의 독립이라는 미명 하에 청나라와의 관계를 단절시키고자 하였다. 당시 조선이 황제국을 선언한다는 것은 청나라의 영향력에서 완전히 벗어나겠다는 선언과 마찬가지였다. 그것은 청나라로부터의 자주 독립을 의미하기도 하였지만 반대로 일제에의 예속을 의미하기도 하였다. 당시 일본 공사 오토리 게이스케大鳥圭介는 고종에게 황제에 즉위할 것은 물론, 연호 사용과 단발斷髮 등을 강력하게 요구하였다.

하지만 당시 일제가 무엇을 의도하는지 알고 있던 고종은 황제에 즉위하기를 거부하였다. 그 결과 타협안으로 황제 대신 '대군주'라는 칭호를 사용하게 되었다. 하지만 황제라는 말만 안 썼을 뿐이지 '건양建陽'이라는 연호도 썼고, 대군주의 존칭으로 '폐하陛下'라는 말도 썼으며, 단발령까지 시행함으로써 대부분 일제의 의도대로 되었다. 그런 면에서 '대군주'라는 칭호에는 일제에 대한 고종의 저항이 담겨 있다고 하겠다.

일제의 주권 간섭이 노골화되자 고종과 명성황후는 러시아의 힘을 빌려 주권 독립을 되찾으려 하였다. 이 과정에서 일제는 명성황후 시해라고 하는 천인공노할 만행을 저질렀다. 고종은 일제의 폭압을 피해 러시아의 공사관으로 파천하였는데, 이것이 이른바 아관파천이다. 고종의 아관파천 기간 중에 나라의 독립과 자주를 열망하는 여론이 높아졌다. 백성들은 고종의 환궁을 요구하는 한편 황제로 즉위할 것을 요청하였다. 고종이 황제에 즉위한다면 그것은 자주 독립 국가임을 만천하에 선포하는 것이라 생각하였던 것이다.

원래 황제라고 하는 용어는 중국의 진시황제가 처음 사용하였다. 진시황제의 '시황제始皇帝'란 '최초의 황제'라는 의미였다. 진시황제가 황제라는 칭호를 쓰기 전에는 왕이라고 불렀다. 왕은 당시의 최고 권력자를 지칭하는 말로, 진나라를 포함하여 전국시대의 이른바 전국칠웅戰國七雄이라고 하는 일곱 나라의 지배자는 모두 왕이었다. 전국칠웅을 통일한 진시황제는 왕이라는 용어로는 자신의 공업功業을 나타내기에 부족하다고 생각하였다. 왕을 정복한 자신은 왕과 구별되는 특별한 칭호를 가져야 한다고 생각하였던 것이다. 진시황제는 신하들에게 왕보다 더 존귀한 칭호 즉 존호尊號를 조사해서 보고하게 하였다.

그때 신하들은 '옛날에는 천황天皇, 지황地皇, 태황泰皇이 있었는데 이중에서 태황이 가장 존귀합니다.'라고 하면서 '왕'을 '태황'으로 바꾸자고 건의하였다. '태황'은 달리 '인황人皇'이라고도 하였다. 태

진시황
중국 최초의 중앙 집권적 통일제국인 진(秦)나라를 건설한 전제 군주로 강력한 부국 강병책을 추진하여 중국 대륙의 군소 국가를 모두 통일했다. 스스로 제후 왕들 위에 올리기 위해 황제라 칭했다.

황이나 인황은 사람 중에서 가장 존귀한 존재라는 의미였다. 이 건의가 그대로 받아들여졌다면 진시황은 '진시황제'가 아니라 '진시태황' 또는 '진시인황'이 되었을 것이다.

그런데 진시황은 태황 또는 인황이라는 칭호가 불만스러웠는지 '태황' 대신에 '황제'로 바꾸게 하였다. 『사기』에 의하면, 진시황은 '태황'이라는 칭호에서 태泰자를 버리고 상고시대의 제帝라는 호칭을 채용해서 '황제'라고 하라 하였다고 한다.[96] 결국 중국에서 최초의 황제란 천황, 지황, 태황의 삼황三皇에 쓰인 '황皇' 자와 오제伍帝라고 할 때의 '제帝' 자가 결합된 칭호였다. 삼황의 '황'이란 '위대하다' 또는 '하늘의 신'이라는 의미였으며, 오제의 '제'는 덕이 천지와 짝한다거나 하늘의 신이라는 의미였다. '황제'란 '공과 덕이 위대하여 천지에 짝하며 존귀하기가 하늘의 신과 같은 분'이라는 의미라고 하겠다.

고종은 일제의 강요에 의한 황제 즉위는 거부하였지만 백성들의 열화와 같은 황제 즉위 요청은 거부하지 않았다. 고종이 경운궁으로 환궁하자 황제 즉위를 요청하는 상소문들이 올라오기 시작하였다. 예컨대 1897년 5월 1일에는 전 승지 이최영 등이 황제 즉위를 요청하는 상소문을 올렸으며, 이어서 5월 9일에는 유학 권달섭 등이, 5월 16일에는 의관議官 임상준 등이 상소문을 올려 황제 즉위를 요청하였다. 이런 상소문에 대하여 고종은 '말이 옳지 못하다.'고 거부하는 뜻을 보였지만, 그렇다고 적극적으로 부정하지도 않았다. 그리 싫지 않다는 속내를 비친 것이다. 이에 조정 중신들까지 황제 즉위를 요청하게 되었고, 급기야는 수백 명의 연명 상소문까지 올라오게 되었다. 10월 2일에는 조정 중신들이 백관을 거느리고 황제 즉위를 간청하기에 이르렀다. 고정은 이날도 사양하였지만, 다음 날에도 백관들의 간청이 이어지자 마침내 '대동大同한 인정을 끝내 저버릴 수가 없어서 곰곰이 생각하다 이에 부득이 따르기로 하였다.' 하여 황제 즉위를 수락하였다.[97]

고종은 길일을 골라 황제 즉위를 10월 12일에 거행하도록 하였다. 그 사이 황제 즉위에 필요한 준비를 하였다. 먼저 궁중 안에서 황제가 각국 사절을 접견하는 건물의 명칭을 태극전太極殿으로 바꾸었다. 황제는 '공과 덕이 위대하여 천지에 짝하며 존귀하기가 하늘의 신과 같은 분'이므로 그런 황제가 임어臨御하는 건물의 명칭으로는 태극전이 제격이었다. 아울러 한양의 회현방 소공동에는 환구단을 마련하고 궁내부 안에 환구단 사제서圜丘壇祭署도 설치하였다. 황제는 환구단에서 즉위하고 또 환구단에서 천지에 제사를 지내야 하므로 환구단을 담당할 부서가 필요하였다. 모든 준비를 마친 고종은 11일 오후 2시쯤에 경운궁을 떠나 환구단으로 행차하였다. 환구단의 준비가 제대로 되어 있는지 확인하기 위해서였다.

경운궁의 인화문에서 소공동의 환구단에 이르는 거리에는 병사들이 도열하여 고종의 행차를 호위하였다. 한양 시민들은 집집마다 태극기와 등불을 높이 내걸고 고종의 황제 즉위를 환영하였다. 당시 고종의 행차를 『독립신문』은 이렇게 전하고 있다.

> 11일 오후 2시 반 경운궁에서 시작하여 환구단까지 길가 좌우로 각 대대 군사들이 질서 정연하게 배치되었다. 순검들도 몇백 명이 틈틈이

벌려 서서 황국의 위엄을 나타냈다. 좌우로 휘장을 쳐 잡인 왕래를 금하였고, 옛적에 쓰던 의장 등물을 고쳐 황색으로 만들어 호위하게 하였다. 시위대 군사들이 어가를 호위하고 지나갈 때에는 위엄이 웅장하였다. 총 끝에 꽂힌 창들이 석양에 빛을 반사하여 빛났다. 육군 장관들은 금수로 장식한 모자와 복장을 하였고, 허리에는 금주로 연결된 은빛의 군도를 찼다. 옛 풍속으로 조선 군복을 입은 관원들도 있었으며 금관 조복한 관인들도 많이 있었다. 어가 앞에는 태극 국기가 먼저 지나갔고, 대 황제는 황룡포에 면류관을 쓰고 금으로 채색한 연輦을 탔다. 그 뒤에 황태자가 홍룡포를 입고 면류관을 쓴 채 붉은 연을 타고 지나갔다.[98]

환구대에 도착한 고종은 여輿로 바꾸어 타고 동문을 통해 들어갔다. 고종은 준비된 제단, 제기, 희생물, 제사용품 등을 조심조심 살펴보았다. 이어서 대신들을 둘러보고 국호를 대한으로 바꿀 것을 선포하였다. 황제의 나라에 적합하도록 국호도 새로 결정한 것이었다. 일을 마친 고종은 오후 4시쯤 다시 경운궁으로 돌아갔다. 다음 날 새벽 2시쯤 고종은 다시 경운궁을 나와 환구단으로 행차하였다. 이번에는 천지에 제사를 지내기 위해서였다. 환구단에 도착한 고종은 황천상제皇天上帝 황지기皇地祇의 신위 앞에서 제사를 올렸다. 황천상제와 황지기는 천지의 신명을 상징하였다. 천지의 신명에게 직접 제사를 올려야 '공과 덕이 위대하여 천지에 짝하며 존귀하기가 하늘의 신과 같은 분' 즉 황제가 될 수 있었다. 황천상제와 황지기의 신위에 몸소 제사를 올린 후 고종은 황제가 될 자격을 완비했다. 천지의 신명에 올리는 제사가 끝나자 의정議政 심순택은 백관을 거느리고 고종에게 어좌에 오를 것을, 즉 황제에 즉위할 것을 요청하였다. 『대례의궤大禮儀軌』에는 당시의 상황이 이렇게 묘사되어 있다.[99]

> 의정이 백관을 거느리고 망료위望燎位에서 무릎을 꿇고 아뢰기를, '천지신명에 대한 제사가 끝났으니 청컨대 황제의 옥좌에 오르소서.' 하였다. 여러 신하들이 옆에서 부축하고 금의金椅 : 황금 옥좌에 이르러 옥좌에 앉게 하였다. 백관들은 줄에 늘어섰다. 집사관執事官이 면복안冕服案 : 면류관과 십이장복을 올려놓을 책상과 보안寶案 : 옥새를 올려놓을 책상을 들고 왔다. 의정이 곤면袞冕을 받들어 무릎을 꿇고 면복안 위에 올려놓았다. 의정 등이 곤면을 들어서 고종에게 씌워 드렸다. 의정이 제자리로 가자 찬의贊儀가 국궁鞠躬, 사배四拜, 흥興, 평신平身하라고 창唱하였다. 장례원掌禮院의 주사主事가 의정을 인도하여 고종 앞으로 갔다. 찬의가 무릎을 꿇고 홀을 꽂으라고 창하였다. 의정은 무릎을 꿇고 홀을 꽂았다. 백관도 모두 무릎을 꿇었다. 봉보관捧寶官이 옥새 통을 열고 옥보玉寶를 꺼내 무릎을 꿇고 의정에게 주었다. 의정이 옥보를 받고 아뢰기를, '황제께서 대위大位에 오르셨으니 신 등은 삼가 어보御寶를 올립니다.' 하였다.

이것이 고종 황제의 즉위식이었다. 천지신명에게 몸소 제사를 지낸 후에 옥좌에 올라 곤면袞冕과 옥새를 받는 의식이 황제 즉위식이었다. 대한제국의 황제는 더 이상 중국 황제의 책봉을 받는 제후 왕이 아니라, 천지신명에게 책봉을 받는 천자天子였다. 1897년 고종은 황제에 즉위함으로써 중국 황제와도 대등하고 세계 모든 나라의 통치자와도 대등하다는 사실을 만천하에 선언하였다.

그러나 1910년 8월 29일 한일병합조약이 공포됨으로써 대한제국은 역사 속으로 사라졌다. 이후 1919년 4월 상하이에 설립된 상하이 임시정부는 민주주의 정치체제를 채택하였다. 임시정부의 최고 지도자 호칭은 '임시 대통령'이었다. 임시정부의 임시 헌법에 의하면 임시 대통령은 '국가를 대표하고 정무政務를 총람하며 법률을 공포함'이라고 명문화되었다. 아울러 임시 대통령은 다음과 같은 취임 선서를 하도록 명문화되었다.

여余난 일반 인민의 전前에서 성실한 심력으로 대한민국 임시 대통령

고종 황제(高宗, 1852~1919)
조선 제26대 왕. 1897년 2월 25일 러시아와 일본의 협상에 따라 경운궁(후의 덕수궁)으로 환궁하였다. 8월에는 연호를 광무(光武)라 고치고, 10월에는 국호를 대한, 왕을 황제라 하여 황제 즉위식을 가졌다. 나라의 독립과 자주를 열망하는 국민들의 요청에 의한 자주적인 황제 즉위였다.

의 의무를 이행하여 민국의 독립 및 내치, 외교를 완성하여 국리민복을 증진케 하며 헌법과 법률을 준수하고 또한 인민으로 하여금 준수케 하기를 선서하나이다.[100]

이 같은 상하이임시정부의 대통령을 계승하는 현재의 최고 권력자가 바로 대한민국의 대통령인 것이다.

CODE 10 헌법

정의로운 국가를 위하여

헌법에 우리의 생명력과
문화역량을 담다

　　　　　　　　1987년 6월 10일 오전, 민주정의당 대표 노태우는 서울 잠실 체육관에서 민주정의당의 대통령 후보로 공식 지명되었다. 그날부터 시민들은 대대적인 민주항쟁을 전개했다. 서울, 부산, 대구, 공주, 인천, 대전 등 대도시를 비롯하여 전국 22개 지역에서 24만 명이 참여한 6·10 국민대회에서 시민들은 '직선제 개헌'과 '민주화'를 요구하며 격렬한 시위를 벌였다.

　　하루 전인 6월 9일에 연세대학교 학생 이한열 군이 시위 도중 최루탄 파편에 맞아 의식불명 상태에 빠졌다는 소식에 시민들은 더욱 분노했다. 이날 가두시위 중 경찰에 쫓긴 학생 1천여 명은 명동성당을 점거하고 농성에 들어갔다. 명동성당을 중심으로 하여 직선개헌과 민주화를 요구하는 시민항쟁이 전국적으로 퍼져나갔다. 6월 26일의 '국민평화 대행진' 때에는 이른바 넥타이 부대라고 불리는 화이트칼라층이 주축이 되어 1백만이 넘는 시민들이 거리 시위에 참여했다.

당시의 6월 항쟁에서 시민들이 요구한 '직선제 개헌'은 제5공화국 헌법에 규정된 대통령 간선제를 대통령 직선제로 바꾸기 위한 헌법 개정을 가리킨다. 제5공화국 헌법 제39조에는 "대통령은 대통령 선거인단에서 무기명 투표로 선거한다."고 규정되어 있었다. 이 규정에 따른다면 제5공화국 전두환 대통령의 후임 역시 선거인단에서 무기명 투표로 선출되어야 했다. 시민들은 국민이 직접 대통령을 선출할 수 있게 헌법의 이 부분을 개정할 것을 요구한 것이었다.

1987년 6월 29일, 민주정의당 대표 노태우는 민주정의당 중앙집행위에서 '국민대화합과 위대한 국가로의 전진을 위한 특별선언'을 발표했다. 이른바 6·29선언이었다. 시민들이 요구한 직선제 개헌과 민주화를 수용한 8개항으로 된 이 선언문의 중요한 부분을 살펴보면 다음과 같다.

친애하는 국민 여러분!
오늘 저는 각계각층이 서로 사랑하고 화합하여 이 나라의 국민임을 자랑스럽게 여기며, 정부 역시 국민들로부터 슬기와 용기와 진정한 힘을 얻을 수 있는 위대한 조국을 건설하기 위해 비장한 각오로 역사와 국민 앞에 서게 되었습니다. 그러면 저의 구상을 주저 없이 말씀드리겠습니다. 이 구상은 대통령 각하께 건의를 드릴 작정이며, 당원 동지 그리고 국민 여러분의 뜨거운 뒷받침을 받아 구체적으로 실현시킬 것입니다.

첫째, 여야 합의 하에 조속히 대통령 직선제로 개헌을 하고 새 헌법에 의한 대통령 선거를 통해 88년 2월 평화적 정부이양을 실현토록 하겠습니다. 오늘의 이 시점에서 저는 사회적 혼란을 극복하고, 국민적 화해를 이룩하기 위하여 대통령 직선제를 택하지 않을 수 없다는 결론에 이르게 되었습니다. 국민은 나라의 주인이며, 국민의 뜻은 모든 것에 우선하는 것입니다.

둘째, 직선제 개헌이라는 제도의 변경뿐만 아니라, 이의 민주적 실천을 위하여는 자유로운 출마와 공정한 경쟁이 보장되어 국민의 올바른 심판을 받을 수 있는 내용으로 대통령 선거법을 개정하여야 한다고 봅니다. 또한 새로운 법에 따라 선거운동, 투개표 과정 등에 있어서 최대한의 공명정대한 선거관리가 이루어져야 합니다.

셋째, 우리 정치권은 물론 모든 분야에 있어서의 반목과 대결이 과감히 제거되어 국민적 화해와 대단결을 도모하여야 합니다. 그러한 의미에서 저는 그 과거가 어떠하였든 간에 김대중 씨도 사면복권 되어야 한다고 생각합니다. 그리고 우리와 우리들 자손의 존립기반인 자유 민주주의적 기본질서를 부인한 반국가사범이나 살상, 방화, 파괴 등으로 국기를 흔들었던 극소수를 제외한 모든 시국 관련 사범들도 석방되어야 합니다. (중략)

민주정의당 대표 노태우

6·29선언문은 '민주정의당 대표 노태우'의 명의로 선언되었지만, 사실상 그 내용은 6월 항쟁의 요구를 그대로 수용한 것이었다. 그런 면에서 6·29선언은 '직선제 개헌'과 '민주화'를 요구한 시민들의 승리이기도 했다. 이후 10월 27일에 직선제 개헌 여부를 놓고 국민투표가 실시되었다. 당시 유권자의 총 수는 2,037만 3,869명이었다. 투표를 위해 전국 13,634곳에 투표소가 설치되었다. 오전 7시부터 오후 6시까지 진행된 최종 투표율은 78.2%였다. 투표자 중에서 93.1%라고 하는 압도적 다수가 직선제 개헌에 찬성이었다. 그 결과 10월 29일에 개정 헌법이 공포되었는데, 이때 개정된 헌법이 우리나라의 현행 헌법이다.

  1987년 10월 29일의 헌법 개정은 제헌헌법制憲憲法 이후 아홉 번째 개정이었다. 우리나라의 제헌헌법은 1948년의 5·10 총선거에서 선출된 제헌의회에서 제정하였다. 1948년 7월 17일에 공포된 제헌헌법은 전문前文과 총103조의 조항으로 구성되었다. 그런데 제헌헌법 제53조에는 "대통령과 부통령은 국회에서 무기명 투표로써 각각 선거한다."고 규정되어 있었다. 즉 대통령 선출이 간선제로 규정되었던 것이다. 제헌헌법의 간선제 규정은 대통령이 바뀔 때마다 어느 때는 직선제로 되었다가 또 어느 때는 간선제로 되었다. 그럴 때마다 헌법이 개정되었는데, 1948년 7월 17일에 공포된 제헌헌법은 겨우 40년 만인 1987년 10월 29일까지 모두 아홉 번이나 개정되었다. 거의 4년여에 한 번 꼴로 개정한 셈이었다. 1987년 10월 29일의 헌법 개정을 제외한 나머지 헌법 개정이 대부분 이승만 대통령과 박정희 대통령 그리고 전두환 대통령의 이해관계에 따라 간선제와 직선제를 오갔기 때문이었다.

비록 대통령의 선출방식에 관해 자주 개정이 있기는 했지만 제헌헌법의 골격 자체가 크게 바뀌지는 않았다. 전문과 헌법 조항으로 구성되는 형식이 비슷하고, 헌법 제1조에서 "대한민국은 민주공화국이다."라고 선언하는 것도 비슷하다. 예컨대 1948년 7월 17일에 공포된 제헌헌법의 전문과 1987년 10월 29일에 개정된 헌법의 전문을 비교해보면 다음과 같다.

【 1948년 7월 17일에 공포된 제헌헌법의 전문前文 】
유구한 역사와 전통에 빛나는 우리들 대한국민은 기미 3·1운동으로 대한민국을 건립하여 세계에 선포한 위대한 독립정신을 계승하여 이제 민주독립 국가를 재건함에 있어서 정의 인도人道와 동포애로써 민족의 단결을 공고히 하며 모든 사회적 폐습을 타파하고 민주주의 제도를 수립하여 정치, 경제, 사회, 문화의 모든 영역에 있어서 각인의 기회를 균등히 하고 능력을 최고도로 발휘케 하며 각인의 책임과 의무를 완수케 하여 안으로는 국민생활의 균등한 향상을 기期하고 밖으로는 항구적인 국제평화의 유지에 노력하여 우리들과 우리들의 자손의 안전과 자유와 행복을 영원히 확보할 것을 결의하고 우리들의 정당正當 또 자유로이 선거된 대표로써 구성된 국회에서 단기 4281년 7월 12일에 이 헌법을 제정한다.

【 1987년 10월 29일에 개정된 헌법의 전문 】
유구한 역사와 전통에 빛나는 우리 대한민국은 3·1운동으로 건립된 대한민국임시정부의 법통과 불의에 항거한 4·19민주이념을 계승하고, 조국의 민주개혁과 평화적 통일의 사명에 입각하여 정의 인도와 동포애로써 민족의 단결을 공고히 하고, 모든 사회적 폐습과 불의를 타파하며, 자율과 조화를 바탕으로 자유민주적 기본질서를 더욱 확고히 하여 정치 경제 사회 문화의 모든 영역에 있어서 각인의 기회를 균등히 하고, 능력을 최고도로 발휘하게 하며, 자유와 권리에 따리는 책임과 의무를 완수하게 하여, 안으로는 국민생활의 균등한 향상을 기하고 밖으로는 항구적인 세계평화와 인류공영에 이바지함으로써 우리들과 우리들의 자손의 안전과 자유와 행복을 영원히 확보할 것을 다짐하면서 1948년 7월 12일에 제정되고 8차에 걸쳐 개정된 헌법을 이제 국회의 의결을 거쳐 국민투표 의하여 개정한다.

1948년 7월 17일에 공포된 제헌헌법이나 1987년 10월 29일에 개정된 헌법은 전문에서 공히 3·1운동으로 건립된 대한민국임시정부를 계승한다고 천명하였다. 3·1운동의 정신은 "우리 조선은 이에 우리 조선이 독립한 나라임과 조선 사람이 자주적인 민족임을 선언하노라."로 시작되는 '독립선언문'에 함축되어 있었다. 상하이임시정부는 바로 '독립선언문'의 정신을 그대로 계승하여 건국되었다.

상하이 임시정부는 임시헌법 전문에서 3·1운동의 정신을 계승하여 대한민국임시정부를 수립하였음을 다음과 같이 천명하였다.

우리 대한인민은 우리나라가 독립국임과 우리 민족이 자유민임을 선언하였도다. 이로써 세계만방에 고하여 인류평등의 대의를 밝혔으며 이로써 자손만대에 고하여 민족자존自存의 정권正權을 영원히 보유케 하였도다. 반만년 역사의 권위를 대신하여 2천만 민족의 성충誠忠을 합하여 민족의 항구여일恒久如一한 자유 발전을 위하여 조직된 대한민국의 인민을 대표한 임시의정원은 민의를 체득하여 원년(1919) 4월 11일에 발포한 10개조의 임시헌장을 기본삼아 본 임시헌법을 제정함으로써 공리公理를 창명倡明하며 공익을 증진하며 국방 및 내치를 준비하며 정부의 기초를 공고히 하는 보장이 되게 하노라.

우리나라 현행 헌법의 전문에 천명된 대로 현행 헌법의 근거는 바로 민족독립, 민족자유, 인류평등, 민족자존 등으로 대표되는 3·1운동의 정신에 있다. 그렇다면 3·1운동의 정신은 어디에서 나왔는가? 그것은 '독립선언서'에 명시된 대로 '반만년 역사의 권위'와 '이천만 민중의 성충誠忠'에서 나왔다. 즉 3·1운동의 정신은 어느 날 갑자기 돌출한 것이 아니라 유구한 역사 속에서 형성, 발전되어온 우리 조상들의 생명력과 문화역량이 발현된 것이었다.

그러므로 3·1운동의 정신에 입각한 임시 헌법 역시 유구한 역사 속에서 형성되고 축적된 우리 조상들의 생명력과 문화역량이 발현된 것이라 할 수 있다. 마찬가지로 1987년 10월 29일에 개정된 현행 헌법 역시 우리 조상들의 생명력과 문화역량을 계승한 것이라 하지 않을 수 없다.

율령, 귀신도
복종하게 하라

● 　　　　　　우리 조상들은 지금 사람들보다 훨씬 더 귀신을 믿었고 두려워했다. 우리 조상들은 인간의 행운이나 불행은 대부분 귀신 때문에 벌어진다고 생각했다. 그래서 좋지 않은 일이 생기면 귀신에게 빌어 재앙에서 벗어나고자 했다. 또 뭔가 새로운 일을 시작하려고 할 때도 귀신에게 빌어 행운을 얻으려 했다. 이와 함께 사악한 귀신들을 쫓아내려는 노력도 했다. 우리 조상들에게 널리 유행하던 주술呪術과 주문呪文이 바로 그것이다.

특이한 사실은 이 주문들이 대부분 '급급여율령急急如律令'이라는 말로 끝난다는 사실이다. 예컨대 조선시대 왕실 여성이나 양반 여성들의 해산을 위한 산실産室을 만들 때 이런 주문을 외웠다.

> 동쪽 10보, 서쪽 10보, 남쪽 10보, 북쪽 10보
> 위쪽 10보, 아래쪽 10보의 산실 안 40여 보를 출산을 위해 빌리노라.
> 산실에 혹 사악한 귀신이 있을까 두렵도다.
> 동해신왕, 서해신왕, 남해신왕, 북해신왕,
> 일유장군日遊將軍, 백호부인白虎婦人은
> 사방으로 10장까지 나아가고
> 헌원초요軒轅招搖는 높이 10장까지 올라가고
> 천부지축天符地軸은 지하로 10장까지 내려가서
> 산실 안의 임산부 모씨가 방해받지도 않고 두려워하지도 않도록 잘 호

위하기를

급급여율령急急如律令 하라.[101]

여기서 '급급여율령急急如律令'은 '율령처럼 화급히 하라'는 명령어였다. 즉 동해신왕, 서해신왕 등 여덟 신령들에게 산실에 혹 있을지도 모를 사악한 귀신들을 화급히 몰아내고 임산부를 잘 보호하라는 명령어가 바로 '급급여율령'이다. 이 같은 주문을 통해 선한 귀신을 부리고 사악한 귀신들을 쫓아내는 사람이 주술사였다.

귀신을 대상으로 하는 명령어에 '율령'이란 말이 들어간 이유는 간단하다. 과거 동양에서 '율령'은 제왕의 명령이었고, 제왕의 명령은 절대적인 권위를 가졌다. 우리 조상들은 인간과 귀신, 이승과 저승이 모두 제왕의 명령 즉 율령에 절대 복종해야 한다고 믿었다. 그렇다면 그 근거는 무엇일까?

본래 율령이란 율律과 령令의 합성어이다. 율은 범죄자에 대한 처벌 규정인 형률刑律이고, 령은 국가통치체제에 관한 규정인 법령法令이다. 오늘날의 관념으로 본다면 율은 형법에 해당하고 령은 행정법이나 헌법에 해당한다. 율과 령의 기능은 "형률로는 이미 저지른 범죄를 징벌하고 법령으로는 범죄를 저지르기 전에 예방한다."는 『고려사』 형법지刑法志의 언급에 잘 나타나 있다. 율은 사후 징벌에 관한 제왕의 명령이고, 령은 사전 예방에 관한 제왕의 명령이라는 의미이다. 사후 징벌에 관한 율이든 사전 예방에 관한 령이든 둘 다 제왕의 명령이라는 점에서 같다. 이 같은 율령이 전통시대에 인간은 물론 귀신에게까지 절대적인 권위를 가진 이유는 단순히 제왕의 절대 권력 때문만은 아니다.

만약 제왕의 명령이 몰상식하거나 모순투성이라 하더라도 그 명령에 무조건 복종하라 할 수 있는가? 혹 인간이라면 몰라도 귀신에게는 무슨 근거로 제왕의 몰상식하거나 모순투성이인 명령에도 복종하라 할 수 있는가?

다산 정약용은 순조 17년(1817)에 필생의 역작 『경세유표經世遺表』를 완성했다. 이 책은 순조 1년(1801)에 다산 정약용이 전라도 강진에 유배된 후 18년 가까운 세월을 들여 완성한 대작이었다. 그런데 현재 『경세유표』로 알려진 이 책의 원래 제목은 『방례초본邦禮草本』이었다. 나라의 예법邦禮에 관한 초고본草本이란 뜻이다.

다산 정약용은 "이 책에서 논의하는 것은 법이다. 그럼에도 불구하고 책제목을 법이라 하지 않고 예禮라 한 이유는 다음과 같다. 옛날의 제왕들은 예로써 나라를 다스렸고 예로써 백성을 인도하였다. 예가 쇠퇴하자 예 대신에 법이라는 명칭이 나타났지만, 법은 나라를 다스리는 것도 아니고 백성을 인도하는 것도 아니다. 천리天理에 비추어도 합당하고, 인정人情에 비추어도 화합하는 것을 예라고 한다. 반면 공포심으로 위협하고 불안감으로 핍박하여 백성들로 하여금 벌벌 떨며 감히 간섭하지 못하게 하는 것을 법이라고 한다. 옛날의 제왕들은 예로 법을 삼았지만, 후대의 제왕들은 법으로 법을 삼았다."고 하여 책 제목에 왜 '방례'가 들어갔는지를 자세히 설명했다. 아울러 "초草라고 하는 것은 수정과 윤색을 필요로 하는 것이다. 나는 식견이 얕고 지혜가 짧으며, 경력이 적고 견문이 고루하며, 살고 있는 곳이 후미지고 참고 서적이 많이 없다. 비록 성인께서 저술했다고 해도 수정하고 윤색한다. 그러니 내가 지은 책을 어찌 초본이라 하지 않을 수 있겠는가?"라고 하여 책 제목에 '초본'을 넣은 이유를 아주 겸손한 마음으로 설명했다.

다산 정약용의 언급대로 『방례초본』은 국가통치에 관한 저술이다. 그러므로 『방례초본』은 율령으로 따지면 령에 해당한다. 『방례초본』이 '세상을 경영하는 것에 관한 저술'이란 뜻의 『경세유표經世遺表』로도 불리는 이유는 이 책이 국가통치에 관한 저술이기 때문이다. 따라서 『방례초본』의 책 제목을 명실상부하게 조선시대의 상황에 맞게 고친다면 '법령초본'쯤 될 것이며, 오늘날의 표현으로 바꾼다면 '헌법초안'쯤 될 것이다.

그럼에도 다산 정약용은 국가통치와 관련하여 '법'보다는 '예'에 함축된 의미가 훨씬 심오하다고 보아 굳이 방례邦禮라는 제목을 사용했다. 다산 정약용에 의하면 예란 "천리天理에 비추어도 합당하고, 인정人情에 비추어도 화합하는 것"이었다. 천리와 인정에 두루 합하는 것이 예라는 의미인데, 천리는 무엇이고 인정은 무언인가? 천리는 말 그대로 하면 '하늘의 이치'이다. 그래서 천리는 천지자연의 이치

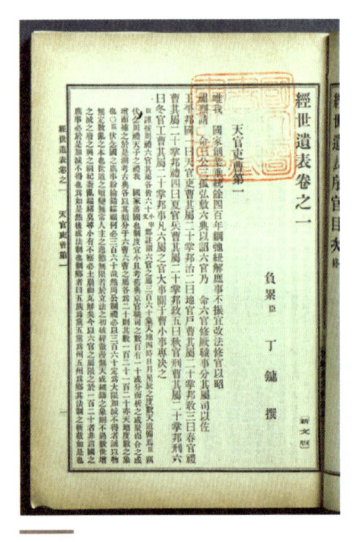

경세유표
정약용이 지은 책으로 원래 제목은 《방례초본(邦禮草本)》이다. 《서경》과 《주례》의 이념을 표본으로 하되 당시 조선의 현실에 맞도록 정치·사회·경제를 바꾸고자 한 일종의 제도개혁안이다.

또는 우주 삼라만상의 섭리 정도로 이해될 수 있다. 인정은 말 그대로 '사람들의 정'이다. 그러니 예라고 하는 것은 우주 삼라만상의 섭리에도 합하고 사람들의 정에도 합하는 것이라고 이해할 수 있다.

우리 조상들이 인간과 귀신, 이승과 저승이 모두 제왕의 명령인 율령에 절대 복종해야 한다고 믿었던 근거가 바로 예라고 하는 개념에 있다. 인간과 귀신, 이승과 저승은 비록 존재 형태가 다르고 있는 곳이 다르지만 결국 우주 삼라만상의 섭리 속에 포함되어 있다. 그러므로 아무리 귀신이라고 해도 우주 삼라만상의 섭리에서 벗어날 수는 없다. 그러니 천리에 합당한 제왕의 명령에는 귀신도 절대 복종할 수밖에 없다. 인간 역시 마찬가지다. 하물며 인정에까지 합당한 명령이라면 어찌 인간이 저항할 수 있겠는가?

이런 논리에는 아무리 제왕의 명령이라도 천리와 인정에 합당하지 않다면 귀신과 사람을 복종시킬 수 없다는 의미가 함축되어 있다. 귀신과 사람을 복종시키지 못하는 제왕의 명령은 명령이 아니라 자의적인 폭압일 뿐이다. 그러므로 진정한 율령이란 천리와 인정에 합당하여 귀신과 사람의 복종을 이끌어낼 수 있어야 한다. 다산 정약용이 전라도 강진에서 18년간 귀양생활을 하며 조선의 통치체제를 개혁하기 위해 고뇌한 결과를 굳이 『방례초본』이라 한 이유 역시 이 통치체제가 천리와 인정에 합당하여 귀신과 사람의 복종을 이끌어내는 율령이기를 바랐기 때문이다.

중국 역사를 통해 볼 때, 율령은 예에서부터 시작되었다. 완성된 책자의 형태로 등장한 최초의 율령은 『주례周禮』라고 하는 책이다. 주周나라의 주공周公이 저술했다고 알려진 이 책은 주나라의 통치체제 전반을 묘사하고 있다. 주나라의 제왕들은 『주례』에 입각하여 국가를 통치했다고 한다. 그런 면에서 『주례』는 주나라의 헌법이라 할 수 있다.

동양의 유교 지식인들은 주나라가 『주례』에 입각해 통치됨으로써 제왕의 자의적인 폭압의 위험에서 벗어날 수 있었다고 생각했다. 그래서 『주례』를 저술한 주공은 유교 성인으로 존중되었고 『주례』 자체도 유교 경전으로 격상되었다. 그 결과 『주례』는 중국 역대 왕조에서 통치체제의 모범으로 이용되었다. 『주례』에 뒤이어 통치체제 전반에 관련된 편찬은 수당 때에 이루어졌다. 수나라 때의 『개황령開皇令』, 당나라 때의 『정관령貞觀令』 등이 그것이다. 『개황령開皇令』은 수나라의 통치체제 전반에 관한 편찬이므로 『수령隋令』이라 할 수 있고, 『정관령貞觀令』은 당나라의 통치체제 전반에 관한 편찬이므로 『당령唐令』이라 할 수 있다. 수당 이후로도 중국의 역대 왕조는 통치체제 전반에 관한 령을 편찬했다.

중국에서 형률에 관한 법은 법가法家가 대거 활동하던 진秦나라 때부터 크게 발전하였다. 진한秦漢 이후로 중국의 역대 왕조는 『주례』와 진나라 때의 형률을 모범으로 율령을 발전시켰다. 당나라 때에 이르러 율은 『당률唐律』로, 령은 『당령唐令』으로 종합되어 율령체제가 완성되었다.

그런데 중국의 율령 중에서 왕조의 통치체제 전반과 관련된 령은 매우 드물게 편찬되는 특징을 갖고 있다. 물론 중국의 역대 왕조는 통치체제와 관련된 수많은 법령을 제정했다. 한 명의 황제가 수십, 수백 개의 법령을 명령하는 일도 없지 않았다. 하지만 통치체제 전반에 관련된 율령을 편찬하는 일은 매우 드물었다. 단명한 왕조 중에는 아예 율령을 편찬하지 못하는 경우도 있었고, 수백 년 지속된 왕조임에도 서너 번 정도만 율령을 편찬하는 경우도 있었다. 이렇게 보면 백 년에 한두 번 정도 율령이 편찬된 셈이다. 이는 근본적으로 율령 편찬을 매우 신중하게 했기 때문이기도 하고, 천리와 인정에 합당하여 귀신과 사람의 복종을 이끌어내는 율령을 편찬하기가 그만큼 어렵기 때문이었다.

율령이 반포되기 이전과 후의 상황 변화

중국의 율령체제는 동아시아 주변의 여러 나라에 크나큰 영향을 끼쳤다. 한국의 역대 왕조 역시 중국의 율령체제에 큰 영향을 받았다. 『삼국사기』에 의하면 고구려는 소수림왕 3년(373)에 율령을 반포하였고, 신라는 법흥왕 7년(520)에 율령을 반포하였다. 율령을 반포하였다는 것은 국가의 통치체제와 형률체제가 정비되었다는 뜻으로 이해할 수 있다. 그러므로 고구려는 소수림왕 때에 국가체제가 정비되었고, 신라는 법흥왕 때에 국가체제가 정비되었다고 해석할 수 있다.

문제는 소수림왕과 법흥왕 때 반포된 율령이 고구려와 신라에서 독자적으로 편찬한 율령인가 아니면 중국에서 수입한 율령인가 하는 것이다. 현재의 상황에서는 어느 쪽이라 확정하기 어렵다. 하지만 여러 상황으로 본다면 소수림왕과 법흥왕 때의 율령은 독자적으로 편찬한 율령이라기보다는 중국에서 수입한 율령에 독자적인 관습법을 적당하게 첨부한 형태였을 것으로 보인다. 그렇다면 삼국시대 이전의 독자적인 관습법은 어땠을까?

중국의 한서漢書 지리지에는 고조선의 국법으로 알려진 '범금팔조犯禁八條'가 실려 있다. '범금팔조'는 범죄행위를 금지하는 여덟 가지 조항이란 뜻으로 범죄자에 대한 여덟 가지 처벌 규정이다. 따라서 '범금팔조'는 율령 중에서 율에 해당한다. 고조선이 한국사 최초의 국가이므로, 이 범금팔조가 한국사 최초의 헌법이라 할 수 있다. 범금팔조는 보통 '8조금법'으로도 알려져 있는데, 『한서』에 실린 내용은 다음과 같다.

> 현토군玄菟郡과 낙랑군樂浪郡은 한나라 무제 때에 설치되었는데 조선, 예맥, 고구려 지역에 있었다. 은나라의 도가 쇠약해지자 기자箕子가 조선으로 가서 그곳 백성들에게 예의와 농사, 잠업을 가르쳤다. 또한 낙랑 조선의 백성들에게 범금팔조를 가르쳤는데, 살인자는 그 즉시 죽음으로 갚게 하고相殺以當時償殺, 남에게 상처를 입힌 자는 곡식으로 배상하게 하며相傷以穀償, 도둑질한 자는 남자의 경우에는 몰입하여 그 집의 종이 되게 하고 여자는 계집종으로 되게 하되 스스로 속전으로 대신하려는 자에게는 50만전을 내게 한다相盜者 男沒入爲其家奴 女子爲婢 欲自贖者 人五十萬는 내용이었다. 죄를 지은 자는 비록 사면되더라도 세속에서 오히려 수치스럽게 여겨 혼인할 수가 없었다. 이 때문에 조선 백성들은 끝내 도둑질하지 않았고, 문을 닫지도 않았으며, 부인들은 정숙하여 음란하

지 않았다.[102]

『한서』에서는 고조선의 범금팔조를 중국의 은나라 사람인 기자가 가르쳤다고 하였지만, 이것은 매우 의심스럽다. 예컨대 '은나라의 도가 쇠약해지자 기자가 조선으로 가서'라고 되어 있는 『한서』의 내용에 대하여 안사고顔師古는 "『사기』에서는 무왕이 은나라 주紂임금을 정벌하고 기자를 조선에 책봉하였다고 하였으니 『한서』의 내용과 다르다."라는 주석을 달았다. 즉 기자가 조선에 스스로 갔는지 무왕의 책봉을 받고 갔는지도 확실하지 않은 것이다. 그러니 기자가 고조선 사람들에게 범금팔조를 가르쳤다는 기록을 그대로 믿기는 힘들다.

범금팔조는 고조선 자체의 범금이자 독자적 관습법이었을 것이다. 그것을 중국 사람들은 마치 자신들이 전수해준 것처럼 왜곡하여 기록한 것으로 보인다. 또한 범금팔조 중에서 『한서』에 전하는 것은 단지 3개 조항뿐이라는 점에서 고조선의 범금이 실제 8조항이었는지 아니면 그보다 많았는지 적었는지도 알 수 없다. 다만 『한서』의 범금팔조 내용을 통해 고조선 자체의 범금 또는 독자적 관습법이 존재했었다는 사실만 확신할 수 있을 뿐이다.

고조선의 8조금법은 비록 형법에 해당하는 율에 불과하지만, 그것을 통해 고조선의 국가체제인 령을 추론할 수 있다. 먼저 '살인자는 그 즉시 죽음으로 갚게 한다.'는 금법에서는 살인행위에 대한 국가차원의 처벌이 존재했음을 추론할 수 있다. 또한 '속전으로 대신하려는 자에게는 50만전을 내게 한다.'는 내용에서는 고조선시대에 속전 제도, 화폐 유통이 있었음을 추론할 수 있다. 고조선은 국가차원의 처벌, 속전 제도, 화폐 유통 등을 통해 국가체제를 유지했을 것이다.

중국의 율령은 형법과 국가체제를 성문법화 함으로써 군주의 자의적인 형법 집행과 국가체제 변조를 방지하는 효과를 냈다. 고구려와 신라에서도 율령이 반포된 후 그와 같은 효과가 나타났을 것이다. 그렇다면 율령이 반포되기 이전의 법 집행은 어떤 식으로 이루어졌을까?

1989년 3월에 경북 영일군 신광면 냉수리에서 발견된 신라 비석이 세상에 알려졌다. 이 비석은 냉수리에서 발견되어 '냉수리비'라

냉수리비
신라 지증왕 4년(503년)에 만들어진 것으로 추정되는 신라시대 비석이다. 보기 드물게 신라시대의 재산분쟁 판결문이라는 점에서 의의가 있다.

고 불린다. 이 비석을 처음 발견한 사람은 경북 영일군 신광면 냉수 2리에 사는 이상운 씨였다. 그는 사업에 실패한 후 고향에 내려와 소일하던 중 할아버지가 70여 년 전에 어떤 비를 발견한 일을 기억해 냈다. 1989년 3월 그 비석을 찾아낸 이씨는 손수레에 실어 자기 집 감나무 아래에 옮겨놓았다. 그리고 날마다 옥편을 옆에 끼고 글자를 하나씩 읽어 모사본을 만든 다음, 여러 학자들을 찾아다녔다. 학자들이 판독한 결과 이 비석은 지증왕 4년(503)의 것으로 밝혀져 국보 264호로 지정되었다.[103]

냉수리비는 신라 때의 진이마촌珍而麻村 즉 현재의 냉수리에서 있었던 재산분쟁에 대하여 지증왕 4년(503) 9월에 판결을 내리고 그 내용을 새긴 것이다. 지증왕 4년(503)은 신라에서 율령이 반포된 법흥왕 7년(520)보다 17년 전이다. 따라서 냉수리비는 신라에서 율령이 반포되기 이전에 법 집행이 어떤 식으로 이루어졌는지에 대한 분명한 사례라 할 수 있다. 냉수리비 중에서 법 집행과 관련된 내용은 다음과 같다.

> 사라 탁부의 사부지왕과 내지왕이 명령하시기를
> 斯羅喙斯夫智王乃智王此二王教
> 진이마촌의 절거리가 증명하였으므로
> 用珍而麻村節居利爲證尒
> 절거리로 하여금 재물을 얻게 하라 명령하셨다.
> 令其得財教耳
> 계미년 9월 25일에 사탁부의 지도로 갈문왕.

癸未年九月廿五日沙喙至都盧葛文王

사덕지 아간지, 자숙지 거벌간지 그리고 탁부의

斯德智阿干支子宿智居伐干支喙

이부지 일간지, 지심지 거벌간지 및 본피부의

尒夫智壹干支只心智居伐干支本彼

두복지 간지 그리고 사피부의 모사지 간지 등

頭腹智干支斯彼暮斯智干支

7명의 왕이 함께 논의하여 명령하기시기를,

此七王等公論敎

전세 사부지왕과 내지왕의 명령을 증거로 하여

用前世二王敎爲證尒

재물을 취하여 모두 절거리가 가지라고 명하셨다.

取財物盡令節居利得之敎耳

별도로 명령하시기를, 절거라가 만약 먼저 죽으면

別敎節居利若先死

후에 그 집 아이 사노가 이 재물을 얻게 하라 하셨다.

後令其弟兒斯奴得此財敎耳

별도로 명령하시기를, 미추와 사신지 두 사람은

別敎未鄒斯申支此二人

후에 다시 이 재물에 트집 잡지 말라 하셨다.

後莫更噂此財

만약 다시 트집 잡으면 엄중히 처벌하라 명하였다.

若更噂者敎其重罪耳

위에서 언급된 '사라'는 신라의 옛 이름이다. '탁부' 및 '사탁부' '본피부' '사피부'는 이른바 신라 왕경의 6부 중 네 개의 부이다. '사부지왕'과 '내지왕'은 지증왕 앞의 두 왕인 자비왕과 소지왕이 분명하다. '지도로 갈문왕'에서 '지도로'는 지증왕의 이름이고, '갈문왕'은 왕의 장인이나 동생 등이 받던 칭호이다. 즉 갈문왕은 왕이 되기 이전의 지증왕을 가리킨다. '사덕지 아간지'에서 사덕지는 사람 이름이고 아간지는 신라의 골품제에 등장하는 관등이다. '자숙지 거벌간지' 이하도 동일하다.

위에 의하면 지도로 갈문왕을 필두로 사덕지, 자숙지, 이부지, 지심지, 두복지, 모사지 등 신라 왕경의 6부 중 네 개의 부에서 모인 7명이 진마아촌의 절거리와 미추, 사신지 사이에서 발생한 재산분쟁을 논의하여 판결했는데, 절거리가 이긴 것으로 하였다. 근거는 이전의 사부지왕과 내지왕도 절거리가 제시한 증거로 절거리의 승리로 판결했다는 것이었다. 아울러 지도로 갈문왕 등 7명은 절거리가 죽으면 그 재산은 절거리의 아들 사노가 상속하도록 하고, 혹 미추나 사신지가 다시 분란을 일으키면 중죄로 다스리겠다고 판결했다.

위의 내용은 신라에서 율령이 반포되기 전에도 이미 나름대로의 관습과 증거에 의한 법 집행이 이루어졌음을 알려준다. 아울러 율령 반포 이전에는 아직 왕권이 강력하지 못하여 왕이 왕경 6부의 대표자들과 함께 합의하여 판결하였다는 사실 및 판결은 성문법전이 아니라 기왕의 판례와 증거를 근거로 이루어졌다는 사실 등도 알려준다.

하지만 율령이 반포된 후 왕권이 강력해지면서 신라왕은 더 이상 왕경 6부의 대표자들과 함께 합의하여 판결하지 않는다. 또한 기왕의 판례나 증거보다는 성문법전인 율령 자체에 입각하여 판결하게 된다. 이런 면에서 법흥왕 7년(520)에 율령이 반포되었다는 것은 이때부터 왕권이 본격적으로 강화되고 국가체제가 본격적으로 정비되었음을 의미한다.

다만 당시의 율령은 신라의 독자적인 율령이라기보다는 당나라의 율령을 수용한 수준이었을 것이다. 사실 고려시대에도 독자적인 율령을 편찬하지는 못했다. 한국사에서 분명하게 독자적인 율령을 편찬한 때는 조선시대에 들어서였다.

최고법전으로서 『경국대전』의 위상을 지키다

『경국대전經國大典』은 조선의 통치체제 전반에 관한 것이므로 율령 중에서 령에 해당한다. 하지만 조선시대에도 독자적인 형률을 편찬하지는 못 했다. 『경국대전』에 의하면 "형률은 『대명률大明律』을 쓴다."라고 규정되어 있다. 『대명률』은 명나라의 형률이었다. 즉 조선시대에는 율령 중에서 령에 해당하는 『경국대전』을 편찬함으로써 독자적인 령을 마련하였지만 율은 명나라의 율인 『대명률』을 그대로 가져다 쓴 것이었다. 유구한 한국의 역사에서 조선시대에 들어서야 겨우 령에 해당하는 『경국대전』만 편찬된 것은 독자적인 율령을 편찬하기가 그 정도로 어렵기 때문이었다.

『경국대전』 자체도 쉽게 편찬되지는 않았다. 조선이 건국된 이후 『경국대전』이 완성되기까지는 오랜 시간과 노력이 들었다. 『경국대전』이 완성된 해는 성종 16년(1485)인데, 이때는 조선이 건국된 1392년으로부터 1백년 가까이 흐른 뒤였다. 『경국대전』 편찬의 역사적 의미에 대하여 서거정은 서문에서 이렇게 언급하였다.

> 신이 가만히 생각해보니, 천지가 넓고 크매 만물이 덮여 있고 실려 있지 않은 것이 없고, 춘하추동의 사시四時가 끊임없이 운행하매 만물이 생육되지 않은 것이 없으며, 성인聖人이 문물제도를 제정함에 만물이 흔연히 보지 않음이 없습니다. 진실로 성인이 문물제도를 제정하는 것은 천지, 사시와 같습니다. 자고로 문물제도를 제정함이 융성한 것은 중국의 주周나라와 같은 때가 없습니다. 『주례』는 육경六經을 천지, 사시에 배열하였으니, 육경의 직분이 하나라도 빠지면 안 됩니다. 우리 태조대왕은 천리와 인정에 순응하여 나라를 세우고는 큰 법도를 세우며 작은 기율을 마련하셨는데 규모가 원대하였습니다. 그 후 정종, 태종, 세종께서 서로 이어 훌륭한 법을 만들어 후손에게 주시니, 문물제도가 밝게 갖추어졌습니다. 세조께서는 신성한 생각과 밝은 지혜를 가지셔서 문물제도를 제정함이 융성한 것이 천고에 탁월하셨습니다. 전하殿下 성종께서는 총명하시어 선왕이 만들어놓으신 문물제도를 그대로 지키며 행하시고, 금과옥조를 구슬에 새기어 영원히 빛을 남기시니, 아! 아름답고 거룩합니다. 이른바 육전六典이란 곧 주나라의 육경입니다. 그 좋은 법과 아름다운 뜻이 찬란하게 빛나니 『경국대

전』의 제정이 『주례』와 함께 서로 표리가 되지 않는다고 할 수 있겠습니까?[104]

한국 역사상 최초로 편찬된 통치체제 전반에 관한 령슈인 『경국대전』은 서문에 언급된 대로 『주례』를 모범으로 하였다. 『경국대전』 편찬의 최고 목표는 중국 역대의 왕조와 마찬가지로 천리와 인정에 합당하여 귀신과 사람의 복종을 이끌어낼 수 있는 율령을 제정하는 것이었다. 그런 율령을 제정하기 위해 조선은 건국 후 1백 년 가까운 세월을 보냈던 것이다. 그렇기에 『경국대전』은 편찬된 이후 거의 개정되지 않았다.

조선왕조 5백 년간 『경국대전』은 단 3차례만 개정되었다. 첫 번째 개정은 영조 22년(1746)에 있었는데, 그 결과물이 『속대전續大典』이다. 『속대전』은 『경국대전』이 편찬된 지 261년 만의 개정본이었다. 두 번째 개정은 정조 9년(1785)에 있었으며, 세 번째 개정은 고종 2년(1865)에 있었다. 『속대전』 이후 39년 만에 있었던 두 번째 개정의 결과물이 『대전통편大典通編』이고, 이후 80년 만에 있었던 세 번째 개정의 결과물이 『대전회통大典會通』이다. 조선시대에는 『경국대전』의 개정 자체도 매우 드물게 있었지만, 개정되었다고 해서 『경국대전』이 무시되는 일도 없었다. 『경국대전』의 개정은 개정판을 새로 내는 방식이 아니라, 개정되는 내용을 『경국대전』의 해당 부분에 작은 글씨로 표현하는 방식이었다. 이에 따라 『경국대전』은 개정에 관계없이 조선왕조 5백 년 내내 통치체제에 관한 기본법전으로서의 효력을 유지했다.

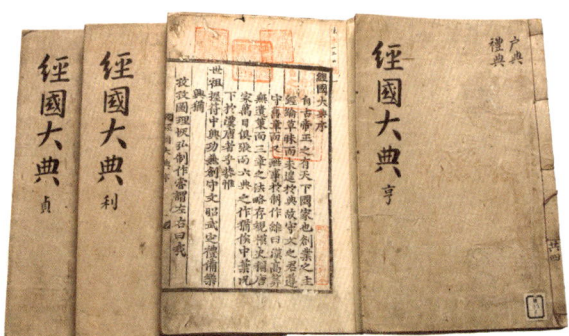

경국대전

조선시대가 계속되는 동안 최고법전으로서의 지위를 유지한 법전. 법률의 개폐가 끊임없이 계속되고 그것을 반영한 법전이 출현하였지만, 이 법전의 기본체제와 이념은 큰 변화 없이 이어졌다.

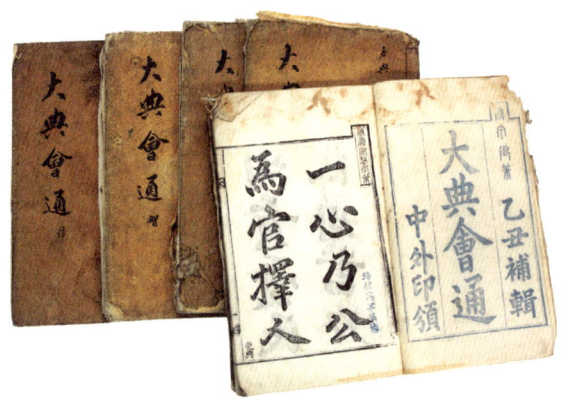

대전회통

조선시대에 조두순 등이 왕명에 따라 편찬한 책.『대전통편』이후의 사실을 보충하여 만든 책으로, 조선 500년간의 모든 법령이 수록되어 있다. 고종 2년(1865)에 간행되었다.

이처럼 『경국대전』이 잘 개정되지도 않고, 개정 이후에도 통치체제에 관한 기본법전으로 기능한 이유는 몇 가지 측면에서 생각해볼 수 있다. 첫째는 전통에 대한 존중이라는 점이다. 『경국대전』이 편찬된 후 세월이 흐르면 흐를수록 『경국대전』은 현실과 멀어질 수밖에 없었다. 새로 대두되는 사안에 관한 법령이 전혀 없을 수도 있었고, 상황이 변함으로써 기왕의 법령을 적용하기 어려울 수도 있었다. 그럴 경우 조선시대 사람들은 현실에 맞는 하위 법령을 새로 만들어 쓸 뿐, 『경국대전』 자체에는 손을 대지 않으려 했다. 오랜 세월에 걸쳐 만들어진 하위 법령이 너무나 많아 혼란이 가중되면 그때 만부득이 『경국대전』을 개정하면서 하위 법령을 편입시켰다. 전통에 대한 존중 때문이었다.

이렇게 하위 법령이 발생한 사례는 조선 후기에 만주의 여진족이 청나라를 건국하고 중원으로 이주한 후 압록강과 두만강 너머를 자신들의 발상지라 하여 이른바 봉금封禁 지대로 설정하고 조선 사람들의 출입을 금하면서 등장했던 월강죄越江罪에서 찾아볼 수 있다. 병자호란 이후 청나라의 압력을 받은 조선 정부는 압록강과 두만강을 넘어가는 사람들을 월강죄越江罪로 처벌했다. 법제상으로 최초의 월강죄가 등장한 때는 인조 26년(1648)으로 병자호란이 발발한 1636년부터 10년쯤 지난 때였다. 이 당시 월강죄에 대한 처벌법령은 "압록강과 두만강을 넘어간 경우, 주모자는 국경 지역에서 효시하고, 그 다음은 본도本道에 정배하고, 그 다음은 경중을 나누어 곤장을 친 후 석방한다. 인솔하고 간 사람은 곤장을 때리고 정배한다."였다. 물론 이 법령은 『경국대전』에는 실리지 않은 하위 법령이었다.

현종 11년(1670)에 이 법령은 "압록강과 두만강을 건너 삼을 채취하는 자는 수범과 종범을 논하지 않고 재범일 경우 모두 효시한다."는 내용으로 더욱 강화되었다. 다시 이 법령은 "압록강과 두만강을 넘어간 자는 채삼採蔘, 전렵佃獵, 타사他事를 논하지 않고 또 수범인지 종범인지 논하지 않으며 저쪽에서 일을 일으켰는지의 여부도 논하지 않고 모두 국경 지역에서 효시한다."고 하여 월강한 자는 무조건 사형시키는 것으로 강화되었다. 이 법령 역시 『경국대전』에 실리지 않은 하위 법령이었다. 이렇게 하위 법령으로 존재하던 월강죄는 영조 22년(1746)에 『경국대전』을 개정한 『속대전續大典』이 편찬될 때 수록되었다.

둘째는 전통에 대한 존중이 지나쳐 과도한 보수화를 낳았다는 점이다. 『경국대전』은 어떤 면에서 볼 때, 조선왕조 5백 년간 근본적인 개정은 한 번도 없었다. 『경국대전』 자체를 폐지하고 완벽히 새로운 개정판이 나온 적이 없기 때문이다. 조선시대 그 누구도 공공연하게 『경국대전』을 대체할 새로운 개정판을 편찬하려 하지 못했다. 새로운 개정판을 만든다는 것은 곧 통치체제 전반을 뜯어 고치려는 것인데, 그것은 전통을 파괴하는 음험한 시도이거나 선왕을 무시하는 방자한 도발로 비난받았다.

그런 면에서 다산 정약용은 매우 예외적인 사례이다. 다산 정약용은 『경국대전』을 완전히 대체할 개정판을 편찬하려 했다. 『방례초본』이 그것이다. 이 『방례초본』을 통해 다산 정약용은 『경국대전』에 근거한 통치체제 전반을 뜯어고치려 했다. 그 이유는 역사인식과 사명감 때문이었다. 다산 정약용은 "조종祖宗이 제정한 법을 고치는 논의를 할 수 없다."는 주장에 대하여 "조종의 법은 대부분 국가를 창건하던 초기에 만든 것이다. 그때 당시에는 천명을 아직 환하게 알 수 없었고, 인심도 아직 안정되지 못했으며, 공신인 장수와 정승 중에는 거칠고 억센 군인이 많았고, 백관이나 사졸 중에는 변덕스런 소인이 많았다."고 반박하였다. 조선건국 직후부터 제정되기 시작한『경국대전』은 불완전한 법령이라는 주장이었다. 여기에 더하여 다산 정약용은 "임진왜란이 있은 이후로 온갖 법도가 무너지고 모든 일이 어수선해졌다. (중략) 지금은 털끝만큼 작은 일이라도 병폐 아닌 것이 없으니, 지금 고치지 않으면 반드시 나라가 망하고 말 것이다."고 함으로써『경국대전』의 전반적인 개정이 절실함을 역설했다.

다산 정약용은 조선의 18세기 후반기부터 19세기 전반기를 살았다. 특히 그가 강진에서 유배생활을 하던 19세기 전반기는 조선의 통치체제가 급격히 와해되고 외척세도정치가 시작되던 때였다. 당시『경국대전』에 근거한 통치체제는 사실상 와해되었는데,『경국대전』은 여전히 조종이 제정한 법령이라는 명분으로 온존하였다. 그런 상태에서『경국대전』은 유명무실한 법령에 불과했다.『경국대전』이 유명무실하므로 복잡다단한 현실에 대처하기 위한 온갖 하위 법령들이 생겨났다. 이는 국가의 법질서를 혼란스럽게 했다. 이 같은 악순환을 근본적으로 개혁하기 위해서는 통치체제 전반을 뜯어고치는 수밖에 없었다. 바로 이것이 다산 정약용이 강진 유배지에서 근 18년 동안『방례초본』저술에 몰두한 이유였다.『방례초본』이후에 다산

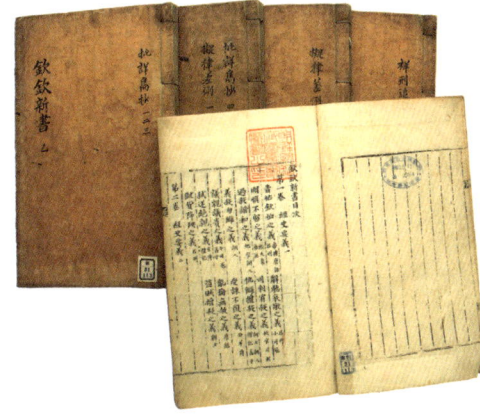

흠흠신서
정약용이 저술한 형옥(刑獄)에 관한 법정서(法政書). 이로써 정약용은 독자적인 율령체제를 완성할 수 있었다.

정약용은 형률서인 『흠흠신서欽欽新書』를 편찬함으로써 독자적으로 율령체제를 완성하였다.

그런데 다산 정약용의 사례에서 보다 중요한 것은 그가 독자적으로 율령체제를 완성했다는 사실 이상으로 율령체제를 완성한 그의 원칙에 있다. 다산 정약용은 다음의 두 가지 원칙을 제시했다. 첫째는 율령체제는 천리와 인정에 합당해야 한다는 것이었고, 둘째는 기왕의 율령체제보다 우수해야 한다는 원칙이었다. 이 원칙을 지키기 위해 다산 정약용은 『방례초본』과 『흠흠신서』를 완성하기까지 20년 가까운 세월을 쏟아부었다.

나라의 통치체제를 개정하는 문제와 관련해서 다산 정약용의 원칙을 오늘날의 입장에서 생각하면 어떻게 될까? 천리와 인정에 합당해야 한다는 원칙은 오늘날의 용어로 환경문제와 민심에 적합해야 한다는 원칙으로 대체될 수 있지 않을까 싶다. 기왕의 율령체제보다 우수해야 한다는 원칙은 요샛말로 개악이 아닌 개선이 되어야 한다는 원칙으로 이해될 수 있을 듯하다. 마지막으로 원칙을 지키기 위해 20년 가까운 세월을 쏟아부은 것은 경거망동이나 졸속이 아닌 정성과 철저한 준비로 바꾸어보아도 크게 틀리지 않을 것이다.

CODE 11　수도

무엇이 수도를 결정하는가

수도 서울의
헌법적 지위에 대한 논란

● 　　　　　　　　북한의 사회주의 헌법 제166조는 "조선민주주의인민공화국의 수도는 평양이다."로 되어 있다. 북한은 수도의 위치를 아예 헌법에 명문화하였다. 반면 우리나라의 헌법에는 수도에 대하여 명문화된 규정이 없다. 다만 서울특별시 행정특례에 관한 법률 제2조에 "서울특별시는 정부의 직할 하에 두되, 이 법이 정하는 범위 안에서 수도로서의 특수한 지위를 가진다."고 규정되어 있을 뿐이다. 법제상으로만 보면, 북한의 수도 평양은 헌법에 의해 그 지위가 보장되지만, 우리나라의 수도 서울은 헌법이 아닌 법률에 의해 그 지위가 보장된다. 이와 관련하여 우리나라는 지난 2000년대

에 수도 서울의 법적 지위를 놓고 크나큰 분란을 겪었다.

2002년 9월 30일, 새천년민주당의 대통령 후보였던 노무현은 선거공약으로 '수도권 집중 억제와 낙후된 지역경제를 해결하기 위해 청와대와 정부부처를 충청권으로 옮기겠다.'는 행정수도 이전계획을 발표하였다. 2002년 12월 19일에 실시된 제16대 대통령 선거에서 노무현 후보가 당선되었다. 노무현 대통령은 2003년 4월 17일에 '신행정수도 건설추진기획단 등의 구성 및 운영에 관한 규정'을 대통령령으로 제정함으로써 행정수도 이전을 본격화하였다.

2003년 10월에 노무현 대통령은 국회에 '신행정수도의 건설을 위한 특별조치법'을 제안하였다. 국회는 2003년 12월 29일 본회의를 열어 찬반 투표를 실시하였는데, 그 결과 투표의원 194명 중 167명이 찬성, 13명이 반대, 14명이 기권함으로써 '신행정수도의 건설을 위한 특별조치법'은 국회를 통과하였고, 법률 제 7062호로 공포되었다. 이 법에 따라 2004년 5월 21일에 신행정수도 건설추진위원회가 발족되었다. 동 위원회는 7월 21에 제5차 위원회의를 개최하고 주요 국가기관 중 중앙행정기관 18부 4처 3청을 신행정수도로 이전하고, 국회 등 헌법기관은 자체적인 이전 요청이 있을 때 국회의 동의를 구하기로 심의, 의결하였다. 이어서 2004년 8월 11일의 제6차 위원회의에서 충청도 연기-공주 지역을 신행정수도 입지로 확정하였다.

이렇게 신행정수도 이전이 본격화되던 2004년 7월 12일에 169명의 청구인이 헌법재판소에 신행정수도의 건설을 위한 특별조치법이 위헌임을 확인해달라는 헌법소원 심판을 청구하였다. 청구인들은 서울특별시 소속 공무원, 서울특별시 의회의 의원, 서울특별시에 주소를 둔 시민 혹은 그 밖의 전국 각지에 거주하는 국민들이었다.

위헌 청구가 있기 전부터 수도 서울의 지위를 놓고 다양한 논쟁이 있었다. 수도 서울에 대한 헌법적 지위가 논쟁의 핵심이었다. 만약 수도 서울이 헌법적 지위를 가진다면 수도 이전에는 헌법 개정이 필요하고, 그렇다면 헌법 개정 없이 행정수도 이전을 결정한 '신행정수도의 건설을 위한 특별조치법'은 자연히 위헌이 되어 무효가 된다. 반대로 수도 서울이 헌법적 지위를 갖지 못한다면 새로운 법률 제정만으로도 수도 이전이 가능하게 되어 '신행정수도의 건설을 위한 특별조치법'은 유효하게 된다.

위헌 청구인들은 수도 서울이 헌법에 명문화되지 않았다고 해도 헌법적 지위를 가진다고 주장하였다. 조선왕조 이래 수백 년간 서울이 수도였다는 역사적 사실이 그 근거라고 하였다. 2004년 10월 21일에 헌법재판소는 다음과 같은 판결을 내렸다.

> 우리 헌법전상으로는 '수도가 서울'이라는 명문의 조항이 존재하지 아니한다. 그러나 서울은 사전적 의미로 바로 '수도'의 의미를 가지고 있다. 1392년 이성계가 조선왕조를 창건하여 한양을 도읍으로 정한 이래 600여 년간 전통적으로 현재의 서울 지역은 그와 같이 일반명사를 고유명사화 하여 불러온 것이다. 따라서 현재의 서울 지역이 수도인 것은 그 명칭 상으로도 자명한 것으로서, 대한민국의 성립 이전부터 국민들이 이미 역사적, 전통적 사실로 의식적 혹은 무의식적으로 인식하고 있었으며, 대한민국의 건국에 즈음하여서도 국가의 기본구성에 관한 당연한 전제사실 내지 자명한 사실로서 아무런 의문도 제기될 수

없었던 것이었다. 따라서 제헌헌법 등 우리 헌법제정의 시초부터 '서울에 수도(서울)를 둔다.'는 등의 동어반복적인 당연한 사실을 확인하는 헌법조항을 설치하는 것은 무의미하고 불필요한 것이었다. 그 후에도 수차의 헌법 개정이 있었지만 우리 헌법상으로 수도에 관한 명문의 헌법조항은 설치된 바가 없으나, 그렇다고 하여 우리나라의 역사적, 전통적, 문화적 상황에 비추어 수도에 관한 헌법관습 자체가 존재하지 않는 것은 결코 아니다. 서울이 바로 수도인 것은 국가생활의 오랜 전통과 관습에서 확고하게 형성된 자명한 사실 또는 전제된 사실로서 모든 국민이 우리나라의 국가구성에 관한 강제력 있는 법규범으로 인식하고 있는 것이다.

헌법재판소는 역사적, 전통적, 문화적 상황에 비추어 서울이 수도라는 헌법관습이 존재하므로 수도 서울은 헌법적 지위를 가진다고 판결한 것이었다. 서울이 수도라는 헌법관습의 근거로 조선의 창건과 서울의 수도설정, 일제강점기에 서울의 수도성 유지, 해방과 건국 이후 현재까지의 서울의 수도성 유지 등 세 가지 근거가 제시되었다.

헌법재판소의 판결로 '신행정수도의 건설을 위한 특별조치법'은 위헌으로 결정되었지만, 논란은 여전했다. 무엇보다도 성문헌법을 가진 우리나라에서 관습헌법이 성립할 수 있느냐를 놓고 쟁점이 벌어졌다. 9명의 헌법재판소 재판관 중 유일하게 반대했던 전효숙은 "성문헌법을 지닌 법 체제에서, 관습헌법을 성문헌법과 동일한 효력 혹은 특정 성문헌법 조항을 무력화할 수 있는 효력을 지닌 것으로

한성부 지도
한성부(漢城府)는 조선시대 서울특별시의 이름이자, 그 지역을 담당하여 관할하는 관청이다. 1900년에 제작된 이 지도에는 거리의 지명까지 매우 상세하게 기록되어 있다.

볼 수 없다."고 주장했다. 하지만 이미 결정된 판결이 바뀌지는 않았다. 이로써 서울은 서울특별시 행정특례에 관한 법률 제2조에 의해서뿐만 아니라 관습헌법이라 하는 개념에 의해서도 대한민국의 수도 지위를 확보하게 되었다.

수도 서울의 법적 지위를 놓고 이렇게도 커다란 논란이 일어났던 이유는 과거는 물론 현재에도 수도가 특별히 중요하기 때문이다. 사전적 의미로 수도는 한 나라의 통치기관이 있는 정치적 활동의 중심지 또는 한 나라의 중앙정부가 있는 도시이다. 요컨대 수도란 정치도시란 의미이다. 하지만 우리나라의 역사를 돌이켜보면, 수도는 정치뿐만 아니라 경제, 사회, 문화, 외교, 국방 등 나라의 모든 것이 집중된 도시였다. 그래서 말은 태어나면 제주도로 가고 사람은 태어나면 서울로 가라는 속담까지도 생겼다. 사람으로 태어나 출세하려면 서울로 가야 한다는 뜻이다. 현재에도 '대한민국은 서울공화국이다'라는 말이 사람들 입에 오르내리는 것을 보면, 옛날과 많이 달라졌다고 하기 어렵다.

　그런데 유구한 우리나라의 역사를 뒤돌아보면 수도가 한 곳에만 있었던 것은 아니었다. 현대의 바로 직전 왕조였던 조선시대를 제외하면 많은 경우 수도가 여러 곳에 있었다. 적게는 두 곳, 많게는 대여섯 곳에 수도가 있기도 했다.

고조선의 도읍지 왕검성의
위치를 찾아서

● 　　　　　일연은 『삼국유사』에서 고조선의 수도와 관련하여 몇 가지 지명을 제시했다. 예컨대 『위서魏書』를 인용한 부분에서는 "지금으로부터 2천 년 전에 단군왕검이 있어 도읍을 아사

달阿斯達에 정하고"라 하여 아사달을 단군조선의 수도라고 하였다. 반면 『고기古記』를 인용한 부분에서는 "단군왕검은 요임금의 즉위 50년인 경인庚寅, BC 2311에 평양성平壤城에 도읍하고 비로소 조선이라 하였으며, 또 도읍을 백악산 아사달에 옮기었는데"라 하여 단군조선의 처음 수도를 평양성으로 제시했다. 이 외에 위만조선에 관한 부분에서는 "위만이 왕이 되어 왕검王儉에 도읍하였다."라 하여 왕검을 위만조선의 수도라고 하였다. 그렇다면 단군조선의 수도로 제시된 아사달과 평양성 그리고 위만조선의 수도로 제시된 왕검은 어느 곳일까?

일연은 아사달에 대하여 "경經에 이르기를, 아사달은 무엽산無葉山이라 하고 또 이르기를 백악白岳인데 백주白州 땅에 있다고 하였다. 어떤 사람은 개성 동쪽에 있다고 하였는데, 지금의 백악궁白岳宮이 그것이라고 하였다."는 설명을 달았다. 고려시대의 백주白州는 황해도에 있었다. 조선시대의 『동국여지승람』에서는 황해도 문화현에 소재하는 구월산九月山을 아사달산이라고 하였다. 이런 설명에 따른다면 단군조선의 최초 수도인 아사달이란 곧 황해도의 구월산이라고 할 수 있다. 또한 일연은 평양성에 대하여 "현재의 서경西京"이라는 해설을 달았다. 고려시대의 서경은 곧 평안도에 있던 평양이었다. 결국 일연은 단군조선의 수도가 현재의 황해도 구월산 아니면 평안도 평양 둘 중의 하나라고 생각했던 셈이다.

반면 일연이 위만조선의 수도로 제시한 왕검의 위치는 약간 애매한 부분이 있다. 일연은 왕검의 위치에 대하여 "이기李奇라는 사람은 지명이라고 하였고, 신찬臣瓚은 왕검성이 낙랑군 패수 동쪽에 있다고 하였다."는 주석을 달았을 뿐이다. 일연이 위만조선의 수도 왕검과 관련해서 '이기라는 사람은 지명이라고 하였고'라는 주석을 단 이유는, 단군왕검의 '왕검'과 구분하기 위해서였다. 즉 단군왕검의 '왕검'은 단군조선의 최고 권력자에 대한 호칭이었음에 비해, 위만의 수도 '왕검'은 지명이었다.

위만의 수도 '왕검'과 관련하여 『삼국유사』에 등장하는 신찬이란 사람은 『한서漢書』 지리지地理志를 해설한 중국 사람이다. 『한서』 지리지의 요동군遼東郡 조항에는 18개의 현이 수록되어 있다. 그중의 하나가 험독현險瀆縣이다. 이 험독현에 대하여 응소應邵라는 사람은 "조선왕 위만의 수도이다. 물의 험난함에 의거하였기에 험독이라고 하였다."로 해설하였다. 반면 신찬은 "왕험성王險城은 낙랑군 패수의 동쪽에 있다. 여기 요동군의 험독은 그대로 험독일 뿐이다."라는 반대의견을 제시했다. 즉 응소는 왕험성이 요동군에 있다고 본 반면 신찬은 왕험성이 낙랑군에 있다고 본 것이었다.

이렇게 상반된 의견 중에서 일연이 굳이 신찬의 의견만 『삼국유사』에 기록한 이유는 신찬의 의견에 더 믿음이 갔기 때문일 것이다. 아울러 신찬은 '왕험성'이라고 하였는데, 일연은 '왕검'이라 한 것을 보면 '왕험'을 '왕검'과 같은 것으로 본 것이 분명하다. 따라서 일연은 위만조선의 수도인 왕험성 즉 왕검성은 요동군이 아니라 낙랑군에 있었다고 생각했다. 일연은 『삼국유사』에서 "평양성은 옛 한나라의 낙랑군이다."라고 한 『신당서』의 기록을 인용하기도 했다. 결국 일연은 위만조선의 수도인 왕검성이 곧 평양성이라고 생각한 셈이었다. 이렇게 본다면 일연은 단군조선의 처음 수도는 평안도의 왕검성이었다가 후에 황해도의 구월산으로 옮겼다고 판단한 듯하다.

그런데 일연은 그렇게 판단했을지 모르지만, 정작 왕검성의 위치를 놓고 한나라 때부터 현재에 이르기까지 무수한 논란이 이어지고 있다. 결정적 차이점은 응소처럼 왕검성이 요동지역에 있었다는 주장과 반대로 신찬처럼 왕검성이 한반도 지역에 있었다는 주장이다. 논쟁이 격렬하다 보니, 왕검성이 처음에는 요동지역에 있었다가 나중에 한반도 지역으로 옮겼다고 하는 절충의견이 제시되기까지 했다. 각각의 의견은 나름대로의 근거와 논리를 가지고 있어서 어느 쪽이 옳다 그르다 쉽게 결판나지 않고 있다.

단재 신채호는 단군조선의 왕검성에 대하여 획기적인 의견을 내놓았다. 단재는 『고려사』에 전하는 이른바 신지비사神誌秘詞를 근거로 왕검성의 위치를 추정했다. 신지비사는 10개의 구절로 되어 있는데, 다음과 같은 내용이다.

마치 저울 대, 저울 추, 저울 판과 같은데	如秤錘極器
저울 대는 부소량이요	秤幹扶疎樑
저울 추는 오덕지이며	錘者伍德地
저울 판은 백아강이라	極器百牙岡
찾아와 항복한 나라가 70개국이었으니	朝降七十國
그 덕에 의지하여 신의 정신을 지켜나갔다	賴德護神精
앞과 뒤가 서로 공평하게 자리하니	首尾均平位
나라가 흥성하여 태평을 누린다	興邦保太平

만약 세 개의 서울을 폐지한다면	若廢三諭地
왕업은 쇠약해져 기울어질 것이다	王業有衰傾

단재는 신지비사를 다음과 같이 해석하였다. 먼저 아홉 번째 구절에 나오는 삼유지三諭地는 세 개의 서울로서 곧 단군조선의 삼경三京이다. 단군조선은 삼신사상에 따라 백두산을 중심에 놓고 북쪽, 동쪽, 남쪽에 수도를 하나씩 설치하였는데, 신지비사의 첫 번째 구절은 단군조선이 삼경을 설치한 형상이 마치 저울 대, 저울 추, 저울 판과 같음을 읊은 것이다. 따라서 저울 대, 저울 추 그리고 저울 판으로 표시된 부소량, 오덕지, 백아강이 곧 단군조선의 삼경이다. 부소량은 만주의 하얼빈, 오덕지는 요동의 안시성 그리고 백아강은 한반도의 평양이다. 3경에는 각각 한韓이 주재하면서 다스리는데, 신한眞韓, 불한弁韓, 말한馬韓이라고 부른다. 단군조선의 3경 그리고 신한, 불한, 말한의 관계에 대하여 단재는 다음과 같은 의견을 제시하였다.

> 신한(진한)이 전 조선을 통치하는 대왕大王이 되고 말한(마한), 불한(변한) 두 한은 그 부왕副王이었으므로, 신한이 아스라(하얼빈)에 주재할 때에는 말한과 불한 두 한 중의 한 명은 펴라(평양)에, 다른 하나는 아리티(안시성)에 머물러 있으면서 지키고, 신한이 아리티(안시성)나 펴라(평양)에 주재할 때는 말한, 불한 두 한은 또한 다른 두 서울京에 나뉘어 머물러 있으면서 지켰다.105

단재는 단군조선의 3경을 대등한 수도가 아니라 수도와 부도副都

의 관계로 본 것이다. 즉 신한, 불한, 말한 중에서 대표 한(韓)인 신한이 머무는 곳이 명실상부한 수도이고, 나머지 불한과 말한이 머무는 두 곳은 부도(副都)라는 의견이었다. 다만 단재는 신한, 불한, 말한이 3경의 어느 한 곳에만 고정적으로 머물러 있지 않고 끊임없이 순행한다고 생각하였다. 따라서 부소량, 오덕지, 백아강은 달리 불리기도 했지만 같은 이름으로도 불린다고 보았다. 예컨대 평양은 한반도의 평양을 지칭하지만 동시에 만주의 하얼빈을 지칭할 수도 있고 요동의 안시성을 지칭할 수도 있다는 것이다.

이 같은 단재의 의견에 대하여는 물론 여러 면에서 의문이 들 수 있다. 하지만 단군조선을 비롯한 고조선의 수도가 반드시 하나일 것이라는 선입관을 송두리째 부정한다는 면에서 단재의 의견은 큰 의의를 가진다.

과거부터 현재까지 천여 년이 넘도록 왕검성의 위치를 놓고 요동이냐 한반도냐 논쟁한 이유 중의 하나는 바로 수도는 꼭 하나여야 한다는 선입관 때문이었다. 고조선의 수도가 여러 개일 수 있다고 생각하면 왕검성의 위치 논쟁은 쉽게 타결될 수도 있다. 사실 유구한 한국의 역사를 돌이켜볼 때, 수도가 언제나 하나였던 것은 결코 아니었다. 당시의 지리적, 정치적 상황에 따라 복수의 수도가 존재했던 시대가 적지 않았다.

정복활동의 결과로 생겨난 작은 서울들

●　　　　　　　　고구려와 그 고구려를 계승한 고려시대에는 3경三京 제도라고 하는 것이 있었다. 고구려 후기에는 수도 평양성을 포함하여 이전의 수도였던 국내성國內城, 만주지역 소재 그리고 새로 설치된 한성漢城, 황해도지역 소재을 합하여 3경이라 불렀다. 고려 후기에는 수도 개경을 포함하여 서경西京, 평양과 남경南京, 한양을 합해 3경이라 하였다.

3경을 말 그대로 해석하면 '세 개의 서울'이라는 뜻이다. 세 개의 서울이라니 의아한 생각이 들지 않을 수 없다. 왕조시대에 왕은 한 명뿐인데 어떻게 서울이 세 개나 된단 말인가? 그런데 한국사에서는 세 개의 서울이 아니라 다섯 개의 서울이라는 뜻을 갖는 5경伍京 제도도 존재했었다. 발해의 5경伍京 제도가 그것이다.

그렇지만 왕조시대에 왕은 분명 한 명이었다. 왕이 상주하는 곳이 바로 수도 서울이었다. 따라서 왕이 상주하는 수도 서울은 한 곳일 수밖에 없었다. 그렇다면 수도 서울 이외의 서울은 무엇인가? 바로 '작은 서울' 또는 '부도副都 서울'로서의 서울이었다. 예컨대 신라시대의 소경小京 제도가 그것이다. 소경이란 말 그대로 '작은 서울'이라는 뜻이다.

고려시대의 3경 중 하나였던 서경도 '작은 서울'로서의 서울이었다. 고려 당시 서경에 살던 사람들 스스로도 서경을 작은 서울로 인식했다. 고려시대의 속요를 대표하는 작품 서경별곡에 이런 내용이

들어 있다.

　　서경이 아즐가 서경이 셔울히 마르는
　　(서경이 아! 서경이 서울이지마는)
　　위 두어렁셩 두어렁셩 다링디리
　　닷곤대 아즐가 닷곤대 쇼셩경 고외마른
　　(중수修한 아! 중수한 작은 서울을 사랑하지마는)
　　위 두어렁셩 두어렁셩 다링디리
　　여해무론 아즐가 여해무론 질삼뵈 바리시고
　　(임과 이별하느니 아! 임과 이별하느니 길쌈하던 베를 버리고서라도)
　　위 두어렁셩 두어렁셩 다링디리
　　괴시란대 아즐가 괴시란대 우러곰 좃니노이다
　　(사랑해주신다면 아! 사랑해주신다면 울면서 따라가겠습니다)
　　위 두어렁셩 두어렁셩 다링디리

　위의 '쇼셩경小城京'은 '작은 성의 서울'이라는 뜻으로 신라시대의 '소경'과 같은 뜻이 된다. 신라시대의 소경은 정복 과정에서 설치되기 시작하여 통일 후에는 총 다섯 곳으로 정비되었다. 그래서 5소경이라고 하였다. 구체적으로는 충주의 중원소경, 원주의 북원소경, 청주의 서원소경, 남원의 남원소경 그리고 김해의 금관소경이다. 5소경을 지역별로 나누어 보면 옛 고구려 지역에 2개, 백제 지역에 2개 그리고 가야 지역에 1개였다. 신라는 점령 지역의 효과적인 통치 및 통합을 위해 소경을 설치했던 것이다. 그렇다면 작은 서울로서의 5

소경은 수도 경주와 무슨 차이가 있었는가? 또 어떤 면에서 점령 지역의 통합 및 통치에 유효하였는가?

수도 경주와 5소경의 가장 큰 차이는 왕의 상주 여부였다. 왕은 엄연히 수도 경주에 상주하였다. 그래서 경주는 왕이 상주하는 서울이라는 의미로 '왕경王京'이라고 불렸다. 왕뿐만 아니라 신라의 핵심 지배층들 역시 왕경에 살았다. 왕족인 성골과 진골을 비롯하여 귀족들은 모두 왕경에서 살았다. 그래서 왕경 사람이란 곧 지배층을 의미하기도 했다. 중앙정부의 행정기관들도 왕경에 소재했다. 그러므로 왕경과 소경은 명칭 상으로만 보면 같은 서울이지만 그 위치와 지위는 실제로 아주 달랐다. 그럼에도 소경이 왕경과 마찬가지로 서울이라고 불린 이유는 무엇일까?

신라시대에 최초로 설치된 소경은 아시촌阿尸村에 설치된 소경이었다. 양기석 교수의 「신라 5소경의 설치와 서원경」이라는 논문에 의하면, 아시촌은 경상북도 의성 지역으로 비정된다고 하는데 그곳에 소경이 설치된 시점은 지증왕 15년(514) 1월이었다. 의성 지역은 신라가 경주를 넘어 안동, 영주, 단양 방면 즉 북방으로 진출하기 위해서는 반드시 통과해야 할 교통로에 위치하고 있었다.

그런데 신라시대의 아시촌은 자연촌이 아니라 행정촌이었다. 신라는 주변의 읍락 집단을 정복하면서 산성이나 토성이 있는 읍락 집단은 성城으로 호칭하고, 성이 없는 읍락 집단은 촌으로 편제하였다. 정복의 첫 단계는 군사 점령이었다. 이어서 점령 지역을 동화시키기 위한 조치가 필요했다. 신라가 북방으로 팽창하면서 점령 지역을 동화시키기 위해 취했던 조치가 바로 소경 설치였다.

의성 지역의 아시촌이 신라에 병합될 때, 아시촌은 아직 성도 없을 정도로 소외된 지역이었다. 그런 아시촌에 소경을 설치하였다는 것은 아시촌에 새로 성을 쌓고 주민들도 모집하였음을 의미했다. 『삼국사기』에 의하면 지증왕은 아시촌 소경에 6부六部와 남쪽지역 사람들의 민호民戶를 사민徙民시켜 채웠다고 하는데, 6부의 민호란 왕경의 6부 민호였다. 왕경 6부의 민호는 신라의 지배층이었다. 지증왕은 아시촌에 왕경 6부의 사람들을 사민시킴으로써 의성 지역에 대한 통치를 공고히 할 수 있었다.

지증왕은 514년 1월에 아시촌을 소경으로 확정하고 6개월 후인 7월에야 왕경 6부 사람들을 사민시켰는데, 그동안 아시촌에 성을 쌓고 행정구역을 나누었으며 또한 행정조직도 정비하였다. 이때 왕경 6부의 행정 조직을 축소 복사하여 아시촌의 행정조직으로 정비했다.

지증왕은 아시촌에 소경을 설치함으로써 적어도 두 가지 효과를 보았다. 첫째는 새로 정복된 의성지역에 대한 통치를 공고히 할 수 있었다. 둘째는 왕경 6부의 민호를 아시촌 소경으로 사민시킴으로써 수도 경주의 인구 과밀문제 등을 해결할 수 있었다. 아시촌 소경 이후에 설치된 이른바 5소경도 기본적으로 비슷한 방식으로 운용되었고 효과도 비슷했다.

고구려의 3경, 신라의 5소경, 발해의 5경, 고려의 3경 제도는 근본적으로 정복 활동 결과 나타났다. 정복 이후 그 지역의 통치를 공고히 하고 또 비대해진 왕경을 분산시키기 위한 목적에서 작은 서울들을 국토의 요충지에 설치한 것이다. 작은 서울을 설치하는 것은 기왕의 수도 서울을 옮기는 천도와 비교하여 몇 가지 장점이 있었다. 첫째는 나라의 뿌리를 흔들지 않는다는 점이었다. 작은 서울은 왕경의 조직과 기능을 축소 복사하여 설치했으므로, 왕경 자체는 전혀 손상이 없었다. 오히려 작은 서울에 왕경 사람들을 사민시킴으로써 왕경의 문제점을 해결할 수 있었다. 둘째 장점은 작은 서울은 굳이 수를 제한할 필요가 없으므로 정복 지역에 따라 신축적으로 늘릴 수 있다는 점이었다. 셋째는 작은 서울은 왕경의 축소 복사판이므로 유사시 작은 서울로 천도할 수 있다는 점이었다.

이 같은 이점으로 작은 서울은 한국사뿐만 아니라 중국사에서도 자주 등장했다. 신라시대 이전인 주나라 때에 벌써 작은 서울이 등장했다. 주나라는 서기전 11세기경의 문왕 때부터 번성하기 시작한 나라로, 문왕의 아들 무왕 때에는 멀리 동쪽에 있는 은나라까지 원정하여 정복했다. 무왕이 은나라를 정복했을 때, 주나라의 수도 서울은 호경鎬京이라는 곳으로 현재의 서안 지역이었다. 이에 비해 새로 정복된 은나라는 동쪽 멀리 있었다. 무왕은 은나라를 통제하기 위해 호경과 은나라의 중간쯤에 새로운 도읍을 설치하고자 했다. 그에 대한 예비 작업으로 오늘날의 낙양 지역에 낙읍洛邑을 건설하고 그곳에다 은나라에서 빼앗은 구정九鼎을 두었다. 구정은 중국 하나라 때의 제왕인 우禹 임금이 구주九州에서 금속을 거두어 주조한 큰 솥이라고 한다. 2개의 손잡이와 3개의 발이 달린 이 구정은 하나라 때부터 제왕의 정통성을 상징했다. 즉 당시의 구정은 훗날의 옥새와 같은 역할을 했던 것이다. 무왕은 일단 수도 호경으로 돌아갔다가 후에 낙읍으로 천도할 생각이었다. 하지만 미처 천도하지 못하고 호경에서 세상을 떠났다. 이후 13살의 성왕이 즉위하고 삼촌인 주공이 섭정하게 되었다.

섭정 주공은 성왕을 호경에 남겨두고 자신은 낙읍으로 가서 새로 도읍을 건설하고 머물렀다. 주공이 건설한 도읍은 새로 건설하였다고 하여 신읍이라고 하였으며, 호경에 비해 동쪽에 있으므로 동도東都라고도 하였다. 요컨대 주나라의 수도 서울이 주공에 의하여 서도 호경과 동도 낙읍으로 나뉜다.

주공이 건설한 신읍의 명칭에 도읍 또는 동도와 같이 '도都'라고 하는 글자가 붙은 이유는 그곳에 제왕의 정통성을 상징하는 구정九鼎이 있었기 때문이다. 중국 고대사에서 도는 아무 읍에나 붙이는 글자가 아니었다. 일반적인 읍은 그냥 읍일 뿐이었고, 제왕의 종묘가 소재한 읍이 특별히 도읍이었다. 제왕의 종묘는 바로 제왕의 정통성을 상징하였다. 즉 중국 고대사에서 도읍이란 제왕의 정통성을 상징하는 종묘 또는 구정이 소재하는 읍을 특별히 부르는 명칭이었다.

주나라의 경우, 호경에는 종묘가 있어서 도읍이었고 낙읍에는 구정이 있어서 도읍이었다. 이중에서 주나라 제왕의 정통성은 구정보다는 종묘에 의해 규정되었으므로 호경이 명실상부한 수도 서울이었다. 따라서 낙읍은 호경에 비해 작은 서울 또는 부도였다. 이처럼 주나라의 호경과 낙읍 그리고 고구려의 3경, 신라의 5소경과 왕경, 발해의 5경, 고려의 3경은 명칭 상으로만 보면 대등한 서울인 듯도 하지만, 실제는 수도 서울과 작은 서울의 관계였다.

수도 서울에는 제왕의 정통성을 상징하는 종묘가 있었다. 종묘가 있는 곳에 제왕도 머물렀다. 그래서 왕조시대에 천도라고 하는 것은 단순히 제왕의 거처를 옮기는 것이 아니라 종묘를 옮기는 것이었다. 수도 서울에 비해 작은 서울 또는 부도에는 종묘도 없었고 제왕도 상주하지 않았다. 대신 구정과 같은 제왕의 상징물이 소재했다. 한국사의 경우, 제왕의 상징물로 어진 또는 이궁離宮이 자주 이용되었다. 예컨대 고려시대 서경에는 고려 왕건 태조의 어진을 모신 진전眞殿이 있었으며, 남경에는 이궁이 있었다. 이 같은 어진 또는 궁궐이 고려왕의 정통성을 상징하였다.

무엇이 천도를 가능케 하는가

한국사에서 수도 서울과 작은 서울이 공존하던 체제는 고려왕조를 끝으로 막을 내렸다. 조선왕조에서는 오직 하나의 수도 서울만 있었을 뿐 작은 서울은 존재하지 않는다. 조선 전기의 수도 서울에는 정궁 경복궁과 이궁 창덕궁이 함께 존재했고, 후기에도 정궁 창덕궁과 이궁 경희궁이 함께 존재했다.

한국사를 돌이켜볼 때 고구려의 3경, 신라의 5소경, 발해의 5경, 고려의 3경은 정복활동 또는 팽창활동 결과 설치되었다. 고구려는 장수왕 때 남방으로의 팽창을 위해 평양으로 천도하면서 3경 제도를 정비하기 시작했다. 신라의 5소경은 가야, 백제, 고구려를 정복한 결과였으며, 발해의 5경 역시 광대한 만주지역을 정복하면서 설치되었다. 고려의 3경 중 서경은 북방진출을 위해 설치되었다.

이에 비해 조선왕조에서는 이전 왕조에 필적할 만한 정복활동이 없었다. 4군 6진 개척이 있었지만, 만주로의 진출이 전제되지 않았기에 본격적인 정복활동으로 이어지지 못했다. 그 결과 조선시대에는 별도로 작은 서울을 설치해야 할 만큼 넓은 정복지를 확보하지 못했다. 조선시대에는 수도 서울 하나로 충분했고 작은 서울은 불필요했다. 이런 상황이므로 조선왕조에서는 수도 서울 이외의 지역에 작은 서울을 설치하려는 시도 자체가 쓸데없는 일로 치부되었다.

그렇지만 500년간 지속된 왕조라 작은 서울을 설치하려는 왕이 없지는 않았다. 나아가 수도 서울을 다른 곳으로 천도하려 했던 왕도 있었다. 특히 천도까지 염두에 두었던 왕들은 천도에 대한 비난을 희석시키기 위해 먼저 작은 서울을 설치하려고 했다. 왕조시대에 천도는 워낙 민감하고 중요한 문제였기 때문이다.

고구려의 3경, 신라의 5소경, 발해의 5경, 고려의 3경은 정복활동 결과 등장하기는 했지만 사실은 천도의 어려움 때문에 등장한 면도 있었다. 정복지가 넓어질수록 기왕의 수도는 국토의 중심부에서 멀어졌다. 그럴수록 기왕의 수도는 국가 통치와 국토 경영 측면에서 불리했다. 변화된 상황에 적응하려면 수도를 옮겨야 했지만 천도는 기왕의 뿌리를 송두리째 들어내 옮기는 일이라 결행하기 어려웠다. 국가 통치와 국토 경영의 측면만 보고 가벼이 천도했다가는 새 수도에 뿌리를 내리지 못할 가능성도 있었다. 나라의 뿌리는 뿌리대로 보존하면서 확대된 국토를 효율적으로 통치하고 또 통합하기 위해 작은 서울들이 설치되었던 것이다.

한국사에서 성공적인 천도는 혁명 아니면 혁명에 준하는 상황에

도성도
수도 한양의 전경을 산수화풍으로 그린 조선시대의 지도로, 정조 때 도화서에서 그린 것으로 짐작된다. 목멱산(남산)을 가운데 앉히고 삼각산과 도봉산을 넓게 펼친 원형구도를 기본으로 도성인 한양의 모습을 상세하게 그렸다.

서나 가능했다. 왕조교체에 성공한 혁명세력들은 자신들의 뿌리를 새롭게 내리기 위해 천도하곤 했다. 기왕의 수도에 거주하던 주민들은 망국의 백성이라 저항하지 못했다. 조선왕조 건국 후의 한양 천도와 고려왕조 건국 후의 개경 천도가 그렇게 성공했다. 아울러 나라가 존망의 위기에 처했을 때 또는 국가 노선을 근본적으로 바꾸어야 할 정도로 국내외 상황이 변했을 때 국왕과 왕경 세력들이 합심하여 단행한 천도는 성공했다. 백제의 웅진 천도와 사비 천도 그리고 고구려의 평양 천도가 그렇게 성공했다.

반면 정치적 목적에서 혹은 풍수 지리적 목적에서 국왕이 단독으로나 아니면 특정 지방 세력과 연계하여 추진한 천도는 거의가 실패했다. 무엇보다도 기왕의 수도에 거주하는 왕경 세력들의 반대를 극복하지 못했기 때문이었다. 예컨대 고려시대 인종과 묘청이 주도했던 서경천도운동이 그래서 실패했다.

이런 상황은 조선왕조에서도 다르지 않았다. 사실상 정복활동이 활발하지 못했던 조선왕조에는 더 심했다. 조선왕조의 경우 전기 이후로는 정복활동이 없었다. 그러므로 조선 후기에는 천도는 물론이고 작은 서울을 설치하려는 시도 자체도 비난받았다. 그럼에도 정치적인 목적에서 천도를 시도한 왕들이 있었다. 조선 후기에 천도를 시도한 첫 번째 왕은 광해군이었다.

선조의 둘째 아들이자 서자로 왕위에 오른 광해군은 즉위 과정에서는 물론 즉위 후에도 정치적으로 심각한 곤란을 겪었다. 양반 주류 세력인 서인들이 광해군을 마땅찮아 했기 때문이다. 광해군은 서인들이 즐비한 수도 서울에서 벗어나고 싶어 했다. 광해군 4년(1612) 8월에 왕은 당시의 유명한 술사 이의신을 조종하여 천도를 요청하는 상소문을 올리게 했다. 이에 이의신은 한양의 지기가 쇠하였으므로 길지인 파주로 천도는 상소문을 올렸다.

광해군은 이를 계기로 서인 세력과는 전혀 소통하지 않은 채 자신의 왕권을 가지고 독단으로 밀어붙일 작정이었다. 그러나 광해군의 의도는 당장 승정원에 의해 제동이 걸렸다. 승지들이 이의신의 상소문이 허무맹랑하다고 하여 접수하지 않은 까닭이다. 이의신은 상소문은 세 번째에야 광해군에게 보고되었다. 광해군은 그 상소문을 예조에 내려 검토하게 했다. 천도문제를 공론화하려는 의도였다.

당연히 서인들은 천도를 반대했다. 그들은 천도문제가 공론화되는 것 자체를 거부했다. 당시 천도 문제에 가장 강력하게 반발한 인물은 서인의 지도자 이항복이었다. 이항복은 광해군에게 올린 반대 상소문에서 이런 언급을 하였다.

> (전략) 파주에 부府를 설치하거나 또는 서울을 설치하는 것이 편리한지 아닌지를 의논하라고 명령하셨습니다. 이 명령은 요사이 술사 이의신이란 자가 천도하는 것이 유익하다는 상소문을 올렸기 때문에 내리셨습니까? 옛날에 천도는 아무 이유 없이 한 적이 없었습니다. 주나라에서 기산岐山 아래로 천도하고, 위나라에서 상구商丘로 천도한 이유는 오랑캐의 난을 피하기 위해서였습니다. 진나라가 신전新田으로 천도하고 형나라가 역繹으로 천도한 이유는 백성들을 위해서였습니다. 반경이 상商 지역에서 은殷 지역으로 옮긴 이유는 홍수를 피하기 위해서였고, 주공이 낙읍으로 옮긴 이유는 제후들이 조공하기 편하게 하기 위해서였습니다. 삼대 이후 천도한 때가 있었지만 이유 없이 천도한 적은 없었습니다. (중략) 신은 지리에 관한 일은 모르고 오직 사람에 관한 일은 이해하는데, 나라 일과 집안 일이 일체이며 길하고 흉한 법이 같습니다. 일찍이 세상 사람들을 보건대, 가장 좋은 것은 덕을 심고 복을 심는 것이고, 그 다음은 약을 먹어 수명을 늘리는 것이며, 그 다음은 재물을 모아 후손에게 전하는 것입니다. 마지막으로 대책이 없는 것은 백가지 방법을 다 써도 질병과 재앙을 없애지 못해 부득이 집을 옮기고 장소를 옮기는 계책을 써서 아득한 가운데 만에 하나의 요행을 바라며 이곳저곳으로 옮겨 다니다가 솥은 깨지고 표주박도 없어지며 집은 더욱 쓸쓸해지고 곤궁함이 더욱 심하게 되는 것입니다. 이것을 거

경희궁
조선 광해군 8년에 건립하여 처음에는 경덕궁(慶德宮)이라 하였으나, 1760년(영조 36)에 경희궁으로 이름을 고쳤다. 광해군이 천도에 실패한 결과, 정궁 창덕궁이 있음에도 한양 내에 세워진 이궁이다.

울로 삼아야 할 것입니다.(『연려실기술』 폐주 광해주 고사본말, 의천도교하 議遷都交河)

광해군은 서인들의 반발이 격심하자 '부府를 설치하는 일은 천도와 다르다.'거나 '역대에 모두 두 도읍이 있었다.'라고 하여 파주에 천도하려는 것이 아니라 작은 서울을 설치하려는 것이라 해명하였다. 그러나 당시의 상황에서 파주에 작은 서울을 설치한다는 해명은 전혀 설득력을 갖지 못했다. 서인은 광해군이 풍수지리에 현혹되었거나 정치적 음모를 가지고 천도하려 한다고 의심했다. 결국 광해군은 천도를 실행하지 못했다.

그러나 천도를 주장하던 광해군의 체면을 살려주기 위해 조정에서는 천도 대신 뭔가를 해야만 했다. 광해군을 지지하던 당시 대북의 지도자 이이첨은 절충안을 찾아냈다. 파주 천도 대신 한양 안에 이궁을 짓자는 것이었다. 그렇게 하면 파주로 천도하지 않아도 되었고 또 광해군의 체면도 살 수 있었다. 그 결과 인왕산 아래에 인경궁과 경덕궁이 건설되기 시작하였다. 하지만 광해군은 정작 인경궁과 경덕궁의 완성을 보지 못했다. 인조반정으로 왕위에서 쫓겨났기 때문이다. 결과적으로 볼 때, 파주 천도 문제는 광해군을 몰락시킨 주요 원인 중의 하나였다.

1612년에 이의신이 파주 천도를 요구한 때로부터 정확히 290년 후인 1902년에 특진관 김규홍이 고종 황제에게 비슷한 요구를 하였다. 평양에 이궁을 건설하고 서경西京으로 승격시키자는 요구였다. 겉으로는 평양을 작은 서울로 만들자는 요구였지만 실제는 평양으로 천도하자는 요구나 마찬가지였다.

고종 황제는 이 문제를 공론화시켰다. 그때 의정부 의정 윤용선은 '나라에 두 개의 수도가 있는 것은 그 유래가 오래되었습니다. 평양은 바로 기자의 옛 도읍으로 산천이 수려해서 문화의 기운이 있고 풍속이 굳세어 충성스러운 기풍이 많으며 왕기王氣가 모이고 땅의 영험이 드러났으니 그곳이 나라의 튼튼한 터전이 될 것임은 명백합니다.'라고 보고하였다. 당시 한양의 고관대작들은 평양으로의 천도를 찬성하였다. 그 결과 평양은 서경으로 승격되었고, 이궁도 조성되었다. 그렇지만 평양으로 천도하려던 고종 황제의 계획은 러일전쟁과 을사조약으로 좌절되었다.

　이의신의 파주 천도 요구나 김규홍의 평양 천도 요구는 근본적으로 천도 요구라는 면에서 같았다. 그럼에도 이의신의 요구는 허무맹랑한 주장으로 치부되어 거부되었고, 김규홍의 요구는 훌륭한 제안으로 간주되어 통과되었다. 이유는 상황이 달랐고 인심이 변화했기 때문이었다. 1902년의 한양 사람들은 러일전쟁이 터질까 두려워 천도를 찬성했던 것이다. 그런 면에서 왕조시대에는 그 무엇보다도 국내외의 상황과 수도권 사람들의 인심이 천도에 우호적인지의 여부가 천도의 성패를 좌우했다고 하겠다.

CODE 12 천재지변

인간의 이치로 천재지변을 다스리다

역사 속 괴이하고 기이한
자연재해들

● 　　　　　　지난 100년 동안 인류의 물질문명은 역사상 가장 비약적인 발전을 이루었다. 그러나 이러한 물질문명을 가능하게 한 산업화와 공업화는 대기오염과 자연환경 파괴라는 대가를 치르게 했다. 특히 화석연료의 이용에 따른 이산화탄소의 증가로 발생한 지구온난화는 21세기 인류의 생존에 심각한 위협이 될 것으로 전망된다.

현재 지구 곳곳에서는 지진, 화산, 쓰나미, 전염병, 구제역 등 온갖 종류의 괴이하고 기이한 자연재해가 일어나고 있다. 우리나라의 경우, 2010년 11월에 시작된 구제역이 전국으로 퍼져 3월 말에 진정되기까지 온 나라가 들끓었다. 그 몇 달 동안 소 11만 4천여 마리, 돼지 329만 2천여 마리가 살처분殺處分되었고, 닭이나 오리는 헤아릴 수도 없이 살처분되었다. 살처분 된 가축들은 전국적으로 4,600여 곳에 매립되었는데, 매립지에서 침출수가 흘러나와 또 한 번 온 나라를 뒤흔들었다.

전대미문의 재앙 앞에 우리 국민들은 다양한 반응을 보였다. 2011년 1월 21일, 광주전남불교신도회와 무각사는 구제역과 조류독감으로 살처분 된 동물들의 영혼을 달래는 천도제를 열었다. '유례없는 구제역 파동으로 수많은 동물들이 무참하게 살생되어 슬픔과 신의에 빠진 축산 농가들을 위로하고 가축질병의 종식을 기원하기 위해'서였다.[106] 2011년 3월 9일에는 교수, 지식인 등 200여 명이 '살처분 위주 방역정책을 폐기하고 축산환경을 밀집 사육 대신 소규모 친환경 사육 방식으로 변경'할 것을 요구하는 호소문을 발표하였다.[107] 2011년 4월 31일에는 한국기독교교회협의회에서 '인간중심, 반생명적 구제역 사태 처리 회개' 토론회를 개최하기도 하였다.[108] 이처럼 요즘의 천재지변은 과학적 방법만으로는 잘 진정되지 않을 정도로 괴이하고 또 기이하다.

『요재지이聊齋誌異』라는 책이 있다. 이 책은 『삼국지연의』 『서유기』 『수호지』 등과 함께 중국의 8대 기서奇書 중 하나로 손꼽히는데, 청나라 초기 인물 포송령의 작품이다. 책 제목은 저자 포송령의 당호인 '요재聊齋'와 괴이하고 기이한 이야기를 기록했다는 뜻인 '지이誌異'를 합쳐 만들어졌다.

'지이誌異'라는 제목 그대로 이 책의 내용은 참으로 괴이하고 기이하다. 예컨대 귀신이나 요괴, 신선, 이인, 기이한 동물과 식물에 대한 이야기들이다. 특히 인간과 요괴 사이의 괴이하고 기이한 교제가 많은 부분을 차지한다. 그래서 『요재지이』는 중국판 판타지 소설의 보고로 간주되기도 한다. 이 책을 소재로 수많은 영화, 만화, 소설이 창작되었다. '천녀유혼'이라는 영화 역시 이 책의 내용을 소재로 한 것이다.

괴이하고 기이한 이야기는 물론 흥미롭고 재미있다. 다만 괴이하고 기이함의 정도가 나를 포함한 인간의 삶을 파괴하지 않을 정도라야 한다는 조건이 있다. 그 정도가 극심하여 인간의 삶을 위협할 정도라면 그것은 흥미와 재미가 아니라 우환과 공포가 된다.

중국의 『열자列子』라고 하는 책에 '기우杞憂'라는 이야기가 있다. 기杞는 춘추시대의 나라 이름으로 이곳에는 하夏나라의 후손들이 살았다고 한다. 그 기나라에 어떤 사람이 살았다. 그에게는 크나큰 우환이 있었다. 하늘이 무너지고 땅이 꺼지면 의지할 곳이 없게 될 것이라는 걱정으로 생긴 우환이었다. 그는 밥도 먹지 못하고 잠도 자지 못할 정도로 걱정했다. 너무 걱정하느라 사람 꼴이 말이 아니었다. 그래서 주변 사람들은 또 그런 그를 걱정하며 우환에 빠졌다. 그 중에 어떤 사람이 하늘이 무너지고 땅이 꺼질까 걱정하는 사람을 찾아가 말했다. "하늘은 기氣가 쌓인 것인데 기가 없는 곳이 없으니 하늘이 무너질 리가 없습니다." 이야기를 들은 사람이 물었다. "그렇다면 땅은 어떻습니까?" 그가 대답했다. "땅은 흙덩이가 쌓인 것인데, 흙덩이가 없는 곳이 없으니 땅이 꺼질 리가 없습니다." 이야기를 들은 사람은 근심에서 벗어나 크게 기뻐하였다. 장려자長廬子라는 사람이 그 소문을 듣고 말하였다. "하늘은 기가 쌓인 것이고, 땅은 흙덩이가 쌓인 것이니 어찌 무너지지 않으리라 보장할 수 있겠는가? 그러나 처음부터 걱정하는 것은 지나치게 이르다. 하늘이 무너지고 땅이 꺼지면 바로 그때 가서 걱정하면 된다." 그 말을 듣고 열자가 말하였다. "무너지지 않는다고 한 사람도 틀렸고, 무너진다고 한 사람도 역시 틀렸다. 무너질지 안 무너질지 나는 모른다. 그렇지만 무너지건 안 무너지건 세상 사람들과 더불어 다함께 겪을 것이니 무엇을 기뻐하고 근심할 것이 있겠는가?"

기우 이야기에 등장하는 4명의 사람은 각각 서로 다른 반응을 보인다. 한 명은 혹시 하늘이 무너지고 땅이 꺼질지도 모른다는 막연한 생각으로 지레 근심걱정에 빠진다. 다른 한 명은 하늘이 무너지고 땅이 꺼질 리가 없다고 생각하며 마냥 무사태평이다. 다른 한 명은 만약 하늘이 무너지고 땅이 꺼진다면 그때 가서 걱정하면 된다고 생각하며 아무 대책도 없이 태평하다. 마지막으로 열자는 하늘이 무너지고 땅이 꺼지든 말든 상관없이 태평하다.

그런데 기우 이야기에서 극단적인 천재지변에 대비해서 국가와 사회를 책임지기 위해 어떻게 해야 한다는 고민은 보이지 않는다. 이 네 사람은 개인적으로 생각하고 판단할 뿐이다. 그렇기에 그 결론 역시 매우 개인적이다. 그런 면에서 기우 이야기는 극단적인 천재지변에 대한 도가적道家的 인식과 반응이라고 할 수 있다.

이런 면은 『요재지이』 역시 비슷하다. 포송령은 괴이하고 기이한 이야기들을 개인적으로 수집하여 책으로 편찬했다. 편찬의 주요 목적은 독자들의 흥미와 재미였다. 그런 면에서 『요재지이』는 괴이하고 기이한 현상들을 심각하게 받아들이지 않았다고 할 수 있다.

이에 비해 유교 지식인들은 괴이하고 기이한 현상들을 매우 심각하게 받아들였다. 정상에서 벗어난 현상은 곧 천지자연의 무질서로 간주되었기 때문이다. 뿐만 아니라 그들은 천지자연의 무질서는 곧바로 인간사회의 무질서로 전이된다고 생각했다. 유교지식인들은 하늘과 땅에서 일어나는 모든 괴이하고 기이한 현상들을 국가 차원에서 관찰하고 기록하려 했다.

한국의 전통시대 역사책을 대표하는 『삼국사기』, 『고려사』, 『조선왕조실록』 등은 모두 유학자들에 의해 국가 차원에서 편찬되었다. 이들 역사책에는 괴이하고 기이한 자연현상들도 풍부하게 수록되어 있다. 『삼국사기』에는 기원전 54년에 있었던 일식부터 84회의 지진, 51회의 혜성 출현 등이 기록되어 있다. 『고려사』에서는 괴이하고 기이한 자연현상들만 따로 모아서 정리하기까지 했다. 『고려사』 '지志'의 '천문天文'과 '오행五行'이 바로 그것이다. '천문'에서는 하늘에서 일어난 괴이하고 기이한 현상들 예컨대 일식, 월식, 혜성 등을 정리하였고, '오행'에서는 땅과 인간 세상에서 일어난 괴이하고 기이한 현상들을 정리하였다.

유교 지식인들은 땅에서 일어나는 괴이하고 기이한 현상들을 지이地異라고 불렀다. '땅에서 일어난 이변'이란 의미였다. 『고려사』의 경우, 지이는 오행의 토土 부분에 기록되었다. 그 내용은 전염병, 폭풍, 안개, 흙비, 지진, 화산, 독충, 우역牛疫, 황무, 땅이 꺼짐 등등으로 오늘날의 천재지변天災地變에 해당한다.

『고려사』의 지이 기록 중에서도 명실상부한 지이 기록은 지진과 화산에 대한 기록이다. 지진의 경우 왕건 태조 11년 경상도 벽진군의 지진부터 공양왕 3년 개경의 지진까지 총 120여 차례의 기록이 있다. 고려왕조 500년으로 보면 대략 4년에 한 번 꼴로 지진이 발생한 셈이다. 물론 실

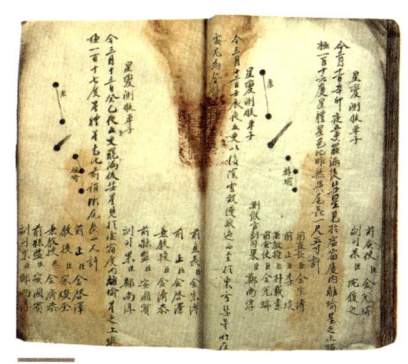

성변측후단자
조선시대의 특이현상 천체에 대한 관측보고서.

제 지진이 발생한 횟수는 기록된 것보다 훨씬 많았을 것이다. 게다가 고려시대에는 대략 압록강 하구에서 원산만을 국경으로 하였다는 점을 감안하면 한반도 전체에서 발생했을 지진은 상상이상으로 많았을 것이 분명하다. 고려시대에 한반도가 지진으로부터 절대 안전한 지대가 아니었음을 『고려사』는 누누이 증언하는 셈이다. 특히 『고려사』의 화산 기록은 세계적으로도 희귀한 기록인데, 다음과 같은 내용이다.

> 목종 5년(1002) 6월, 탐라산에서 네 개의 구멍이 뚫리면서 시뻘건 물이 솟아났는데 5일 만에 그쳤다. 구멍에서 솟아난 시뻘건 물은 모두 와석瓦石처럼 되었다. 목종 10년(1007)에 탐라에서 서산瑞山이 바다 속에서부터 솟아났다고 하므로 태학박사 전공지田拱之를 가보게 하였다. 탐라사람들이 말하기를, '산이 처음 솟아오를 때에 구름과 안개가 어두컴컴하게 끼고, 땅이 우레처럼 진동하기를 무릇 7일 밤낮 하더니 비로소

구름과 안개가 걷히었는데 산의 높이는 100여 장이 되고 주위는 40여 리 되며 초목은 없고 연기가 산 위에 덮여 있어 이를 바라보면 석유황 石硫黃 같으므로 사람들이 두려워하여 감히 가까이 가지 못합니다.' 하였다. 전공지가 몸소 산 밑에까지 가서 그 형상을 그려서 바쳤다.[109]

위에 의하면 제주도에서는 지금으로부터 1천 년 전쯤인 목종 5년 (1002) 6월과 목종 10년(1007)에 각각 한 차례씩 두 번의 화산폭발이 있었다. 『고려사』의 기록은 화산 폭발을 직접 보는 듯 생생한 느낌을 준다. '시뻘건 물이 솟아났다.'는 기록에서는 용암이 콸콸 분출되는 활화산이 연상되고, '구름과 안개가 어두컴컴하게 끼고, 땅이 우레처럼 진동했다.'는 기록에서는 분출된 화산재로 자욱하게 뒤덮인 채 우르릉대며 진동하는 활화산이 연상된다.

다만 당시의 화산 폭발이 현재의 어느 곳인지를 놓고 조선시대부터 무수한 논란을 빚었지만 아직도 결론을 내리지 못했다는 점에서 『고려사』의 화산 기록은 애매한 측면도 갖고 있다. 예컨대 목종 5년 (1002) 6월, '탐라산에서 네 개의 구멍이 뚫리면서 시뻘건 물이 솟아났다.'고 했는데, '탐라산'이 구체적으로 어디인지 짐작하기가 쉽지 않다. 탐라산이 한라산을 지칭하는지 아니면 제주도 안의 어떤 산인지 또는 제주도 주변에 있는 어떤 섬의 산인지 분명하지 않기 때문이다. 또한 '탐라에서 서산瑞山이 바닷속에서부터 솟아났다.'는 기록만 가지고는 서산이 제주도 자체에서 생긴 것인지 아니면 제주도 주변의 섬에서 생긴 것인지도 확인하기 어렵다. 현재 서산의 위치를 놓고 오늘날의 중문단지 부근에 있는 군산軍山에서부터 제주도 밖에 있는 가파도, 비양도, 우도 등으로 의견이 분분하다.

괴이하고 기이한 천지자연의 현상을 국가 차원에서 자세히 관찰하여 기록하는 관행은 조선이 멸망하기 직전까지 그대로 이어졌다. 1908년(융희 2) 7월, 250권에 이르는 『증보문헌비고增補文獻備考』가 편찬되었다. 『증보문헌비고』는 영조 이후 근 140년에 걸쳐 국가에서 역대의 문물제도를 종합, 편찬한 기념비적인 책이다. 그런 『증보문헌비고』의 맨 앞을 장식하는 것이 상위고象緯考인데, 상위고는 괴이하고 기이한 천지자연의 현상을 종합적으로 정리한 것이다. 특히 땅과 인간 세상에서 일어난 괴이하고 기이한 현상들은 상위고 중의 '물이物異'라고 하는 편명으로 종합되었다. '물이物異'에는 풍이風異, 우이雨異, 상이霜異, 설이雪異, 홍박이虹雹異, 무로이霧露異, 뇌진雷震, 일혼日昏, 무설무빙無雪無氷, 한온이寒溫異, 지이地異, 산수이山水異, 한황旱荒, 여역癘疫, 인이人異, 생산이生産異, 와언訛言, 동요童謠, 화재火災, 궁실이宮室異, 잡변이雜變異, 초목이草木異, 용어이龍魚異, 금이禽異, 수이獸異 등 온갖 종류의 괴이하고 기이한 현상들이 망라되어 있다. 몇 가지를 살펴보면 다음과 같다.

백제 의자왕 20년(660) 6월에 한 귀신이 궁중에 들어와 크게 부르짖기를, "백제는 망한다." 하고는 곧 땅속으로 사라졌다. 의자왕이 이를 괴이하게 여겨 사람을 시켜 땅을 파게 하니, 깊이 3척쯤에 거북이가 있었고 그 등에 "백제는 달이 둥근 것과 같고百濟同月輪 신라는 달이 새로운 것과 같다.新羅如月新"라는 글이 있었다. 의자왕이 무당에게 글 뜻을 물으니, "달이 둥글면 찬 것이니, 차면 즉 이지러질 것이고, 달이 새로우면 차지 않은 것이니, 차지 않았다면 즉 점점 차게 될 것입니다." 하였다. 의자왕이 노하여 무당을 죽였다. 또 다른 어떤 이가 말하기를, "달이 둥근 것은 왕성한 것이고, 달이 새로운 것은 미약한 것이니, 이 나라는 왕성하고 신라는 미약하다는 뜻입니다." 하니, 의자왕이 기뻐하였다. 고려 인종 7년(1129) 4월에 어떤 관비官婢가 알 세 개를 낳았는데, 큰 것은 오리알과 같았고 작은 것은 참새 알과 같았다. 그 알들을 모두 쪼갰더니 작은 뱀들이 나왔으며 길이는 한 치 정도 되었다. 고려 고종 10년(1223) 1월에 어떤 여자가 아이를 낳았는데, 사람의 머리에 뱀의 몸을 하고 있었다.

이처럼 온갖 종류의 괴이하고 기이한 현상들이 기록으로 남을 수 있었던 이유는 국가 차원에서 관찰하고 기록했기 때문이다. 고려시대에 서운관書雲觀을 설치한 목적이나 조선시대에 관상감觀象監을 설치한 목적은 공히 천지자연의 괴이하고 기이한 현상들을 국가 차원에서 관찰하고 기록하기 위해서였다. 그와 함께 이런 현상에 대한 수많은 대책이 제시되고 실행되었다.

전쟁이 가져다준 폐해, 역병

●   1592년(선조 25) 4월에 발발한 임진왜란은 1598년(선조 31) 연말에 일본군이 한반도에서 모두 철수함으로써 만 7년여 만에 끝이 났다. 임진왜란이 진행되던 7년여 동안 한반도에는 수많은 인종들이 모여들어 살육을 벌였다. 조선인, 일본인, 중

국인은 물론 명나라 군대에 소속된 오키나와인, 태국인, 미얀마인, 인도인 그리고 유럽인들도 있었다. 임진왜란은 당시에 거의 전 세계인이 참전한 일종의 세계대전이라 할 만했다.

임진왜란 후 한반도의 상황은 참혹했다. 헤아릴 수 없이 많은 사람들이 죽었고 전답은 황폐해졌다. 살아남은 사람들은 굶주림에 시달려야 했다. 게다가 전국 방방곡곡에는 이름도 없이 죽어간 수많은 시체들이 널려 있었다. 참전 병사들의 국적이 다양했던 만큼 임진왜란 이후의 한반도에는 세계 곳곳에서 모여든 병원균들이 들끓었다.

그뿐이 아니었다. 기이한 기상이변이 빈발했다. 여름에 우박이나 서리 또는 눈이 내렸다. 김호 교수에 따르면, 임진왜란을 전후한 1591년부터 1600년의 10년 동안 6번의 기상이변이 있었다. 하지만 임진왜란이 끝난 직후인 1601년부터 1610년의 10년 동안에는 35번의 기상이변이 있었다. 이전 10년에 비해 거의 여섯 배 이상이나 늘어난 숫자다. 시간이 지날수록 기상이변은 점점 더 자주 발생했다. 1611년부터 1623년의 10여 년 동안에는 60번의 기상이변이 있었다고 한다.(김호, 「16세기말 17세기 초 '역병' 발생의 추이와 대책」) 연 평균 여섯 번의 기상이변이 발생한 셈이다.

임진왜란으로 황폐해진 한반도를 덮친 기상이변은 살아남은 사람들을 더욱 참혹하게 만들었다. 봄과 여름의 한랭 기후로 농사가 잘되지 않았다. 사람들은 먹고 살기가 힘들었다. 사람들은 굶주려 더 허약해졌고, 면역력도 약해졌다. 이런 상황에서 역병疫病이 창궐했다. 역병 중에는 익숙한 역병도 있었지만, 예전에 없던 새로운 역병도 있었다.

임진왜란 이후 한반도에서 새로운 역병이 창궐하기 시작한 때는 1613년(광해군 5) 가을부터였다. 증상은 홍역과 비슷했지만 그보다 훨씬 독했다. 처음 병을 앓게 될 때에는 머리가 아프고 몸이 쑤시며 오한이 나 벌벌 떨었다. 하지만 곧 고열이 나며 머리, 얼굴, 몸뚱이가 붉게 부어올라 심하게 아프고 온몸에 부스럼이 번졌다. 열이 오른 병자들은 헛소리를 하고 미쳐 날뛰기도 했으며 인후가 부어올라 숨쉬기도 어려워했다. 당시 사람들은 그 역병의 이름도 몰랐고 치료법도 몰랐다.

사람들은 이름 모를 그 역병에 '당독역唐毒疫' 또는 '옥온獄瘟'이라는 이름을 붙였다. 당唐은 중국 또는 오랑캐를 뜻했으며, 독毒은 독하다는 뜻이었다. 따라서 당독역이란 중국이나 오랑캐 쪽에서 건너온 지독한 역병이란 뜻이었고, 옥온은 말 그대로 감옥에서 생긴 역병이란 의미였다. 두 가지 이름 다 나름대로 근거가 있었다.

조선시대 사람들은 외국과 접촉하면 그곳으로부터 새로운 역병이 전해질 수 있다는 사실을 잘 알고 있었다. 예컨대 당옥역이 처음 발생한 다음 해인 1614년(광해군 6)에 편찬된 이수광의 『지봉유설芝峯類說』에는 '두창痘瘡은 후한 광무 황제 때부터 유행하였다. 즉 마원馬援이 남쪽으로 교지국交趾國, 현재의 베트남을 정벌하러 나갔다가 그곳의 두창을 묻혀온 것이다. 또 우리나라의 의서에 의하면, 천포창天疱瘡이 명나라 무종 황제 이후 처음으로 중국에서 우리나라로 전염되어 왔는데, 실은 중국에도 애당초 이 병이 있었던 것이 아니라 서역西域, 현재의 중앙아시아에서 전염되어 왔다고 한다.'는 내용이 있다. 조선시

지봉유설
1614년(광해군 6)에 이수광이 편찬한 한국 최초의 백과사전적인 저술. 조선의 사사로운 일은 물론이고, 중국과 일본, 남양 제국과 유럽의 일까지도 소개하여 한민족의 인생관과 세계관을 새롭게 하는 데 이바지하였다.

대 사람들은 두창이 현재의 베트남 지역으로부터 유래하였고, 천포창이 현재의 중앙아시아 지역으로부터 유래하였다는 것을 알고 있었던 것이다.

시기가 좀 내려가기는 하지만 19세기 중엽에 이규경이 편찬한 『오주연문장전산고』에는 마마로 잘 알려진 천연두가 한반도에서 일본으로 전해진 이야기가 실려 있다. 일본에서는 735년(성무천황 7)에 전국적으로 마마가 유행했다고 한다. 그보다 대략 110년 전인 626년(추고천황 34) 일본에 큰 흉년이 들었다. 일본은 기근에서 벗어나기 위해 170척의 배를 한반도에 파견해 곡식을 매입했다. 그때 한반도에서 귀국한 배 한 척에는 소년 3명이 타고 있었는데, 그들이 마마에 걸려 있었다. 마마에 걸린 3명의 소년들에게는 낯선 사람들이 한 명씩 붙어 있었다. 한 소년에게는 늙은 남자가, 또 한 소년에게는 부녀자가, 마지막 한 소년에게는 스님이 붙어 있었다. 늙은 남자와 부녀자 그리고 스님의 정체는 알 수 없었다. 사람들이 어디에서 온 누구인지 묻자 그들은 '우리는 역신疫神이다. 마마를 앓다가 죽어서 역신이 되었다. 이 나라는 올해부터 마마가 유행할 것이다.'라고 하였다. 그 후로 일본에 마마가 돌기 시작하였고 735년에는 전국적으로 마마가 돌았다고 한다.

옥온이라는 이름 역시 당시 상황에서 상당한 근거를 갖고 있었다. 1613년(광해군 5) 가을 새로운 역병이 창궐하기 직전에 이른바 '계축역옥癸丑逆獄'이라는 사건이 있었다. 계축년에 생긴 역모 사건이란 뜻인데, 계축년이 바로 1613년(광해군 5)이었다. 계축년 4월 25일, 광해군은 포도청으로부터 '지난달 조령에서 행상을 살해하고 은자 수백 냥을 탈취했던 범인 박응서를 체포했습니다.'라는 보고를 받았다. 광해군은 이 보고를 빌미로 인목대비의 친정아버지 김제남을 역모로 몰아 사형시키고, 인목대비를 서궁에 유폐하였으며, 이복동생 영창대군을 강화도에 유배시켰다. 그 과정에서 수많은 사람들이 오뉴월의 감옥에 갇혀 고문 받다가 죽었다. 4월에 시작된 계축역옥은 가을에 접어들면서 대략 마무리되었는데, 바로 그 시점에서 한양을 중심으로 새로운 역병이 발생했다. 사람들은 오뉴월의 감옥에 갇혀 고문 받다가 죽은 사람들 때문에 새로운 역병이 생겼다고 믿어 이를 옥온이라 이름 붙였다.

그러나 당시 사람들은 이 병의 치료법을 알지는 못했다. 그래서 새로운 역병에 걸리는 사람들은 무수히 늘어났고, 그들은 속수무책으로 죽어나갔다. 그때 조선 정부에서는 이 새로운 역병에 어떻게 대처하였을까?

> 예조에서 아뢰기를, '근래에 하늘의 운행이 차례를 잃어 염병이 재앙이 되고 있습니다. 천행반진天行斑疹이라는 새로운 역병이 가을부터 크게 일어나 민간의 백성들이 헤아릴 수 없이 죽고 있습니다. 이 역병은 예전에 없던 병입니다. 이 역병에 걸린 사람들은 혹 금기禁忌에 구애되고, 혹 치료법을 몰라 앉아서 죽는 것을 쳐다볼 뿐 감히 손을 쓰지 못하고 있습니다. 백성들이 역병에 걸려 요절하니 진실로 측은합니다. 내의원의 명의로 하여금 치료에 관한 책을 널리 상고하여 경험해본 여러 처방을 한 책으로 만들어서 인쇄, 반포하게 하소서.' 하였다. 주상이 답하기를, '어의 허준으로 하여금 속히 편찬하게 하고, 여단厲壇에서도 다시 기도하여 빌도록 하라.' 하였다.[110]

위의 기록은 조선시대 역병에 대한 정부차원의 방역대책을 압축적으로 보여준다. '여러 처방을 한 책으로 만들어서 인쇄, 반포하는 것'과 '여단壇에서 기도하여 비는 것'이 바로 정부차원의 방역대책이었다. '여러 처방을 한 책으로 만들어서 인쇄, 반포하는 것'은 의학적 방역대책이라 할 수 있고, '여단에서 기도하여 비는 것'은 종교적 방역대책이라 할 수 있다. 이 같은 방역대책은 역병에 대한 전통시대 인식에서 유래하였다.

조선시대에 발전한
의학적 방역대책

전통시대 동양의 제왕은 하늘을 대신해 이 땅을 다스리는 사람으로 정의되었고, 그렇기에 제왕이 이 땅을 잘못 다스릴 때 하늘은 천재지변을 통해 경고한다고 간주하였다. 수많은 백성들이 질병으로 고통받는 역병은 천재지변 중에서도 심각한 천재지변이었다. 그러므로 역병이 도는 것은 제왕에 대한 하늘의 경고로 받아들여졌다. 그런 까닭에 전통시대 동양에서는 역병이 정치, 종교적으로도 인식되었고 그 결과 방역대책 역시 의학적 방역대책과 정치, 종교적 방역대책으로 나뉘게 되었다.

이는 조선시대 역시 마찬가지였다. 조선시대 의학적 방역을 담당한 곳은 활인서活人署와 지방수령이었다. 활인서는 도성지역의 의학적 방역을 담당하였고, 지방수령은 해당 지역의 의학적 방역을 담당하였다. 활인서와 지방수령의 의학적 방역이란, 역병이 돌 때 그 역병에 따른 처방전과 약물 및 의원을 동원해 치료하는 것이었다.

반면 조선시대 정치, 종교적 방역은 한양의 여단厲壇과 지방 군현의 여단에서 담당하였다. 여단은 역병을 몰고 다니는 귀신인 여귀厲鬼에게 제사하기 위해 마련해놓은 제단이었다. 역병이 돌면 한양의 여단에서는 국왕이, 지방 군현의 여단에서는 수령이 여귀에게 기도하며 빌었다. 이를 위해 조선시대에는 '여단에서의 제사' 즉 '여제厲祭'를 공식적인 국가 제사로 규정해놓기까지 했다. 이런 면에서 1613년(광해군 5) 가을에 새로운 역병이 돌았을 때 '여러 처방을 한

책으로 만들어서 인쇄, 반포하는 것'과 함께 '여단(厲壇)에서 기도하여 비는 것'이 방역대책으로 제시된 것은 당연한 일이었다.

다만 1613년에 창궐한 역병은 기왕에 알려진 역병이 아니어서 새로운 처방전과 약물이 필요했다. 예조에서는 당시 최고 명의들이 모인 내의원의 어의들로 하여금 새로운 처방전과 약물을 마련하게 하자고 요청했다. 그에 따라 광해군은 당시 어의 중에서도 최고 어의로 손꼽히던 허준으로 하여금 새로운 처방전과 약물을 마련하게 했는데, 그 결과 1613년 12월에 『벽역신방(辟疫新方)』이라는 불후의 의서가 탄생했다. '벽역신방'은 말 그대로 '당독역을 물리치기 위한 새로운 처방전'이란 의미였다. 이 『벽역신방』은 1610년에 편찬된 『동의보감』과 함께 허준의 대표적인 저술이다.

원구단
천자(天子)가 하늘에 제사를 드리는 제천단(祭天壇)으로 환구단(圜丘壇) 또는 원구단(圓丘壇)이라 한다. 우리나라의 제천의례(祭天儀禮)는 삼국시대부터 농업의 풍작을 기원하거나 기우제를 국가적으로 거행하는 데서 시작되었다.

『벽역신방』은 대량으로 인쇄, 반포되기 좋도록 전체 12쪽밖에 되지 않는 얇은 책자로 저술되었지만 그 내용은 획기적이었다. 기왕의 연구에 따르면 『벽역신방』은 허준이 당독역을 면밀히 관찰하고 그에 대한 처방전을 창조적으로 제시한 의서로서, 당독역에 대한 동아시아 최초의 관찰기록이자 세계 초기 관찰기록 중 하나라고 한다.(신동원, 「허준의 성홍열 연구」) 허준은 철저하게 의학적 견지에서 당독역을 관찰하였고 처방전 역시 철저하게 의학적 견지에서 제시하였다. 이는 기왕의 역병 관련 의서들이 대부분 의학적 견지와 함께 종교적 견지에서 저술된 것에 비해 크나큰 발전이었다. 이런 면에서 역병에 대한 조선시대의 의학적 방역대책은 나름대로 과학적이었으며 발전적이기도 했다.

하지만 조선시대의 방역대책에는 분명 큰 문제점이 있었다. 무엇보다도 조선시대의 방역대책이 정치, 종교적 영향력에서 자유로울 수 없었다는 점이 문제였다. 의학적 방역에서 아무리 커다란 발전이 이루어져도 그것이 정치, 종교적 방역을 완전히 대체할 수는 없었다. 정치, 종교적 방역은 제왕의 존재 이유와 관련되어 있음으로 제왕이 부정되지 않는 한 정치, 종교적 방역이 부정될 수는 없었다. 1613년에 『벽역신방』이 나왔을 때에도 여전히 국왕의 이름으로 여제가 거행되었다.

조선시대 여제의 제사의례는 태종 때에 제정되었다. 여제를 지내기 위한 여단은 한양과 지방군현의 북쪽 성 밖 교외에 마련되었다. 한양에서의 여제는 봄의 청명일, 가을의 7월 15일, 겨울의 10월 1일 등 1년에 3번 치러졌으며 제물로는 세 마리의 양, 세 마리의 돼지,

45말의 쌀을 썼다. 반면 지방군현에서는 한 마리의 노루나 사슴, 한 마리의 돼지, 15말의 쌀을 썼다. 역병이 전국적으로 돌 때에는 수시로 여제를 지냈는데, 국왕이 직접 여단에서 제사를 올렸다. 그때 국왕은 여제문厲祭文이라는 제문을 작성해 지난날을 반성하며 역신을 달랬다. 예컨대 세종이 지은 여제문은 다음과 같다.

아! 사람과 귀신은 한 이치인데	噫人鬼之理一兮
오직 그윽하고 광명한 것이 다를 뿐이다.	惟幽明之有異
진실로 항상 지내는 제사를 예법대로 했다면	苟秩祀之合禮兮
무슨 빌미로 재앙이 되었으리요?	何祟禍之爲祟
돌아보건대, 백성들이 불행하도다.	顧民生之不幸兮
온 땅이 역병을 만나	闔一境而遘疾
점점 서로 전염되어 퍼져나가는데도	爰轉轉而相染兮
그 형세가 만연하여 막을 수 없도다.	勢蔓延而莫遏
아! 생령들은 목숨을 잃고	嗟生靈之殞命兮
마을과 들판은 모두 쓸쓸하도다.	村野爲之蕭條
이는 분명 원혼들이 있어	是必冤魂與滯魄兮
원기가 흩어지지 않고 요귀가 된 때문이로다.	氣未散而爲妖
생각하니, 나는 지금 이 땅의 국왕이 되어	念予今爲地主兮
마음이 답답하고 걱정스럽도다.	心鬱結而忡忡
맑은 술을 올리고 밝게 고하노니	薦行潦而昭告兮
너희 귀신들은 밝게 감응하라.	庶爾神之感通
귀신의 이치는 어둡지 않나니	神其不昧兮

이 술 한 잔 흠향하고	歆此一爵
역병을 없게 하여	俾無災癘兮
앙을 복으로 바꾸고	轉禍爲福
이 땅을 편안케 하여	底一境之寧謐兮
이 백성을 오래오래 살게 하라.[110]	置斯民於壽域

　조선시대의 완고한 인습 또한 역병에 대한 의학적 방역의 발전을 가로막는 방해물이었다. 민간에만 완고한 인습이 있었던 것은 아니었다. 궁중에도 있었다. 허준은 1608년(광해군 즉위년)에 『언해두창집요』라는 책을 편찬했다. 제목 그대로 두창痘瘡 즉 마마에 대한 처방전을 모은 책이었다. 마마는 천연두를 달리 부르던 말로, 고대로부터 우리 조상들을 괴롭혀온 역병이었다. 종두법이 알려지기 이전에 천연두는 무시무시한 역병이었다. 치사율도 높았고 전염성도 강했다. 그뿐만 아니라 잘못 치료하면 얼굴에 마마자국이 남아 흉한 모습이 되곤 했다. 그래서 조선시대에는 천연두를 두려워하여 직접 병명을 말하지 않고 '마마' 또는 '손님'이라고 달리 불렀다. 마마란 고귀한 사람들에게 붙이는 극존칭으로, 천연두를 몰고 다니는 '역신疫神'을 높여 부르는 말이었다. 손님은 전염성이 강한 마마가 마치 손님처럼 이곳저곳 돌아다닌다고 해서 생긴 말이었다.

　조선시대에는 마마와 관련된 금기도 많았다. 마마신이 노하지 않도록 언행을 조심하고 기도했으며 마마신이 좋아하는 것은 절대 가까이하지 않았다. 그런 금기를 지키다가 정작 의학적 치료를 못하는 경우가 많았다. 허준은 "혹 아이가 마마에 걸리게 되면 그 부모들은 오직 기도만 일삼고 감히 하나의 약이라도 써서 구하려 하지 않고, 길흉과 생사를 귀신에 맡긴다. 삼한三韓 이후에 현명한 임금과 똑똑한 재상이 없었던 때가 없지만 그래도 이러한 고질적인 폐단을 없애버릴 조치가 취해진 적이 없었다."고 한탄하였다.『언해두창집요』는 그런 상황을 조금이라도 바꿔보기 위한 결실이었다. 하지만 허준의 소망은 궁중에서조차도 잘 실현되지 않았다.

　1613년(광해군 5) 겨울, 광해군의 이복동생인 정명공주가 마마에 걸렸다. 당시 정명공주는 11살이었다. 1613년 겨울이면 허준의 『언해두창집요』가 편찬된 지 이미 5년이 지난 시점이었고, 『벽역신방』이 한창 준비되던 시점이었다. 우리나라의 한의학 역사로 본다면 어마어마한 발전이 이루어지던 시점이었다. 그런데 바로 그 시점에서도 정명공주의 마마를 대하는 궁중 사람들의 태도는 구태의연하기 짝이 없었다. 이와 관련하여 『계축일기』에는 이런 내용이 있다.

> 정명공주가 마마를 앓으시니 감찰 상궁 천복이가 기뻐하며 이제야 뜻을 얻었다고 좋아하나 할 일이 없어 하였다. 인목대비께서 침실 문을 닫고 조심하니 천복이 아파 누웠다가 그제야 일어나 와서 두루 보고 역신인 줄 알고 들어앉아서 일부러 고기를 저미고 술을 마시거늘 남이 들어가 보니 이르기를, '터놓고는 술, 고기를 먹지 못할 것이니 우리 몰래 먹자.' 하고 먹었다. 인목대비께서 아시고, '천복이 놈이 몰래 들어앉아 고기 뜯고 술 마시며 몰래 먹자 하였다니 괘씸하다 더럽다. 어서 빼앗아 먹지 못하게 하라.' 하셨다. 사람을 보내 살펴보니 과연 한 사람을 데리고 앉아서 먹고 있더란다. (중략) 납향臘享 제사에 쓸 돼지를 많

이 들여오면서 환관이 광해군의 왕비에게 묻기를, '어떻게 들일까요?' 하였더니, '패어 들이라.' 하였다. 이에 차비문에서 도끼로 돼지, 사슴, 노루를 토막 치는 소리가 침실까지 들렸다. 그 고기를 장대에 꿰어 들이밀며, '조금 있다가 갖다 들이라고 하거든 들이라.' 하였다. 환관을 큰 소리로 꾸짖으니, '우린들 어찌 우리 마음대로 할 수 있겠습니까? 전에는 그냥 통째로 들이더니 올해는 어쩐 일인지 토막을 쳐서 들이라 해서 그러는 것이니 잔소리하지 말고 들이시오.' 했다. 사람이 미처 받지 못하면 군사들이 들고 와서 내동댕이쳐 버리고 어서 문을 닫으라고 하였다. 마마 앓는 데는 칼질과 도끼질이 가장 흉한 줄을 알고 일부러 토막을 내서 갖다 드리라고 일렀단다. 그러나 신병께서 도와주시고 잔인한 짓인 줄 여기시더니 마마를 순히 앓아 넘기셨더라.

이처럼 완고한 인습 그리고 정치, 종교적 방역이라는 걸림돌에도 불구하고 조선시대 의학적 방역은 꾸준히 발전했다. 그것은 허준과 같은 뛰어난 의원들의 부단한 노력과 방역을 담당한 일선 관료들의 용맹무쌍한 분투 덕분이었다. 그러나 1613년(광해군 5) 가을부터 조선에서 창궐하기 시작한 당독역은 허준의 『벽역신방』에도 불구하고 근절되지 않았다. 전통 한의학의 한계 때문이기도 했고 완고한 인습 때문이기도 했다.

당독역은 1668년(현종 9)부터 또다시 크게 유행하기 시작해 1671년(현종 12)에 절정에 이르렀다. 조선왕조실록에 의하면 1671년(현종 12)의 경우 기근과 역병으로 대략 10만 명이 목숨을 잃었다고 한다. 1671년 정부에서는 기민을 구휼하고 환자들을 치료하기 위해 대대적으로 진휼賑恤을 거행하였다. 진휼의 책임자는 좌의정 허적이었다.

18세기 성대중의 『청성잡기靑城雜記』에는 허적과 관련하여 이런 이야기가 전한다. 당시 허적의 친구 중에 훈련대장 유혁연과 친한 사람이 있었는데, 역병으로 온 식구가 죽었다. 허적이 유혁연을 불러 말했다. "아무개의 집에 시체가 쌓여 있는데 자네와 내가 아니면 누가 염을 하겠는가? 그러나 나는 대신이라 갈 수가 없으니 자네가 가서 염을 하시게나." 유혁연이 승낙하자 허적이 말했다. "낮에는 그대도 갈 수 없을 것이니, 밤에 혼자

허적(許積, 1610~1680)
조선 중기의 문신으로 호조판서·병조판서를 지내고, 우의정, 좌의정을 거쳐 영의정까지 올랐다.

가되 종은 일절 데려가지 말게. 수의와 관 등은 내가 벌써 다 갖춰서 보내놓았네." 유혁연이 밤에 가보니 과연 염구들이 도착해 있었다. 방문을 열자 칠흑처럼 깜깜한 방에서 시체 하나가 벌떡 일어나 앉으며 소리쳤다. "나부터 먼저 염해주시오." 바로 허적이었다. "공께서 먼저 와 계실 줄 알았습니다." 유혁연이 뒤로 물러나며 공손하게 예를 표했다. 허적이 유혁연의 손을 잡고 안으로 들어가 함께 염을 했다. 다산 정약용은 『목민심서』에서 이 이야기를 소개한 후, "전염병이 유행할 때 어리석은 풍속에 꺼리는 것이 많으니, 달래며 치료해

주어서 두려워하지 않도록 해야 한다. 전염병 같은 천재지변이 유행할 때는 의당 관에서 구조해야 한다."고 하였다.

근대 세균학이 알려지기 이전에도 조선시대의 의학적 방역은 허준, 허적, 유혁연 그리고 다산 정약용 같은 이들이 있었기에 완고한 인습과 정치, 종교적 방역이라는 걸림돌에도 불구하고 조금씩이나 발전하고 있었던 것이다.

하늘의 뜻을 읽고, 인정을 다스리다

고려시대와 조선시대에 천지자연의 괴이하고 기이한 현상들을 관측하고 기록하던 곳은 서운관과 관상감이었다. 본래 서운관의 서운書雲이란 '운물雲物을 기록한다'는 뜻이다. 『주례』에 의하면 보장씨保章氏라는 관직을 맡은 사람은 '오운伍雲의 물物로써 길흉을 분별한다.'고 하였는데, '오운의 물'이란 바로 '오운의 색채色彩'를 의미했다. 태양 주변의 구름 색채를 청색, 백색, 적색, 흑색, 황색의 다섯 가지로 구분하여 길흉을 판단하는 방법이다. 예컨대 청색 구름은 병충해의 징조로, 백색 구름은 초상의 징조로, 적색 구름은 전쟁이나 흉년의 징조로, 흑색 구름은 홍수의 징조로 그리고 황색 구름은 풍년의 징조로 간주했다. 결국 고려시대의 서운관은 태양 주변에 있는 구름의 색채를 관측하고 그 색채에 따라 길흉을 판단하던 관청이었다.

조선시대에는 고려시대의 서운관을 계승하여 관상감觀象監이라는 관청을 두었다. 관상觀象은 말 그대로 '상象을 관찰한다'는 뜻인데, 상象은 '하늘과 태양의 형상 또는 상태'이다. 『주례周禮』에는 시침眡祲이라고 하는 관직이 있다. 그 직분은 '하늘과 태양의 형상 또는 상태를 관측하여 길흉을 분별'하는 것이었다. 시침은 일식, 월식, 무지개, 햇무리, 달무리 등 하늘과 태양의 형상 또는 상태를 10가지로 구분하여 길흉을 판단했다. 요컨대 조선시대의 관상감은 하늘과 태양의 형상 또는 상태를 관측하고 그것에 따라 길흉을 판단하던 관청이었다.

 서운관이나 관상감은 단순히 구름, 하늘, 태양을 관측하고 길흉을 판단하기만 한 것이 아니라 관측결과와 판단결과를 일일이 왕에게 보고했다. 조선시대 관상감의 경우를 보자. 관상감에는 천문학자, 지리학자, 명리학자 등이 배속되어 각각 전공분야를 분담했다. 조선 전기에는 관상감이 경복궁과 북부 황화방에 있었고, 조선 후기에는 창덕궁과 경희궁에 있었다. 관상감에는 천문을 관측하기 위한 첨성대를 위시하여 물시계, 측우기, 해시계,

관상감 관천대
조선시대의 천문·기상 관측 업무를 관장하던 관상감 천문대. 1434년(세종 16) 무렵에 설치되었으며, 높이 4.2m의 돌난간이 둘러져 있고 그 안에 화강석대(花崗石臺)가 놓여 있으며, 여기에 천문기기를 올려놓고 천체를 관측하게 되어 있다.

풍향계 등이 있었다. 천문학자들은 하루 24시간을 5교대로 나누어 쉼 없이 하늘과 태양을 관측했다. 그들은 『주례』의 시침과 마찬가지로 하늘과 태양의 형상 또는 상태를 몇 가지로 구분하여 관측했다. 예컨대 백홍관일白虹串日, 흰 무지개가 태양을 꿴 모습, 백홍관월白虹串月, 혜성, 일식, 월식, 햇무리, 달무리, 관冠, 해나 달 위에 마치 모자가 있는 것과 같은 모습, 이履, 해나 달 아래 마치 신발이 있는 것과 같은 모습, 일중흑자日中黑子, 해 가운데 어둡고 검은 기가 있는 모습, 서리, 안개, 비, 눈 등등이었다.

뿐만 아니라 관상감의 천문학자들은 지진도 관측하였다. 지진은 지동地動과 지진地震의 두 가지로 구분하였다. 지동은 땅이 빠르게 진동하는 것이고, 지진은 느리게 진동하는 것이다. 이렇게 하루 24시간 관측된 결과는 아침과 저녁 두 차례에 걸쳐 왕과 조정의 고위관료들에게 보고되었다. 지방에서 천지자연의 괴이하고 기이한 현상이 발생해도 해당 지역의 수령이 왕에게 곧바로 보고하였다. 그렇다면 하늘과 땅에 괴이하고 기이한 현상이 나타날 경우, 왕과 관료들은 어떻게 대처하였을까?

선조 34년(1601) 2월에 경상도 지역에서 크나큰 지진이 발생하였다. 그러자 승정원에서 해괴제解怪祭를 거행하자고 요청하였다. 선조는 별다른 언급 없이 수락하였다. 이에 대하여 사관은 다음과 같은 논평을 남겼다.

> 사신은 논한다. 이번의 지진은 유성流星이 떨어지기에 앞서 일어난 것으로 참혹하기 짝이 없었다. 그것이 비록 어떤 일에 대한 감응인지는 알 수 없다. 그러나 당시에 의리가 밝지 않고 인심이 태만해져 외적에

게 복수하는 일을 잊어버린 채 양반관료들은 사사로이 싸우는 일에만 용감하고 민생은 날로 무거운 부역에 시달렸으며, 불측한 역모가 자주 미천한 서얼들에게서 일어나고 무도한 악행이 지친至親인 모자母子에게서 나왔다. 남방의 급보는 사라지지 않고 서북의 소식 또한 급한데도 성상은 바른말 듣기를 싫어하고 왕자는 민간에 폐를 끼치며, 궁궐이 엄중하지 않아 연줄을 타고 빌붙을 길이 열려 있고 후궁의 척속이 조정의 권력을 잡으니 선비들이 자취를 감추었으며, 관장을 팔아먹어 비난이 비등하고 옥사獄事를 파는 일이 풍조를 이루었으니, 어진 하늘의 견책이 어찌 까닭이 없겠는가. 형혹성이 나타나자 송 경공은 '내가 천벌을 받겠다.'고 하여 이변을 없앴고, 7년 가뭄이 들자 탕왕은 '정치에 법도가 없는가, 백성을 병들게 하였는가, 뇌물이 횡행하는가, 참소하는 자가 기승을 부리는가, 궁궐이 너무 높은가, 여알女謁이 성행하는가?' 하는 여섯 가지 자책으로 가뭄을 없앴다. 그런데 우리 주상은 오직 해괴제를 거행하라고만 언급하셨다. 마음을 가다듬고 반성하는 도리는 해괴제 같은 허례허식에 있는 것이 아니다. 옛날에는 재이災異가 발생하면 직언을 구하고, 어진 이를 진출시켜 그 잘못된 정치를 보완하였다. 그런데 승정원은 전례에 따라 한 번 아뢰었을 뿐이고, 대신과 간관은 말하지도 않고 보통의 일로 보아 넘겨 두려워할 것도 없는 듯이 하였으니, 어찌 탄식을 금할 수 있겠는가?[112]

위의 사관 논평은 전통시대 유교지식인들이 지진 같은 천재지변을 어떻게 바라보았는지를 잘 드러낸다. 천재지변이 세상 사람들의 잘못에 대한 하늘의 경고라는 인식은 유교지식인들의 우주관에서 비롯되었다. 그들의 우주관은 다음과 같다.

  우주는 크게 하늘과 땅 그리고 인간 이렇게 세 부분으로 구성된다. 우주가 안정되려면 하늘과 땅 그리고 인간이 안정되어야 한다. 하늘의 안정이란, 해와 달 그리고 별들이 하늘에서 각각 제 길을 따라 운행하는 것이다. 하늘이 안정적으로 운행되면 하루와 한 달, 한 계절 그리고 일 년이 안정적으로 운행된다. 땅 위의 인간과 만물 역시 하늘의 운행을 따라 안정적으로 태어나고 죽고 다시 후손을 통해 재생한다. 그렇게 시간이 가고 생명이 가고 다시 태어나는 것이 정상이고 질서상태이다. 그런데 하늘에서 해나 달 또는 별들이 사라지는 경우가 발생한다. 이것은 하늘에서 일어나는 괴이하고 기이한 현상이므로 천변天變이라고 한다. 이런 괴이하고 기이한 현상은 땅에서도 발생하고 인간에게서도 발생한다. 그것을 지이地異와 인요人妖라고 한다. 천변, 지이, 인요가 발생하는 이유는 세상 사람들 특히 왕이 잘못하기 때문이다. 그러므로 천변, 지이, 인요를 없애려면 세상 사람들이 반성하고 왕이 반성해야 한다. 그렇다면 어떻게 반성할 것인가?

  천재지변을 야기한 귀신에게 직접 제사를 올리는 것이다. 예컨대 지진이 나면 땅 귀신에게, 해일이 발생하면 바다 귀신에게 그리고 산사태가 나면 산 귀신에게 제사를 올려 귀신의 마음을 달랜다. 이런 반성은 추상적이며 종교적일 뿐만 아니라 책임 회피적이기도 하다. 그래서 일부 유교 지식인들은 해괴제처럼 귀신을 직접 달래는 방식은 진정한 반성이 아니라고 생각하고 다른 방식을 제시했다. 바로 인간 세상의 현실 문제를 되짚어보고 그 안에서 문제점을 찾아

없앰으로써 인간 세상의 안정을 확보하는 방식이었다.

이 같은 방식의 밑바탕에는 천지자연의 이변이 인간세상의 무질서로 전이되듯이, 인간세상의 안정이 천지자연의 질서로 전이될 수 있다는 믿음이 깔려 있다. 사실 인간 세상의 모든 문제점들이 해소되고 태평성대를 이룬다면 천재지변쯤은 능히 극복할 수 있지 않겠는가? 반대의 경우라면 어떨까? 천재지변이 인간세상의 혼란을 부채질하고 그것으로 말미암아 인간세상까지 극단적으로 괴이하고 기이해진다면 그것이 곧 세상의 종말이요 우주의 종말이 아니겠는가?

오늘날의 관점에서 전통시대 유교지식인들의 천재지변 인식 및 대응방법을 판단해보면 여전히 비과학적이라 할 수 있다. 그럼에도 불구하고 놓치지 말아야 할 관점들이 있다. 그것은 천지자연과 인간세상이 밀접하게 관련되어 있다는 관점, 그리고 우주 삼라만상에서 인간세상의 안정이 가장 중요하다는 관점이다. 긍정적인 눈으로 보면, 과거 수천 년간 유교지식인들이 천지자연의 괴이하고 기이한 현상들을 쉼 없이 관찰하고 기록한 이유는 그런 현상을 통해 천지자연이 인간 세상에 주려는 메시지를 알아내려는 노력이었다고 이해할 수 있다. 그런 노력은 오늘날에도 적극적으로 계승, 발전시킬 만한 유산으로 손색이 없다. 아울러 설혹 극심한 천재지변이 발생한다고 해도 인간세상의 안정이 확보된다면 능히 이겨낼 수 있다는 신념 역시 놓치지 말아야 할 것이다.

주석

1) 새뮤얼 헌팅턴 저, 이희재 역, 『문명의 충돌』, 김영사, 1997.

2) 새뮤얼 헌팅턴 저, 이희재 역, 『문명의 충돌』, 김영사, 1997. 52~57쪽.

3) 새뮤얼 헌팅턴 저, 이희재 역, 『문명의 충돌』, 김영사, 1997. 312~316쪽.

4) 『고려사』 권 14, 세가 14, 예종 12년(1117) 3월 계축.

5) 『고려사』 권 14, 세가 14, 예종 12년(1117) 3월 계축.

6) 『한국금석문추보』 32, 윤언이묘지명.

7) 『광해군일기』 권 47, 11년(1619) 12월 신미.

8) 『광해군일기』 권 161, 13년(1621) 2월 계축.

9) 이기대 편저, 『명성황후 편지글』, 도서출판 다운샘, 2007.

10) 『동아일보』 2011년 4월 8일자.

11) 이근우, 「명태를 위한 서곡」『조선시대 해양환경과 명태』, 국학자료원, 2009. 115~116쪽.

12) 김호, 「16세기 말 17세기 초 '역병' 발생의 추이와 대책」『한국학보』 71, 1993.

13) 전지혜, 「명태와 관련된 민속과 속담」『조선시대 해양환경과 명태』, 국학자료원, 2009. 184~185쪽.

14) 『일본서기』 천지천황 2년(663) 8월.

15) 조선일보, 2011년 3월 12일.

16) 조선일보, 2011년 3월 14일.

17) 조선일보, 2011년 4월 16일.

18) 이근우, 「통일신라시대의 대마도」『부산과 대마도의 2천년』, 국학자료원, 2010. 60쪽.

19) 『삼국유사』 기이 1, 만파식적.

20) 손승철, 『조선통신사, 일본과 통하다』, 동아시아, 2006. 27쪽.

21) 『고려사』 열전 46, 신우(辛禑) 2년 10월.

22) 하우봉, 「일본과의 관계」 『한국사』 22, 국사편찬위원회, 1995. 373쪽.

23) 長節子, 『中世國境海域の倭と朝鮮』, 吉川弘文館, 2002. 12쪽.

24) 蔣持重裕, 「해양사회로서의 대마」 『도서문화』 20, 2002.

25) 『태종실록』 권 11, 태종 6년 5월 3일.

26) 하우봉, 「일본과의 관계」 『한국사』 22, 국사편찬위원회, 1995. 371쪽.

27) 『세종실록』 권 94, 23년 11월 22일.

28) 『세종실록』 권 94, 23년 11월 22일.

29) 『세종실록』 권 39, 10년 2월 17일.

30) 손승철, 『조선통신사, 일본과 통하다』, 동아시아, 2006. 63~68쪽.

31) 손승철, 『조선통신사, 일본과 통하다』, 동아시아, 2006. 177~187쪽.

32) 『조선일보』 2011년 1월 27일(목요일) A3면 기사.

33) 『조선일보』 2011년 1월 28일(금요일) A19면 기사.

34) 새뮤얼 헌팅턴 저, 이희재 역, 『문명의 충돌』, 김영사, 1997. 54~55쪽.

35) 『효종실록』 권 11, 4년 8월 6일.

36) 『함경감영계록(咸鏡監營啓錄)』 제3책, 고종 1년 2월조.

37) 『승정원일기』 고종 8년(1871) 4월 17일.

38) 『고종실록』 권 18, 18년(1881) 2월 26일.

39) 이성무, 『조선왕조사』 2, 동방미디어, 1998. 1186~1187에서 재인용.

40) 한국종교사회연구소, 『한국종교연감』 3, 1995.

41) 동아일보, 1993년 2월 8일자.

42) 주간조선, 2006년 5월 5일자.

43) 조선일보, 2011년 2월 25일자.

44) 조선일보, 2011년 3월 4일자.

45) 신채호 원저, 박기봉 옮김, 『조선상고사』, 비봉출판사, 2006. 92쪽.

46) 『삼국유사』 흥법 3, 아도기라(阿道基羅).

47) 『성종실록』 권 122, 11년(1480) 10월 26일.

48)『회헌선생실기(晦軒先生實紀)』, 연보.

49)『회헌선생실기』, 시, 제학궁(題學宮).

50)『淡庵逸集』, 白文寶.

51) 고혜령, 『고려후기 士大夫와 性理學 受容』, 일조각, 2001. 57~94쪽.

52)『고려사』 권117, 열전 30, 정몽주.

53)『삼봉집』 사실.

54) 나종우, 〈홍건적과 왜구〉,『한국사』 20, 국사편찬위원회, 1994.

55)『태종실록』 권 16, 8년(1408) 11월 11일.

56)『고려사』 열전 50, 우왕 14년(1388) 4월.

57) 샤르르 달레 원저, 안응열 최석우 역주,『한국천주교회사』, 분도출판사, 1979.

58) 조선일보, 1999년 9월 16일자.

59)『훈민정음』, 금성출판사, 2004.

60) 최양숙,『조기유학·가족 그리고 기러기아빠』, 한국학술정보, 2005. 306~307쪽.

61)『맹자』 등문공(滕文公) 하.

62) 조선일보, 2006년 10월 4일자.

63) 조선일보, 2011년 3월 4일자.

64) 조선일보, 2011년 1월 31일자.

65) 각훈,『해동고승전』.

66) 신형식,「신라의 대당교섭상에 나타난 숙위에 관한 일고찰」『역사교육』 9, 1966.

67) 신형식,「숙위 학생고」『역사교육』 11~12, 1969.

68)『고려사』 권 14, 세가 14, 예종 10년(1115) 7월 무자조.

69) 이광린,「유길준의 개화사상」『역사학보』 75~76, 1977.

70) 郵便報知新聞, 1881년 6월 14일자.

71) 이하 3조선에 관한 내용은 신채호,『조선상고사』, 비봉출판사, 2006 ; 신채호,『조선상고문화사(외)』, 비봉출산사, 2007의 내용을 요약하였음.

72)『新增東國輿地勝覽』 권 51, 平壤府 郡名條.

73) 안정복,『東史綱目』附卷 下, 雜說, 朝鮮名號.

74) 고구려는 골 또는 성을 의미하는 '구루'에 왕실의 성씨인 '고'가 첨부된 형태라는 설이 보다 설득력이 있다. (김상륜, 〈國號 '高句麗'의 語義에 대한 일고찰〉『어문논문』 35권 1호, 2007)

75) 양주동, 『麗謠箋注』, 을유문화사, 1971.

임동석, 「'서울'(首爾) 名稱 淵源考」『중국어문학논총』 147, 2007.

76) 노태돈, 「삼국시대 部에 관한 연구」『한국사론』 2, 1975.

여호규, 「고구려 초기 那部通治體制의 성립과 운영」『한국사론』 27, 1992.

이희준, 「대구 지역 고대 政治體의 형성과 변천」『영남 고고학』 26, 2000.

이청규, 「國의 형성과 多紐鏡副葬墓」『선사와 고대』 14, 2000.

이현혜, 「한국 初期鐵器時代의 政治體 首長에 대한 고찰」『역사학보』 180, 2003.

77) 이민원, 「稱帝論議의 전개와 대한제국의 성립」『청계사학』 5, 1988.

78) 한영우, 『명성황후와 대한제국』, 효형출판, 2001.

79) 『大禮儀軌』, 詔勅, 정유년(1897) 9월 17일.

80) 이현희, 『대한민국임시정부사』, 집문당, 1982.

81) 최남선, 『조선의 상식』, 두리미디어, 2007.

82) 『臨時議政院會議錄』, 第一回集, 국사편찬위원회, 1965.

83) 월간중앙, 2011년 4월호, 백낙청·김석철 두 지식인이 논하는 '대한민국' 개조론.

84) 유시민, 『국가란 무엇인가』, 돌베개, 2011. 194쪽.

85) 사마천 지음, 김원중 옮김, 『사기열전』, 민음사, 2007. 199~200.

86) 서의식, 『新羅上代 '干'層의 形成, 分化와 重位制』, 1994, 서울대학교 박사학위논문

전덕재, 『신라육부체제연구』, 일조각, 1996

전미희, 『新羅 骨品制의 成立과 運營』, 1997, 서강대학교 박사학위논문.

87) 『삼국사기』 열전, 설계두.

88) 『대한민국헌법』 69조.

89) 『효명천황기(孝明天皇紀)』 권 46, 가영(嘉永) 6년(1853) 7월 12일.

90) 일연, 『삼국유사』 권 1, 기이(紀異) 제1, 고조선.

91) 『삼국사기』 권 1, 신라본기 1, 박혁거세(朴赫居世).

92)『삼국사기』권 1, 신라본기 1, 남해 차차웅(南解次次雄).

93)『삼국사기』권 1, 신라본기 1, 유리 이사금(儒理尼師今).

94)『삼국사기』권 1, 신라본기 1, 눌지 마립간(訥祗麻立干).

95)『삼국지』권 3, 위지(魏志), 동이전(東夷傳), 한전(韓傳).

96) 사마천,『사기』권 6, 진시황본기(秦始皇本紀) 제6.

97)『고종실록』권 36, 고종 34년(1897) 10월 3일.

98)『독립신문』, 1897년 10월 14일자, 논설.

99)『대례의궤(大禮儀軌)』조칙(詔勅), 정유(1897) 9월 17일(음력).

100)『대한민국 임시헌법』제3장 제14조.

101)『동의보감』잡병편 10, 부인.

102)『한서』권 28하, 지리지, 현토・낙랑.

103) 한국사연구회 고대사분과 지음,『고대로부터의 통신』, 푸른 역사, 2003. 164~165쪽.

104)『경국대전』, 서문.

105) 신채호 원저, 박기봉 옮김,『조선상고사』, 비봉출판사, 2006. 118쪽.

106) 연합뉴스, 2011년 1월 17일자.

107) 조선일보, 2011년 3월 9일자.

108) 조선일보, 2011년 4월 3일자.

109)『고려사』, 지(志), 오행(伍行), 토(土)

110)『광해군일기』권 71, 5년(1613) 10월 25일(기유).

111)『세종실록』권 80, 20년(1438) 3월 2일(병술).

112)『선조실록』권 134, 34년(1601) 2월 16일(을유).

한국사를 읽는 12가지 코드

초판 1쇄 발행 2011년 7월 26일
초판 2쇄 발행 2011년 8월 23일

지은이 신명호
펴낸이 김선식

2nd Creative Story Team 김현정 정성원 이하정 최선혜 한보라 유희성 백상웅
Creative Design Dept. 최부돈 황정민 박효영 김태수 손은숙 이명애
Creative Marketing Dept. 모계영 이주화 김하늘 정태준 신문수
Communication Team 서선행 박혜원 김선준 전아름
Contents Rights Team 이정순 김미영
Creative Management Team 김성자 김미현 윤이경 김민아 류형경 정연주 권송이
Outsourcing 석운디자인 장선혜

펴낸곳 (주)다산북스
주소 서울시 마포구 서교동 395-27
전화 02-702-1724(기획편집) 02-703-1723(마케팅) 02-704-1724(경영지원)
팩스 02-703-2219
이메일 dasanbooks@hanmail.net
홈페이지 www.dasanbooks.com
출판등록 2005년12월23일제313-2005-00277호

필름 출력 (주)스크린
종이 한솔PNS(주)
인쇄·제본 (주)현문

ISBN 978-89-6370-608-5 03900

- 책값은 뒤표지에 있습니다.
- 파본은 본사와 구입하신 서점에서 교환해 드립니다.
- 이 책은 저작권법에 의하여 보호를 받는 저작물이므로 무단 전재와 복제를 금합니다.